Franz Alt
Auf der Sonnenseite

PIPER

Zu diesem Buch

Obwohl bereits ein Viertel unseres Energiebedarfs durch Öko-Strom gedeckt wird, ist das Gelingen der Energiewende in Gefahr. Dabei ist der Wechsel auf Erneuerbare in Zeiten des Klimawandels alternativlos. Franz Alt, der renommierte Journalist und langjährige Berater von Konzernen und Regierungen auf der ganzen Welt deckt auf, wie Politiker und Lobbyisten unsere Zukunft aufs Spiel setzen und erklärt, auf welche Technologien wir setzen müssen. Denn die Energiewende wird uns zu Gewinnern machen – wenn wir uns der Verantwortung gemeinsam stellen.

Franz Alt war zwanzig Jahre Leiter und Moderator von »Report Baden-Baden« und bis 2003 Leiter der Zukunftsredaktion des SWR. Er wurde von der EU-Kommission mit dem »Europäischen Solarpreis für Publizistik« ausgezeichnet und hält jährlich hunderte Vorträge im gesamten deutschsprachigen Raum.

Franz Alt

AUF DER SONNEN SEITE

Warum uns die Energiewende zu Gewinnern macht

Piper München Zürich

Mehr über unsere Autoren und Bücher:
www.piper.de

Von Franz Alt liegen bei Piper vor:
Die Sonne schickt uns keine Rechnung
Auf der Sonnenseite

Für Hermann Scheer (SPD) und Angela Merkel (CDU), weil sie gemeinsam
die Internationale Agentur für erneuerbare Energien (IRENA) initiiert haben.
IRENA gehören inzwischen 160 Staaten an, etwa 90 Prozent der Menschheit.

MIX
Papier aus verantwor-
tungsvollen Quellen
FSC   **FSC® C083411**
www.fsc.org

Originalausgabe
April 2013
© für diese Ausgabe:
2013 Piper Verlag GmbH, München
Umschlaggestatung: Bauer+Möhring, Berlin
Umschlagabbildung: iStockphoto
Satz: Uhl + Massopust, Aalen
Gesetzt aus der Gentium
Papier: Munken Print von Arctic Paper Munkedals AB, Schweden
Druck und Bindung: CPI – Clausen & Bosse, Leck
Printed in Germany   ISBN 978-3-492-30351-4

»Der unverzügliche Wechsel zu erneuerbaren Energien ist keine Last, sondern die größte greifbare soziale und wirtschaftliche Zukunftschance.«

Hermann Scheer

»Die Klimafrage ist die Überlebensfrage der Menschheit.«

Angela Merkel

Inhalt

Vorwort

Mit diesem Buch lade ich Sie auf die Sonnenseite des Lebens ein. Mit der Sonne, einem Sonnenauf- und -untergang vor allem, verbinde ich seit Kindertagen Herzenswärme. Und dieser innere und äußere Glanz hat auch heute nichts von seinem Zauber verloren. Jeder Blick zur Sonne lässt eine wohlige Stimmung in mir aufkommen. Diese Sonnenkultur verbindet seit jeher alle Menschen aller Kontinente auf beinahe magische Weise. Unsere Internetseite www.sonnenseite.com besuchen zurzeit jeden Tag um die 10 000 Menschen. Es werden ständig mehr. Das Öl-, Kohle- und Atomzeitalter neigt sich dem Ende zu, und das Solarzeitalter beginnt. Und klar ist: Die Sonne gewinnt. Ich will hier Lust auf Zukunft vermitteln und aufzeigen, dass und wie uns die solare Energiewende zu Gewinnern macht.

Die Knospe der Sonnenblume dreht sich, um der Sonne folgen zu können. So hat es vor über 500 Jahren Leonardo da Vinci erstmals in seinen botanischen Studien beschrieben. Anfang des 16. Jahrhunderts wurde sie von den Spaniern aus Südamerika nach Europa gebracht. Sie galt den Azteken als heilig und war das Emblem des Sonnengotts der Inka.

Bald nach ihrer Ankunft in Europa war die Sonnenblume zum Symbol der Loyalität geworden, »weil sie so treu dem Lauf der Sonne folgt«, wie es der britische Publizist Richard Cohen in seinem einzigartigen Buch *Die Sonne – der Stern, um den sich alles dreht* formuliert. Die Sonne als Symbol der Erleuchtung. Aus dieser Überzeugung schreibe ich mein neues Buch.

Auf die »Loyalität« der Sonne haben sich alle menschlichen Kulturen, Religionen und Weisheitslehren zu allen Zeiten verlassen: die Sumerer, die Babylonier und die Ägypter. Die Griechen und die Römer. Die Chinesen und die Japaner. Die Inder und die Araber. Die Maoris in Neuseeland und die Aborigines in Australien. Die alten Kelten in Europa und bis heute die Indianer-Kulturen in beiden Amerikas. Und wir in den Industrieländern fangen gerade damit an, in einem neuen Solarzeitalter unsere Energieprobleme ein für alle Mal zu lösen. Auch Sie, liebe Leserin und lieber Leser, können sicher sein, dass morgen früh wieder die Sonne aufgeht. Das ist die absolut verlässliche Urerfahrung, seit es uns Menschen gibt. Und seit jeher funktioniert das System Sonne-Erde ohne Blackout, wenn wir einmal von den wenigen Augenblicken einer totalen Sonnenfinsternis alle hundert Jahre absehen.

Nikolaus Kopernikus schrieb im 16. Jahrhundert: »In der Mitte von allen aber hat die Sonne ihren Sitz. Denn wer möchte sie in diesem herrlichen Tempel als Leuchte an einen anderen Ort oder gar besseren Ort stellen? So nennen doch einige sie durchaus passend die Leuchte der Welt.« Die jüdische Weisheitsüberlieferung »Kabbala« sagt über die Erschaffung der Welt: »Am Anfang war das Licht.«

Die moderne Astrophysik weiß es noch präziser: Wenn die »Leuchte der Welt«, also die Sonne, nur drei Wochen nicht scheinen würde, dann hätten wir auf unserem schönen Planeten eine Temperatur von minus 273 Grad. Das aber hieße: Alles Leben wäre tot – kein Baum, keine Pflanze, kein Tier und kein Mensch lebte mehr. Nach drei Wochen ohne Sonne wäre die Erde wieder »öd und leer« wie am Beginn der Schöpfung. Sie ist die größte Energiequelle in diesem System, in dem wir leben und von dem unser Leben abhängig ist. Ohne Sonne kein Leben. Der Schriftsteller Dieter Hildebrandt – nicht zu verwechseln mit dem Kabarettisten gleichen Namens – meint: »Sonne und Erde – das ist die vielleicht grandioseste Zweierbeziehung im ganzen Universum.«

Albert Einstein erhielt eines Tages diesen Brief: »Sehr geehrter Herr Professor, wir sind in der sechsten Klasse. In unserer Klasse gibt es einen Streit. Die Klasse spaltete sich in zwei Parteien. Wir sechs befinden uns auf der einen Seite und 21 auf der anderen ... Thema der Diskussion ist, ob Leben auf der Erde möglich [ist], wenn die Sonne erlöschen würde ... Wir bleiben dabei, das zu glauben ... Sagen Sie uns, was Sie denken. Tausend süße Grüße, sechs kleine Wissenschaftler.« Einsteins Antwort: »Liebe Kinder, die Minorität hat manchmal recht, aber nicht in Eurem Falle: Ohne Sonnenstrahlung kein Weizen, kein Brot, kein Gras, kein Vieh, kein Fleisch, keine Milch, und alles gefroren, kein LEBEN, A. Einstein.«

Die Sonne ist unsere »loyalste« Energiequelle. Das war so, ist so und wird noch mindestens vier Milliarden Jahre so bleiben. Sie schickt uns jede Sekunde unseres Hierseins 15 000-mal mehr Energie, als zurzeit alle sieben Milliarden Menschen auf der Erde verbrauchen. Die Sonnenstrahlen schenken uns alle 30 Minuten mehr Energie, als die Menschheit in einem Jahr konsumiert. Und nur deshalb ist unser Planet der Garten im ansonsten kalten und unbelebten Universum. Nur weil die Erde den exakt richtigen Abstand zur Sonne von 150 Millionen Kilometern hat, ist hier Leben möglich. Ein unglaubliches Wunder und einmalig. Die Sonne ist Quelle und Garant allen Lebens. Alles dreht sich um sie.

Es beginnt vor 4,5 Milliarden Jahren. Ein neuer Stern erwacht in einer gewaltigen Wolke aus Gas und Staub zum Leben. Um ihn herum entstehen neue, junge Welten. Unser Sonnensystem wird geboren. Die Zone des Lebens ist verhältnismäßig schmal, aber durch eine unwahrscheinliche Fügung kreist einer der Planeten genau in dieser Zone – unsere Erde.

Der Astrophysiker Klaus Fuhrmann hat errechnet, dass die Sonne jede Sekunde vier Millionen Tonnen Materie in Energie umwandelt und 386 000 000 000 000 000 000 000 (386 Trilliarden) Watt abstrahlt. Nur ein geringer Teil davon trifft auf unsere Erde. Aber das sind noch immer über 15 000-mal mehr, als der derzeitige Energieverbrauch der Menschheit ausmacht. Wer daran zweifelt, dass uns die Sonne genug Energie schenkt, macht sich einfach lächerlich.

Deutschland wird unabhängig und erneuerbar

Deutschland erklärt mithilfe der Sonne seine Unabhängigkeit. 2013 wird nirgendwo auf der Welt so viel Solarstrom erzeugt werden wie hierzulande. In den letzten 15 Jahren sind im Bereich der Photovoltaik 100 000 neue Arbeitsplätze entstanden, 15 000 bei der Solarthermie und je über 100 000 bei Windkraft und bei Bioenergie. Nach dem Willen der Bundesregierung sollen bis 2020 eine Million Autos mit Solar- und Windstrom fahren, bis 2030 sechs Millionen. Das Solarzeitalter hat bereits begonnen.

In der Politik wird viel taktiert. Doch für die Energiewende brauchen wir zuallererst eine Strategie. Eine Strategie aber braucht Strategen, das heißt Träger in der Gesellschaft. Deshalb werden Sie, liebe Leserin und lieber Leser, in diesem Buch wenig Appelle an Regierungen und Organisationen finden, sondern viele konkrete Beispiele dafür, dass und wie einzelne Menschen, Firmen und Kommunalpolitiker für die erneuerbaren Energien aktiv geworden sind.

Den Erneuerbaren ist es gelungen, das schon lange brachliegende gesellschaftliche Potenzial anzuzapfen. Aber das gesamte gesellschaftliche Potenzial ist auch heute noch nicht ausgeschöpft. Entscheidend für die 100 prozentige Wende wird es sein, möglichst viele solare, genossenschaftliche und bürgerschaftliche Initiativen anzustoßen: aus dem Mittelstand, aus Umweltverbänden, aus den Organisationen der erneuerbaren Energien, unter Hausbesitzern, bei den Landwirten für die Bioenergie.

Jeder Vorschlag bleibt unfruchtbar, solange er keine engagierten Träger in der Gesellschaft findet, hat Hermann Scheer 15 Jahre lang gepredigt, wenn er als Eurosolar-Chef die Deutschen und Europäischen Solarpreise verliehen hat. Viele Bücher – auch prominenter Autoren wie Al Gore – leiden darunter, dass sie, anstatt die gesellschaftlichen Träger der Energiewende anzusprechen, ihre wohlformulierten Appelle an Regierungen, internationale Institutionen oder die UNO richten. Das ist immer gut gemeint, aber selten gut gemacht. Unsere Zeit ist voller Appelle, aber es fehlt an praktischen Handlungsanweisungen und Hilfen für die Mitte der Gesellschaft, welche die Energiewende und die damit einhergehenden gesellschaftlichen Veränderungen mit ihrer Arbeit, ihrer Phantasie und ihrem Geld stemmen kann.

Die wichtigste Ressource für die Wende ist und bleibt die gesellschaftliche. Sie anhand guter Beispiele zu mobilisieren ist die klare Absicht dieses Buches. Ich will vor allem die größer werdende Zahl der Neugierigen erreichen und zur Aktivität ermuntern. Nur dann kann in absehbarer Zeit der unaufhaltsame Durchbruch gelingen.

Der schwedische Wirtschaftsnobelpreisträger Gunnar Myrdal ging davon aus, dass ein gesellschaftliches Projekt dann realisiert werden kann, wenn es von fünf Prozent passionierter Menschen nachhaltig verfolgt wird. Diese Minderheit wird dann weitere 15 Prozent mitziehen. Das reicht aus, weil die Mehrheit gewöhnlich indifferent ist, aber dennoch bereit, sich einer neuen, überzeugenden gesellschaftlichen Perspektive anzuschließen. Dieses kritische Potenzial ist jetzt erreichbar.

Hinter dem Wunsch nach der Energiewende steckt jedoch viel mehr als die Vorstellung von sinkenden Kosten durch kostenlose Energieträger. Hinter dem weltweiten Vormarsch der erneuerbaren Energien steckt die Hoffnung auf Versorgungssicherheit, neue Arbeitsplätze, naturverträgliche Energieversorgung, verbrauchernahe Stromerzeugung, kurze Bauzeiten, lokale Wertschöpfung, umweltgerechte Mobilität sowie technische Innovation. Die Energiewende ist eine Kultur- und Zivilisationswende.

»Der Beitrag der Photovoltaik wird immer wichtiger. Seit diesem Sommer [2012] übertrifft die in Deutschland installierte Solarstromleistung sogar die Windkraftleistung«, stellt Professor Bruno Burger vom Fraunhofer-Institut für Solare Energiesysteme ISE in Freiburg fest. In der Kraftwerksliste der Bundesnetzagentur stehen im Sommer 2012 30 Gigawatt Photovoltaik 29 Gigawatt Windkraft gegenüber. Steinkohle- und Erdgaskraftwerke folgen mit 21 beziehungsweise 20 Gigawatt, Braunkohle- und Kernkraftwerke mit 17 beziehungsweise 12 Gigawatt. Damit ist Solarenergie ab jetzt in Deutschland die leistungsstärkste Stromquelle überhaupt. Eine Durchschnittsfamilie verbraucht hierzulande im Schnitt 4500 bis 5000 Kilowattstunden Strom pro Jahr. Mit einem Gigawatt installierter Wasserkraft-Leistung können bei 5000 Volllaststunden im Jahr etwa drei Millionen Privatpersonen versorgt werden.

Bei allem Wachstum muss allerdings beachtet werden, dass die Sonne nicht immer scheint und der Wind nicht immer weht, und dadurch die tatsächlich ins Netz eingespeiste Solar- und Windleistung aufgrund lokaler Wetterbedingungen niedriger ist als die installierte Leistung, die lediglich das mögliche Potenzial der Anlage beziffert und nicht die tatsächlich erbrachte Menge. Außerdem ist die Leistung der Solaranlagen nachts naturgemäß gleich null. Kohle- und Gaskraftwerke und auch große Pumpspeicherkraftwerke müssen deshalb die Schwankungen noch ausgleichen, solange die Entwicklung von Speichertechnologien nicht stärker gefördert wird.

Obwohl laut einer Studie des Bundesverbands der Energie- und Wasserwirtschaft (BDEW) 2012 bereits über 25 Prozent des Bruttostromverbrauchs durch regenerative Energien bereitgestellt werden können, sind wir erst am Anfang: Bisher werden hierzulande erst 13 Prozent der geeigneten Dachfläche für Photovoltaik genutzt – 87 Prozent warten also noch darauf. Hinzu kommen Fabriken, Freilandflächen wie Industrie- und Militärbrachen, Müllhalden, Lärmschutzwände sowie viele weitere Nutzflächen wie Fensterscheiben und Glasbauten, deren Entwicklung gerade erst beginnt.

Außerdem: Bei weiter sinkenden Modulpreisen rechnen sich auch Flächen, die bisher ausgespart bleiben – wie nach Osten, Nordosten und Nordwesten ausgerichtete Dächer. Erste Erfahrungen zeigen: Selbst nach Norden orientierte Dächer können noch bis zu 70 Prozent des Stroms erzeugen, den nach Süden orientierte Dächer produzieren.

Boshafte werden über die inzwischen 1,3 Millionen Kleinsolarier, die es in Deutschland gibt, vielleicht sagen: Das ist eine Selbsthilfegruppe für Sonnensüchtige! Die Beschreibung mag manchmal sogar zutreffen: Ich kenne Photovoltaikanlagenbetreiber, die selbst dann am Abend auf ihren Stromzähler schauen, wenn tagsüber keine Sonne schien. Doch sicher ist, dass sich der Erfolg der erneuerbaren Energien einer Volksbewegung dieser »Sonnensüchtigen« verdankt. Dabei geht es längst nicht allen Erzeugern von erneuerbarer Energie hauptsächlich ums Klima. Oft überwiegen auch ökonomische Interessen. Aber selbst dann wirken diese gemeinwohlfördernd. Denn auch sie tragen dazu bei, die Lebensgrundlagen künftiger Generationen zu erhalten. Genau deshalb sagen viele Investoren in erneuerbare Energien, sie haben »ein gutes Gewissen dabei«. Das können Investoren in fossil-atomare Energie so nicht behaupten. Die Energiewende gelingt, wenn die Gesellschaft zu ihrem Akteur und Motor wird – ob nun aus ideologischen oder wirtschaftlichen Interessen.

Vor wenigen Jahren war es noch undenkbar: Über ein Viertel des Stroms wird hierzulande bereits ökologisch erzeugt. Hinzu kommt: Der Neubau von Wind- und Solarkraftwerken ist preiswerter als der Neubau von Kohlekraftwerken – bei gleicher Leistung. Der deutsche Boom für Solarkraft reißt außerdem die Welt mit, was wiederum gut ist für die deutsche Maschinenbauindustrie. Von 2006 bis 2013 sind die Kosten des Solarstroms um drei Viertel gefallen. Und die Entwicklungsländer warten jetzt ebenfalls auf die erneuerbaren Energien. Aber was machen wir? Die Ewiggestrigen jammern über die Höhe der Einspeisevergütung, die in Folge des Erneuerbare-Energien-Gesetzes (EEG) die Konkurrenzfähigkeit der erneuerbaren Energien fördern soll, anstatt die Energiewende zu feiern.

Können die erneuerbaren Energien atomare und fossile Kraftwerke vollständig ersetzen?

Eine oft gestellte Frage. Die Antwort ist eindeutig, die unterschiedlichsten Studien kommen zu einem klaren Ja. Ob Umweltbundesamt, Bundesumweltministerium, Deutsches Zentrum für Luft- und Raumfahrt, European Climate Foundation/McKinsey, Greenpeace, Enquete-Kommission des Deutschen Bundestags, Prognos AG, das Wuppertal-Institut oder der Sachverständigenrat für Umweltfragen: Sie alle kommen zu dem Ergebnis, dass spätestens bis 2050 die komplette Energieversorgung oder zumindest die Stromversorgung zu 100 Prozent auf erneuerbar umgestellt werden kann. Die Bundesregierung plant allerdings konservativer: Bis 2050 sollen 60 Prozent der Gesamtenergie und 80 Prozent des Stroms erneuerbar produziert werden.

In späteren Szenarien werde ich aufzeigen, dass die Energiewende auch schneller gelingen kann. Wir haben in Deutschland und Europa zwar unendlich viel erneuerbare Energie, aber nicht unendlich viel Zeit für die Energiewende. Entscheidend wird der Preis für Ökoenergie sein. Da die Sonne bekanntlich keine Rechnung schickt, kostet 2013 Solarstrom vom eigenen Dach schon 40 Prozent weniger als der Strom aus der Steckdose. Eine positive Preisentwicklung, die auch ich in meinen früheren Büchern so rasch nicht für möglich gehalten habe.

Doch hier sollen auch die noch größten Engpässe der Energiewende angesprochen werden: die Grundlastfähigkeit der erneuerbaren Energieträger, die Speicherfähigkeit von Strom und die entsprechende Netzstruktur. Es ist ein Versäumnis aller Bundesregierungen seit 2001, als es zum ersten deutschen Ausstieg aus der Atomkraft kam, dieses Thema nicht ernsthaft angepackt zu haben. Es hätte schon damals ein nationales Forschungsprogramm für Energiespeicher und den Netzausbau eingerichtet werden müssen.

Maximale Leistung erreichte die Windkraft in Deutschland im Januar 2012 mit 24 Gigawatt, die Photovoltaik im Mai 2012 mit 22,4 Gigawatt. Damit leisten sowohl die Windkraft als auch die Photovoltaik bereits einen wesentlichen Beitrag zur Stromversorgung. Weltweit erzeugen Photovoltaikanlagen bereits genauso viel Strom wie circa 20 Atomkraftwerke, Tendenz stark steigend. Die Anzahl der Atomkraftwerke hingegen geht zurück. Nach der Katastrophe in Fukushima haben neben Deutschland die Schweiz, Italien, Litauen, die Niederlande und Japan den Ausstieg aus der Atomkraft beschlossen. Selbst Frankreich fährt seinen Atomstromanteil zurück. In den nächsten zehn Jahren werden weltweit etwa die Hälfte aller AKWs aus Alters- und Sicherheitsgründen abgeschaltet. Wir erleben den Anfang vom Ende des Atomzeitalters.

Die EU-Kommission hat 2011 einen Stresstest für alle 135 AKWs in der EU beschlossen. Fast alle haben Mängel. Dieser Sicherheits-Check hat auch Sicherheitsdefizite in deutschen Atomkraftwerken ans Licht gebracht. Bis zu 25 Milliarden Euro, so die Tester, müssten in der EU für Nachrüstungen aufgewendet werden. Doch vernünftiger, als teuer nachzurüsten, wäre es, die AKWs rasch abzuschalten. Das aber bedeutet, die Energiewende zu beschleunigen. Das Ziel muss sein, das atomare Risiko so schnell wie möglich zu beseitigen. Das ist die Lektion von Fukushima.

Die alte Krankheit: »Dementia fossilis« und »Dementia atomica«

Die noch laufenden neun deutschen AKWs weisen erhebliche Sicherheitsmängel bei den Erdbeben-Frühwarnsystemen auf – ähnlich wie in Fukushima. Der fehlende Schutz der Meiler vor Terroranschlägen – zum Beispiel wie in New York am 11. September 2001 – wurde im EU-Stresstest völlig vernachlässigt. Bei deutschen AKWs gibt es außerdem Mängel beim Hochwasserschutz und beim Störfallmanagement. Aber dem Stresstest folgen keine Konsequenzen. Wie in Fukushima wird auch hier nach dem Motto verfahren: Es wird schon gut gehen. Was nützen Sicherheitsauflagen, wenn sie nicht beachtet werden? Der wirkliche Lernprozess nach Fukushima steht auf EU-Ebene noch aus. Der EU-Stresstest war eher ein »Schnarchtest«, meint die atomkritische Organisation »Ausgestrahlt«.

Ich werde in diesem Buch aufzeigen, dass es von Natur aus kein Energieproblem gibt. Das heute so genannte Energieproblem ist ausschließlich menschengemacht. Unsere heutigen Energieträger Öl, Kohle, Gas und Uran sind gegenüber der Sonne fast ein Nichts. Wir verbrauchen aber in wenigen Jahrzehnten so viel fossil-atomare Energie, wie die Natur in 300 Millionen Jahren angesammelt hat. Das kann nicht mehr lange gut gehen.

Deshalb: Wer die Energiewende aufschiebt oder verzögert, versündigt sich an künftigen Generationen.

In 100 Jahren werden sich unsere Urenkel fassungslos fragen: Wie konnten unsere Vorfahren im 20. und 21. Jahrhundert nur so tun, als stünde ihnen der Schlüsselrohstoff Erdöl grenzenlos zur Verfügung? Schließlich hätte allein die schlichte Logik zu der Erkenntnis führen müssen, dass auch riesige Vorräte rasch zu Ende gehen, wenn sie eine Million Mal so schnell verbraucht werden, wie sie neu entstehen können. Künftige Historiker werden vor einem Rätsel stehen und sich die Frage nach der kollektiven Krankheit unserer

Zeit, der »Dementia fossilis«, stellen. Von dieser Erkrankung spricht der begeisterte Chemiker und leidenschaftliche Unternehmer Hermann Fischer in seinem Buch *Stoffwechsel*, in dem er seiner Zunft vorschlägt, rasch von der Petrochemie auf eine solare Chemieproduktion umzusteigen.

Chemische Wandlungsprozesse sind die Basis allen Lebens. Aber 90 Prozent aller organisch-chemischen Alltagsgüter werden noch immer aus Erdöl hergestellt. Die Potenziale einer nachhaltigen solaren Chemie warten – parallel zum künftigen Energiewandel – also noch darauf, endlich erkannt und ausgeschöpft zu werden, wobei die heutige Chemieproduktion noch mehr von fossilen Rohstoffen abhängig ist als die Energieproduktion: bei Baustoffen, Farben und Verpackungen, Textilien, Kosmetika oder im modernen Automobilbau. Nachhaltiges Wirtschaften ist nur mit einer Chemie aus Sonnenkraft möglich. Also: auf die Sonnenseite! Und zwar so rasch wie möglich.

Aber nicht nur die »Dementia fossilis« müssen wir überwinden, sondern auch die »Dementia atomica«. Die endlichen und umweltschädlichen Energieträger werden in der alten Energiewirtschaft – ebenso wie die fossilen Rohstoffe in der herkömmlichen Chemiewirtschaft – noch immer unglaublich überschätzt, während die erneuerbaren, unendlichen, preiswerten und umweltfreundlichen Energien und Rohstoffe sträflich unterschätzt werden. Sonne und Wind schicken uns keine Rechnung – ergo können die mächtigen Lobbygruppen der Atom- und Ölwirtschaft auch nichts daran verdienen. Bei einem Umstieg auf Erneuerbare entfallen also die sogenannten Energieressourcenkosten, Biomasse einmal ausgenommen. Dafür entstehen bei erneuerbaren Energien höhere Technikkosten, die aber durch niedrigere Transportkosten ausgeglichen werden. Der Wechsel zu erneuerbaren Energien erfordert deshalb ein neues Denken. Das fällt jedoch den Spezialisten und Lobbyisten der konventionellen Energieträger besonders schwer. Der komplette Wechsel zu erneuerbaren Energien bedeutet den umfassendsten wirtschaftlichen Strukturwandel seit Beginn des Industriezeitalters: die dritte industrielle Revolution.

Denn die regenerativen Energien ermöglichen die Energieerzeugung dort, wo die Energie verbraucht wird. Das war und ist bei den fossil-atomaren Energien nicht der Fall, denn sie sind nur an wenigen Orten der Welt vorhanden. Das aber schafft Abhängigkeit. Mit der Verknappung von Kohle, Gas und Öl steigt auch die Kriegsgefahr, weil sich der Beschaffungsdruck verstärkt. Die überall oder fast überall vorhandenen erneuerbaren Energieträger schaffen hingegen Freiheit und Unabhängigkeit. Hermann Scheer in seinem Buch *Solare Weltwirtschaft:* »Es ist ein Weg von zunehmender energetischer Fremdbestimmung zu wachsender energetischer Selbstbestimmung, für Individuen und Gesellschaften. Es ist ein Wechsel von Desintegration der Menschen aus den Naturkreisläufen zu ihrer Re-Integrierung, von globalisierter struktureller Einfalt der Energiebereitstellung zu struktureller Vielfalt und zu einer neuartigen weltwirtschaftlichen Arbeitseilung.«

Die wichtigste Aufgabe unserer Zeit
Sonne, Wind, Wasserkraft, Bioenergie, Wellenenergie oder Erdwärme gehört die Zukunft. Wir haben bereits gelernt, unsere modernen Technologien wie Solarzellen, Windräder, Biogasanlagen, Blockheizkraftwerke und Wärmepumpen mit den Energiegeschenken des Universums in Verbindung zu bringen, und sind gerade dabei, Speichertechnologien, neue Netze und intelligente neue Medien miteinander zu verknüpfen. Wir haben also noch die Chance, dem Hitzetod auf dieser Erde zu entkommen, indem wir uns der Sonne bedienen. Auf die Sonnenseite zu gelangen: Das ist die wichtigste Aufgabe unserer Generation – auch und erst recht im Sinne aller nachfolgenden Generationen. Ein indisches Sprichwort sagt: »Der Himmel wölbt sich über allen – aber die Sonne scheint nur denen, die sie suchen.«

Aber noch sind zu viele Bremser am Werk. Zu ihnen gehört erstaunlicherweise auch Peter Altmaier. Kurz nach Amtsantritt sagte der Umweltminister: »Die Energiewende ist das große identitätsstiftende Projekt einer ganzen Generation, ähnlich bedeutsam wie die Wiedervereinigung.« Aber schon wenige Wochen danach ist er der erste deutsche Umweltminister, der darüber besorgt ist, dass die erneuerbaren Energien zu schnell wachsen – wegen der fehlenden Netze. Wenn zu wenig Netze für die Erneuerbaren da sind, lieber Peter Altmaier, hat es wenig Sinn, diese auszubremsen. Sinnvoll für die Energiewende ist es vielmehr, den Netzausbau zu beschleunigen. Das ging auch beim Ausbau der alten Atomwirtschaft ganz fix – warum soll es jetzt nicht gehen?

Im August 2012 weihte Peter Altmaier in Neurath das größte Braunkohlekraftwerk der Welt ein – also die CO_2-intensivste aller Stromerzeugungstechnologien – und feierte diesen Akt »als herausragenden Beitrag zur Energiewende«. Das war eher ein Beitrag zur Sterbehilfe des alten Energiesystems als ein Beitrag zur Geburtshilfe eines neuen.

Die Krisenmanager: Blinde können keine Blinden führen
Zu den wenigen Ökonomen, die frühzeitig die Bedeutung der Erneuerbaren für die gesamte Volkswirtschaft erkannt haben, gehörte der langjährige Chefvolkswirt der Deutschen Bank, Norbert Walter. Er sagte schon 2006: »Wer jetzt noch gegen erneuerbare Energien ist, hat nicht alle Tassen im Schrank.« Und der frühere Präsident des Bundesverbandes der Deutschen Industrie, Hans-Olaf Henkel, meinte: »Es gibt keine Alternative zu den erneuerbaren Energien.« Übersehen wurde in den letzten Jahren, dass wir keine Lösung für unsere Wirtschaftskrisen finden, wenn wir nicht zuvor unsere immer deutlicher werdenden Umwelt-, Hunger-, Klima- und Energieprobleme lösen. Die Energie- und die Klimakrise sind die eigentliche Wirtschaftskrise, sie sind deren fundamentale Ursache. Die Krisensymptome mehren sich. In den

90er-Jahren des 20. Jahrhunderts hatten wir die Ostasien-krise, die Russland-, die Mexiko- und Argentinienkrise, die geplatzte New-Economy-Blase, ab 2008 die Weltwirtschafts-krise, die Euro- und die Finanzkrise. Aber noch immer wollen viele Verantwortliche in Politik und Wirtschaft den Zusammenhang von Kreditblase, Staatsverschuldung und Ölpreisen nicht sehen. Solange sie in diesem Irrtum verharren, agieren sie hilflos im Zentrum der Krisen. Blinde können keine Blinden führen. Die Mächtigen dieser Welt zelebrieren beinahe täglich blinden Aktionismus auf einem Konferenzgipfel nach dem anderen. Alle 14 Tage muss der Euro neu gerettet werden.

Kein Wunder also, dass zurzeit über 80 Prozent der Deutschen und Österreicher kein Vertrauen in unser herrschendes Wirtschaftssystem mehr haben. Das Vertrauen in die Handlungs- und Wandlungsfähigkeit der demokratischen Institutionen schwindet dramatisch. Die eindeutige Mehrheit der Wählerinnen und Wähler will eine gerechtere und ökologischere Politik und Wirtschaft – ihr Motto könnte heißen: ökosozial statt marktradikal. Der real existierende Kapitalismus frisst seine Kinder, er zerstört seine bisherige ökonomische, ökologische und soziale Basis.

Jeremy Rifkin aus den USA, einer der wichtigsten gesellschaftlichen Vordenker unserer Zeit, nennt in seinem Buch *Die dritte industrielle Revolution* die Weltwirtschaftskrise 2008 den »Peak Globalization« – analog zum »Peak Oil«, dem Höhepunkt der globalen Ölförderung. Unser vom Öl abhängiges globales Wirtschaftssystem habe seinen Höhepunkt erreicht. Wer jetzt noch »Wachstum, Wachstum, Wachstum« als Lösung der Krise fordere, habe nicht viel von der eigentlichen Krise verstanden.

In der Tat machen es sich viele Beobachter zu einfach, wenn sie die steigenden Ölpreise auf die bösen Spekulanten schieben. Diese Fakten sind unstrittig: Für jedes Barrel Öl, das wir heute fördern, verbrauchen wir beinahe vier Barrel. Und das bedeutet: Der Ölpreis wird auch ohne Spekulanten weiter steigen, bald über 150 Dollar pro Barrel hinaus.

Hinzu kommt: Seit 2011 demonstrieren fast im gesamten arabischen Raum Millionen junger Menschen gegen korrupte und autoritäre Regime. Sollte es nach den Rebellionen in Ägypten, Tunesien, Libyen, Bahrein, Syrien und dem Jemen auch in Saudi-Arabien und dem Iran zu politischen Unruhen kommen, ist nicht auszuschließen, dass der Ölpreis auf 200 Dollar steigt und mit einer Erholung der Weltwirtschaft für lange Zeit nicht zu rechnen ist. Es ist ein politisch hoffnungsvolles Zeichen, dass am Ende des Ölzeitalters auch die autoritären Regime verschwinden, die am meisten von dieser Ära profitierten.

Realistischerweise müssen wir davon ausgehen, dass wir in den nächsten Jahren von einer Ölkrise in die nächste taumeln und damit weitere Erschütterungen des Weltwirtschaftssystems erleben werden. Das auf fossilen Brennstoffen aufgebaute Industriezeitalter liegt im Sterben. Wir hängen aber noch immer am Tropf des Erdöls. Doch statt so schnell wie irgend möglich auf 100 Prozent grüne Energie umzusteigen, versuchen es die alten Energieriesen mit Ersatzdrogen: Sie pressen aus Ölsanden in Kanada und aus Ölschiefern in den USA den letzten Tropfen Öl, in China und Europa wird die unterirdische Lagerung von Kohlendioxid (Carbon Capture and Storage, CCS) ausprobiert, und am Golf von Mexiko, wo 2010 durch BP ein ganzes Meer versaut wurde, weil in 1500 Metern Tiefe die Ölbohrungen technisch nicht beherrschbar waren, wird inzwischen in 2000 Metern Tiefe nach Öl gebohrt. Lauter gefährliche und im Grunde lächerliche Versuche, das alte und kranke Energiesystem noch etwas aufrechtzuerhalten. Die alte Energiewirtschaft begeht Verbrechen an künftigen Generationen.

Die heutigen Wissenschaften akzeptieren die Vorstellung, dass die Erde mit der Sonne zusammenarbeitet. Das Problem aber ist: Viele kurzfristig denkende Ökonomen und Politiker haben dieses einfache Naturgesetz noch nicht verstanden. Manche Vertreter und Lobbyisten der alten Energiewirtschaft wollen es auch nicht verstehen.

Dieses Buch will aber nicht nur die bestehenden Probleme aufzählen, sondern vor allem Dutzende von Erfolgsgeschichten berichten, die zeigen, dass die Energiewende nicht nur nötig, sondern auch möglich ist. Diejenigen Gesellschaften, die als Erste auf erneuerbare Energien umsteigen, werden morgen an der Spitze der Weltwirtschaft stehen.

Dabei haben wir schon mindestens ein Jahrhundert verschlafen. Bereits 1909 hat der deutsche Chemiker und Physiker Wilhelm Ostwald für diese Erkenntnis den Nobelpreis bekommen: Die Sonne sende unablässig »Freie Energie«, womit »so gut wie alles, was überhaupt auf der Erde geschieht«, in Gang gesetzt werde. In seinem Buch *Der energetische Imperativ* schrieb er: »Die dauerhafte Wirtschaft muss ausschließlich auf die regelmäßige Benutzung der jährlichen Strahlungsenergie gegründet werden … Wenn ich mir ein Bild von der künftigen künstlichen Verwertung der Sonnenstrahlen machen will, so nimmt es die Form eines photoelektrischen Apparates an.« Diese wissenschaftliche Erkenntnis haben Politik und Wirtschaft beinahe 100 Jahre vernachlässigt.

Wer die Energiewende vorantreibt und wer sie hintertreibt

»Die Sonne ist Gott« – »Gott ist die Sonne«
Um zu verstehen, welche große Chance in der Kraft der Sonne für uns Menschen liegt, darf ihre große kulturelle Bedeutung – neben all den naturwissenschaftlichen Fakten – nicht außer Acht gelassen werden. In allen Religionen ist die Sonne ein göttliches Symbol: Gott ist die Sonne hinter der Sonne – die Ur-Kraft und Ur-Energie, ohne die wir nicht wären. Jesus in seiner Bergpredigt: »Die Sonne des himmlischen Vaters scheint für Gerechte und Ungerechte.« Also für alle zu allen Zeiten auf allen Kontinenten. Der Sonnenkönig Ludwig XIV. nimmt sich die Sonne zum Vorbild »durch die gerechte Verteilung des Lichts über die verschiedenen Himmelsgegenden der Welt, durch die Wohltaten, die sie überall spendet, durch das Leben, durch die Freude, die sie überall weckt«. Der Sonnengesang des heiligen Franziskus von Assisi (»Bruder Sonne«, »Schwester Wasser«, »Mutter Erde«) ist eines der schönsten und nachhaltigsten Gebete der Menschheit. Er entdeckte darin die ganze Schöpfung neu und sah in ihr seine wahre Familie, eine große geschwisterliche Verwandtschaft. Für Franziskus' Wanderleben war die Sonne der hilfreichste Bruder.

Die Sonne hat schon immer Künstler fasziniert und inspiriert. Der Maler Vincent van Gogh war in die Sonne verliebt. Er fand in ihr das zentrale Thema seiner Bilder. Sie explodieren geradezu durch die Intensität des Sonnenlichts. Er verließ mit 34 Jahren seine Heimat Holland und ging auf der

Suche nach einer »stärkeren Sonne« nach Südfrankreich. In seinen Briefen und Bildern ist sie stets gegenwärtig. Er schreibt: »Es ist so, dass die Sonne uns Menschen aus dem Norden nie wirklich durchdrungen hat … Natur und schönes Wetter sind Vorzüge des Südens. Das ganz andere, stärkere Licht, der blaue Himmel, das lehrt sehen.« Ich vermute, dass van Gogh nie einen südnorwegischen Sommertag erlebt hat, der mit seinen weißblauen Wolken genauso sonnendurchflutet sein kann wie ein Sommertag in Südfrankreich. Vincent van Gogh konnte sogar schwärmen: »Gott ist die Sonne.« Umgekehrt formuliert es der englische Maler Joseph Mallord William Turner: »Die Sonne ist Gott.« Dieselbe Auskunft erhielt C. G. Jung, als er 1925 einen Ältesten vom Stamm der Pueblo-Indianer in New Mexiko besuchte. Der Indianer deutete auf die untergehende Sonne und fragte den Psychoanalytiker aus der Schweiz: »Ist nicht der, der dort geht, unser Vater?« Jung fragte nach: Vielleicht könne die Sonne auch ein Feuerball sein, von einem unsichtbaren Gott geschaffen? Die Antwort des Indianers: »Die Sonne ist Gott. Jeder kann es sehen.«

Warum sind alle Fotografen dieser Welt so begeistert vom Sonnenauf- und -untergang? Ein Sonnenaufgang symbolisiert die Hoffnung und den Neuanfang nach einer Krise. Ein Sonnenuntergang weist auf das weitere Leben nach dem Tod hin und die tägliche Wiederkehr der Sonne auf die Unsterblichkeit der Seele. Es gibt seit Jahrtausenden eine Art Solartheologie. Schon der griechische Philosoph Platon hat vor 2400 Jahren der Sonne eine gottähnliche Stellung zugesprochen. Ähnlich überschwänglich hat im Mittelalter Nikolaus Kopernikus die Sonne als »wunderschönes Heiligtum« bezeichnet. Johannes Kepler wusste: »Gemäß der höchsten Logik kommen wir so auf die Sonne (als Zentrum), die kraft ihrer Würde und Macht allein für die Aufgabe des antreibenden Bewegers geeignet scheint und würdig ist, Wohnstatt von Gott selbst zu sein, um nicht zu sagen: erster Beweger.« Gott als »erster Beweger« – genau so hat der bedeutendste mittelalterliche Theologe, Thomas von Aquin, im 13. Jahrhundert den Allgütigen oder die Allgütige oder das Allgütige definiert. Wir können in der Sonne ein Symbol der unendlichen Güte Gottes sehen.

Die Energie der Sonne ist nach menschlichem Ermessen unendlich. Die Sonne ist das Maß aller Dinge. Darüber hinaus ist sie umweltfreundlich und preiswert und grundsätzlich menschlichem Zugriff entzogen. Die Sonne ist als ein riesiger Fusionsreaktor allem Leben eine Gefahr – aber nicht, wenn wir den natürlichen Abstand von 150 Millionen Kilometern bedenken. In Lichtgeschwindigkeit gemessen sind das freilich gerade mal acht Minuten. Unsere Gnadenfrist, unser Sicherheitsabstand!

Wir müssen also keine Kriege um Öl mehr führen – wie den Irakkrieg. Würden im Irak nur Bananen wachsen, wäre dort kein einziger amerikanischer Soldat. Wir können endlich Frieden organisieren mithilfe der Sonne. Der Sicherheitsabstand von 150 Millionen Kilometern zwischen Erde und unserem Fixstern sorgt dafür, dass kein Mensch je Zugriff auf die Sonne haben wird. Dennoch steht sie allen Lebewesen zur Verfügung.

Die Lösung aller Energieprobleme steht am Himmel. Die Sonne scheint auf jedes Dach. Wir müssen uns nur öffnen für die Energie von ganz oben. Die Sonne ist die Energiequelle für eine friedliche Welt und für alle Zeiten. Wenn wir nur 1,15 Prozent der Fläche Deutschlands zur Produktion von Solarstrom nutzen würden – was wir ja gar nicht müssen oder sollen –, wären alle Elektrizitätsprobleme für immer gelöst. Wir stehen vor dem bisher größten Abenteuer der Menschheitsgeschichte: der Energiewende, in der die Sonne die Erde als Energielieferant ablöst. Und dieses Abenteuer verspricht Frieden, Freiheit und soziale Gerechtigkeit. Die solare Revolution wird die erste wirkliche Weltrevolution überhaupt, da die Sonne fest verwurzelt ist in den religiösen und philosophischen Grundlagen der gesamten Menschheit – und somit auch jeder Mensch seinen Beitrag leisten kann.

Die Erneuerbaren kommen schneller als erwartet

Die nach der Fukushima-Katastrophe in Deutschland propagierte Energiewende beginnt nicht bei null. In der Woche, in der ich dieses Buch zu schreiben beginne (Ende Juli 2012), gibt der Bundesverband der Energie- und Wasserwirtschaft (BDEW) bekannt: »2012 war bisher ein Rekordjahr für die erneuerbaren Energien in Deutschland. Sie haben in den ersten sechs Monaten dieses Jahres erstmals die 25-Prozent-Marke überschritten.« Zum Vergleich: 2011 waren es noch rund 20 Prozent.

Für 2013 gibt es eine erste Prognose des Internationalen Wirtschaftsforums Regenerative Energien (IWR): Erneuerbare Energien sind 2013 auf dem Weg zur Stromquelle Nummer 1. IWR-Chef Norbert Allnoch: »Schon im nächsten Jahr können Sonne, Wind und Co. die Braunkohle von Platz 1 verdrängen.«

Im Jahr 2000, als mit dem Erneuerbare-Energien-Gesetz (EEG) die Ökostrom-Produktion angeschoben werden konnte, weil sie nun für Investoren auch ökonomisch attraktiv war, propagierte die damalige rot-grüne Bundesregierung das Ziel: 12 Prozent Ökostrom bis zum Jahr 2012. Diese erste Zielvorgabe wurde also weit übertroffen. Aus den angestrebten 12 wurden tatsächlich 25 Prozent, mehr als doppelt so viel. Beachtlich ist, dass dieses Etappenziel gegen den politischen, publizistischen und wirtschaftlichen Mainstream erreicht wurde. Noch vor wenigen Jahren galt eine Energieversorgung ohne atomare und fossile Brennstoffe als undenkbar und absurd. Als ich im Januar 1993 in der ARD die erste Sendung über die 100-prozentige Energiewende bis 2030 ausstrahlte, schien das damals noch vielen als reines Hirngespinst – unter den »Energiefachleuten«, nicht unter den Zuschauern!

Im selben Jahr, 1993, hatte die alte Energiewirtschaft in ganzseitigen Zeitungsanzeigen behauptet: »Regenerative Energien wie Sonne, Wasser und Wind können auch langfristig nicht mehr als vier Prozent unseres Strombedarfs decken.

Können wir ein solches Vorgehen verantworten? Nein.« Noch 2006 sagte mir ein Vorstandsmitglied des baden-württembergischen Energieversorgers EnBW vor 1500 Bürgermeistern und Kommunalpolitikern in einem Streitgespräch: »Herr Alt, Ihr Buchtitel *Die Sonne schickt uns keine Rechnung* ist einfach lächerlich. In Deutschland haben wir für Sonnenenergie viel zu wenig Einstrahlung.« Weit über eine Million Deutsche haben mit Solaranlagen auf ihren Dächern die exakt gegenteilige Erfahrung gemacht. Inzwischen baut auch die EnBW Solaranlagen. Mit einem neuen Vorstand und unter einer neuen grün-roten Landesregierung.

Zu den Energieexperten: Sich von Expertenautorität nicht blenden zu lassen ist noch schwieriger, als ein esoterisches Heilsversprechen zu durchschauen. Wirklich große Meister wie Jesus, Buddha oder Laotse raten hingegen zur eigenen Vernunft: Mache dir nur Erkenntnisse zu eigen, die du selbst geprüft hast. Denn nur so kann Wissen von Ideologie getrennt werden.

Auch die Vorhersagen der Experten der Internationalen Energieagentur (IEA) in Paris hingen und hängen weit hinter der tatsächlichen Entwicklung zurück. 2002 hatte die IEA prognostiziert, dass die Europäische Union bis 2030 71 000 Megawatt Windstrom produzieren werde. Tatsächlich war dieses Ziel im Jahr 2009 erreicht! Viermal so schnell wie von den »Energiefachleuten« angenommen! Die starke Differenz zwischen Prognose und tatsächlicher Entwicklung nährt den Verdacht, dass Ökoenergien systematisch kleingerechnet und kleingeredet werden. So wie die IEA die Erneuerbaren unterschätzt, so sehr überschätzt diese offizielle Energieagentur der Industriestaaten die Reichweite und die Chancen der fossil-atomaren Energieträger permanent. Vor allem ihre Einschätzungen der Ölpreisentwicklung sind völlig daneben: Die IEA ging im Jahr 2001 in ihrem Weißbuch für erneuerbare Energieträger noch davon aus, dass das Barrel Öl im Jahr 2030 circa 30 Dollar kosten würde. Die reale Entwicklung ist bekannt: 2008 kletterte der Ölpreis auf 147 Dollar pro Barrel, sank in der Wirtschaftskrise 2009 auf 40 Dollar und überstieg 2012 wieder die 110-Dollar-Schranke. In der Zwischenzeit musste die IEA ihre alten Schätzungen stark nach oben korrigieren: Der Ölpreis könne, sagte sie 2011, im Jahr 2020 bei über 200 Dollar liegen.

Mittlerweile rät auch der Chefökonom der IEA, Fatih Birol: »Wir sollten das Öl verlassen, bevor es uns verlässt.« Das ist vernünftig. Die Steinzeit ging auch nicht deshalb zu Ende, weil es keine Steine mehr gab, sondern weil unsere Vorfahren neue Technologien erfanden, weil es Neues gab und Besseres. Mit dieser schlichten Erkenntnis tun sich jedoch viele heutige Steinzeitmenschen noch recht schwer. Sie verschlafen den Platz auf der Sonnenseite.

Klar ist: Je rascher die Preise für die atomar-fossilen Brennstoffe steigen, desto schneller werden die erneuerbaren Energien finanziell konkurrenzfähig. Höherwertig sind sie ökonomisch, ökologisch und gesellschaftspolitisch sowieso.

Selbst die bisherigen Prognosen der Verbände der erneuerbaren Energien und von Greenpeace wurden regelmäßig übertroffen. Die Erneuerbaren entwickelten sich dank engagierter Bürgerinnen und Bürger weit schneller als von fast allen Experten vorhergesagt. Das erste 100-Prozent-Szenario hatte »Solar Sweden« 1975 erstellt. Darin wurde die Möglichkeit aufgezeigt, das skandinavische Land komplett erneuerbar zu versorgen. Die Regierung Jimmy Carter hatte 1980 ein Energieszenario in Auftrag gegeben, das ergab, dass die USA bis 2030 zu 100 Prozent erneuerbar sein könnten. Nachfolger Ronald Reagan hat dann allerdings im Sinne der US-Öl-Lobby alles getan, damit dieses Ziel bald wieder vergessen war. Die Solaranlage, die Jimmy Carter symbolisch auf dem Dach des Weißen Hauses anbringen ließ, wurde auf Anweisung von Ronald Reagan gleich an seinem ersten Amtstag wieder abmontiert. Der Fingerzeig für die amerikanische Öl-, Kohle- und Atomlobby war deutlich genug.

Österreich könnte – neben Dänemark – innerhalb der

EU das erste Land mit einer 100-prozentigen erneuerbaren Stromversorgung sein. Schon heute werden 74 Prozent des Stroms erneuerbar erzeugt – hauptsächlich mit Wasserkraft. Im Jahr 1999 legten die österreichischen Interessenvertretungen der erneuerbaren Energieverbände einen Plan vor, der aufzeigt, dass das Alpenland bis 2030 seinen Strom komplett sauber organisieren kann. Im Bereich solare Wärme haben die Österreicher bereits über fünf Millionen Quadratmeter Sonnenkollektoren installiert.

Ende August 2012 publizierte Greenpeace Schweiz eine neue Studie, in der es heißt: »Die Stromversorgung der Schweiz ist bis zum Jahre 2025 vollständig auf erneuerbare Energien umstellbar – und der Solarenergie kommt dabei eine zentrale Rolle zu.«

Immer mehr kleine Stromer

Der Solarpionier Hermann Scheer zitierte und erläuterte in meiner ARD-Sendung »Zeitsprung« am 15. Januar 1993 vor einem Millionenpublikum eine Eurosolar-Studie, wonach die Energiewende in Deutschland bis 2030 möglich sei. Diese Sendung stieß bei unseren Zuschauern auf so viel Resonanz, dass wir sie sechsmal ausgestrahlt haben. Seither sind alle Prognosen Scheers in etwa eingetroffen. Warum sollten ausgerechnet jetzt die Bedenkenträger recht behalten, die sich in ihren pessimistischen Fehleinschätzungen stets grandios geirrt haben? Inzwischen hat der Sachverständigenrat für Umweltfragen (SRU) der Bundesregierung 2010 eine Studie präsentiert, die aufzeigt, dass sich Deutschland mithilfe eines deutsch-dänisch-norwegischen Wasserkraftverbundes bis 2050 im Strombereich zu 100 Prozent erneuerbar versorgen könnte. Die norwegische Wasserkraft soll dabei eine Schlüsselrolle als Reserve- und Speicherenergie spielen.

Im Herbst 2012 gibt es in Deutschland bereits 138 Regionen, die sich das politische Ziel gesetzt haben, bis 2020, 2030 oder spätestens 2050 bei der Stromgewinnung komplett erneuerbar und autonom zu sein. Einzelne kleine Regionen und Kommunen produzieren heute schon mehr Ökostrom, als sie selbst Strom verbrauchen. Es gibt immer mehr kleine Stromer, die eine Energie-Revolution von unten vorantreiben. Insgesamt hat sich bereits ein Viertel des Bundesgebiets von den alten Energieversorgern befreit.

Die Energiewende ist eines der anspruchsvollsten Projekte der jüngeren deutschen Geschichte. Ihre Umsetzung erfordert nicht nur technischen Fortschritt, sondern auch demokratische Reife und bürgerschaftliche Innovationen. Das passt gut zu den derzeitigen Wünschen der Deutschen nach einer offenen und transparenten Gesellschaft, nach mehr Bürgerbeteiligung. Das Nachdenken über eine gesellschaftlich tragfähige Gestaltung der Energiewende kam bisher zu kurz. In meinen 20 Jahren Erfahrung beim Projektieren von Windparks habe ich gelernt: Wer die Betroffenen frühzeitig einschaltet und beteiligt, auch finanziell, kann später mit höherer Akzeptanz rechnen, muss weniger Widerstand befürchten. Die Energiewende kann eine demokratische Veranstaltung werden nach dem Motto: weniger reden, mehr beteiligen. Politiker, die diese Zusammenhänge verstehen, müssen sich vor der nächsten Wahl nicht fürchten.

In den USA hatte Al Gore zum Präsidentschaftswahlkampf 2008 ein Szenario vorgestellt, das vorsah, dass die USA ihren Strom in weniger als 20 Jahren zu 100 Prozent aus erneuerbaren Quellen gewinnen könnten. Barack Obama zog mit dieser These in den Wahlkampf, hat aber in seiner ersten Amtsperiode wenig erreicht. Die konservativen Republikaner haben bislang jeden Schritt hin zu mehr Klimaschutz oder für die Energiewende im energieverschwenderischen Amerika ausgebremst. In seiner Inaugurationsrede im Februar 2009 hatte Präsident Obama noch versprochen: »Wir werden die Sonne, den Wind und die Erde nutzbar machen, um unsere Autos zu betanken und unsere Fabriken zu betreiben ... Nun gibt es auch solche, die das Ausmaß unserer Ambitionen infrage stellen – die behaupten, dass unser System nicht viele große Pläne verträgt. Ihr Erinnerungsvermögen ist kurz. Denn sie haben vergessen, was dieses Land bereits vollbracht hat, was alle Männer und Frauen erreichen können, wenn Vorstellungskraft und der gemeinsame Zweck sich einen und sich Erfordernisse und Courage gesellen. Was die Zyniker nicht verstehen, ist, dass die abgestandenen politischen Argumente, die uns so lange ausgezehrt haben, heute nicht mehr wirksam sind.« Gut gebrüllt, Löwe – aber wenig erreicht. Wollen tut er ja – aber dürfen kann er nicht.

Im Wahlkampf 2012 argumentierte Barack Obama dann wesentlich zurückhaltender. Es bleibt zu hoffen, dass er dafür in seiner zweiten Amtsperiode umso mehr tut.

Das ehrgeizigste 100-Prozent-Szenario für die ganze Welt hat 2009 die Zeitschrift *Scientific American* veröffentlicht. Mark Jacobson von der Stanford University und Mark Delucchi von der University of California zeigen darin, dass schon bis 2030 eine vollständige Umstellung auf regenerative Energien möglich ist. Dieses grandiose weltweite Ziel erfordere 3,8 Millionen Windkraftanlagen von je fünf Megawatt Kapazität, 490 000 Gezeitenkraftwerke zu je einem Megawatt, 5350 geothermische Kraftwerke zu je 100 Megawatt, 900 große Wasserkraftwerke zu je 1300 Megawatt (über 900 dieser Größenordnung existieren bereits), 720 000 kleine Wellenkraftwerke zu je 0,75 Megawatt sowie 1,7 Milliarden Photovoltaikanlagen auf Dächern zu drei Kilowatt, 40 000 große Photovoltaikkraftwerke zu je 300 Megawatt und 49 000 solarthermische Kraftwerke zu je 300 Megawatt.

Sicher eine gigantische Herausforderung, denken technische Laien wie ich. Wer solche Szenarien für unmöglich hält, der sei jedoch daran erinnert, dass wir heute jedes Jahr 73 Millionen neue Autos auf unsere Straßen bringen. Oder: Wenn es die Franzosen im letzten Jahrhundert geschafft haben, innerhalb eines Jahrzehnts ihren Atomstromanteil von null auf 70 Prozent hochzufahren, warum soll es dann im 21. Jahrhundert nicht möglich sein, mit sechs erneuerbaren

Energiequellen innerhalb von zwei Jahrzehnten ein ähnliches Ziel zu erreichen? Diesmal mit einfacheren Technologien! Oder: Die Erkundungs-, Planungs- und Bauzeit für ein AKW dauert bis zu 20 Jahren. Aber eine Solaranlage ist in drei Tagen, ein Windrad in drei Monaten und eine Biogasanlage in sechs Monaten installiert. Die genannten Einwände sind nichts als mentale Hürden.

Wer soll das bezahlen?

Vor allem aber wird man sich fragen: Was soll das kosten, und wer um Himmels willen soll das bezahlen?

Die lapidare Antwort der Autoren: Diese weltweite Energiewende kostet bis 2030 etwa 100 Billionen Dollar – das ist ungefähr die Hälfte des Betrags, den wir ohne diese Wende allein für Brennstoffe, Kraftstoffe und Strom weltweit ausgeben müssten. Wer also als Realist die Kosten der alten Energieträger, ihre Folgekosten und die dort möglichen Unfälle mitrechnet, weiß, dass die Energiewende nicht nur finanzierbar ist, sondern entschieden preiswerter als eine Politik nach dem Motto: »Weiter wie bisher.« Fakt ist, dass die erneuerbaren Energien immer preiswerter werden und die alten, zu Ende gehenden Ressourcen immer teurer. Seit 2004 wurde in Deutschland eine Kilowattstunde Solarstrom um 70 Prozent preiswerter, aber das Erdöl um über 200 Prozent teurer. Und dieses Auseinanderklaffen der Preisschere geht immer weiter zugunsten der Erneuerbaren.

Unsere heutigen technischen Möglichkeiten erlauben eine Beschleunigung. »Es sind Investitionen, die sich durch den Verkauf von Strom und Energie wieder amortisieren«, so die beiden US-Wissenschaftler. Nach ihren Modellrechnungen soll in den USA im Jahr 2020 die Kilowattstunde Strom aus Sonne, Wind und Wellen nur vier Cent kosten, während konventioneller Strom dann bei sieben Cent pro KWh liegen würde. Dabei sind die Kosten nicht einberechnet, die bei herkömmlicher Energieerzeugung durch Verwüstung der Umwelt und durch die Beeinträchtigung der Lebensbedingungen für Mensch und Tier entstehen.

Ein anderer US-Amerikaner erinnert seine Landsleute an die Anstrengungen im Zweiten Weltkrieg und verlangt jetzt ähnliche Bemühungen für die Energiewende. Lester Brown, Gründer des Worldwatch Institute in Washington, vergleicht die notwendige Mobilmachung zugunsten der Energiewende mit der militärischen Mobilmachung der USA 1942. Nach dem japanischen Überfall auf Pearl Harbor und Hitlers Kriegserklärung gegen die USA veranlasste Präsident Roosevelt die sofortige massive Produktion von Panzern, Kriegsflugzeugen und Kriegsschiffen. Die Produktion privater Pkws wurde für drei Jahre total gestoppt. Der US-Präsident damals: »Und keiner soll wagen zu sagen, das sei unmöglich.« Diese totale Mobilmachung hat den Zweiten Weltkrieg entschieden.

Heute führen wir faktisch den Dritten Weltkrieg gegen die Natur. Es geht jetzt darum, den »atomar-fossilen Krieg gegen die Lebenschancen der menschlichen Zivilisation zu beenden« (Hermann Scheer). Für den Umstieg auf die erneuerbare Energiewirtschaft brauchen wir natürlich ganz andere Ansätze als Roosevelt vor 70 Jahren. Doch der Vergleich soll zeigen: Mit ernsthaftem politischem Willen und unkonventionellen Methoden sind außergewöhnliche politische Ziele erreichbar.

Erster Schritt einer neuen Energiestrategie: keine Neuinvestitionen mehr in Kraftwerke des atomar-fossilen Komplexes. Es reicht also nicht, nur aus der Atomkraft auszusteigen, es dürfen auch keine fossilen Kraftwerke mehr gebaut werden, denn sie erschweren über Jahrzehnte den Erneuerbaren den Durchbruch in neuen Strukturen. Und sie verstopfen ihnen den Zugang zum Netz. Es waren Dutzende Bürgerinitiativen in Deutschland, die in den letzten Jahren den Bau von über einem Dutzend geplanter und zum Teil schon genehmigter Kohlekraftwerke verhindert haben.

Die neue gesellschaftliche Perspektive, gut für alle, heißt Energieautonomie. Dieses neue Leitbild ist in vielen Gesellschaften mehrheitsfähig und deshalb auch in wenigen Jahrzehnten durchsetzbar. Und das nicht nur in Deutschland. In Österreich haben bereits über 80 Regionen beschlossen, bis 2030 zu 100 Prozent auf erneuerbare Energien umzusteigen. In diesen Regionen wohnt bereits jeder vierte Österreicher. Mexiko und Südkorea wollen ihre Emissionen bis 2020 um 30 Prozent reduzieren, Brasilien sogar um 39 Prozent und Indonesien um 42 Prozent. Costa Rica, die Malediven und Bhutan wollen schon bis 2020 komplett klimaneutral sein. Südkorea und China bauen Emissionshandelssysteme auf. Auch die USA rechnen mit deutlich geringeren Emissionen – als Ergebnis der Wirtschaftskrise, aber auch wegen neuer Standards für Autos und Kohlekraftwerke – dank Al Gore und Arnold Schwarzenegger. Noch haben wir die Chance, den Klimawandel auf zwei Grad zu begrenzen.

Der neue Energiemix

Die angesprochenen unterschiedlichen Technologien für die komplette weltweite Energiewende zeigen, dass eine ausreichende Energieversorgung auch künftig von einem Energiemix abhängt – so wie schon heute. Wir nutzten in den letzten Jahrzehnten nicht nur Kohle oder Öl, sondern auch Atomkraft und Erdgas. Um nicht nur von einem Energieträger abhängig zu sein, werden wir uns künftig auf einen solaren Energiemix stützen, zu dem alle sechs erneuerbaren Energiequellen gehören. Die da wären: Wasserkraft, Windkraft, Sonnenenergie, Geothermie, Biomasse, Wellen- und Strömungsenergie.

Das Spektrum der Sonnenenergie ist wesentlich breiter als der heutige Energiemix. Dazu gehört die parallele Einführung und Installation von Windrädern und Biogasanlagen, von Photovoltaikanlagen und solarthermischen Technologien, von Wasserkraft und solarem Wasserstoff, von Wärmepumpen und Kraftwärmekopplungen, von Energiespeichern wie Pumpspeicherkraftwerken und Druckluftspeicherkraftwerken, besseren Batterien und Elektroautos sowie der Ausbau der Leitungssysteme.

Solarthermische Wärme lässt sich in Langzeitspeichern für den Winter vorhalten. Die oft genannten und befürchteten Speicherkosten wären in der Tat sehr hoch, wenn wir uns nur auf Energie aus Sonne und Wind verlassen müssten. Beide gleichen sich gerade in Deutschland oft aus – im Sommer viel Sonne und wenig Wind und im Winter umgekehrt –, doch wir haben zum Glück noch die Biomasse, die Wasserkraft und die Erdwärme zum Ausgleich und auch den erneuerbar erzeugten Wasserstoff.

Einer der Pioniere des erneuerbaren Energiezeitalters, der visionäre und erfolgreiche Unternehmer Ludwig Bölkow, war davon überzeugt, dass Wasserstoff als chemisches Energiespeichermedium künftig eine zentrale Rolle spielen wird. Ein intelligenter regionaler Energiemix braucht zwar auch neue Leitungen, aber längst nicht in dem Umfang, wie es Bedenkenträger der alten Energiewirtschaft immer wieder behaupten. Riesige Überlandleitungen, durch die Nordsee-Offshore-Windstrom nach Bayern und Baden-Württemberg transportiert werden kann, sind mehr Ausdruck alten Denkens in zentralisierten Strukturen als reale Notwendigkeit einer dezentralen Energieversorgung von morgen. Bayern, Hessen und Baden-Württemberg haben genug Wind im eigenen Land und sind nicht abhängig von 1000 Kilometer langen Hochspannungsleitungen quer durch Deutschland. Hinzu kommt: Nach allem, was wir heute wissen, ist Offshore-Windstrom doppelt so teuer wie Windenergie, die vor Ort erzeugt wird. Oft müssen die Windräder in Süddeutschland nur 20 Meter höher sein, um Windverhältnisse wie an der Küste vorzufinden.

Szenarien bieten natürlich keine Gewissheit für das Erreichen dieser hehren Ziele. Ein Szenario ist immer nur eine Möglichkeit, eine Chance. Aber ein seriöses Szenario zeigt immerhin auf, was bei politischem Willen auch tatsächlich realisiert werden kann. Kein Langfrist-Szenario traf je auf Punkt und Komma exakt zu. Aber gerade im Bereich der erneuerbaren Energien hat sich gezeigt, dass viele Ziele auch weit früher erreicht wurden, als sie ursprünglich hätten erreicht werden sollen. Auf der Weltwindkonferenz in Peking im Jahr 2004 erzählte mir der damalige chinesische Umweltminister: »Wir werden die Windenergie in China 100-mal schneller ausbauen, als noch vor einigen Jahren vorgesehen.« Entsprechend progressiv hat sich die Windenergieszene in China entwickelt. 2006 durfte ich auf der Weltwindkonferenz in Neu-Delhi einem Chinesen den Weltwindpreis überreichen, und seit der Weltwindkonferenz 2011 in Kairo haben wir mit Professor He Dexin erstmals einen Chinesen an der Spitze des Weltwindverbandes. Seit einigen Jahren schon drehen sich in China die meisten Windräder weltweit.

Heute bestreitet in Europa fast niemand mehr die Möglichkeit und die Notwendigkeit des kompletten Umstiegs. Umso heftiger wird allerdings über die Zeitspanne für die mögliche Energiewende gestritten. Die großen Energiekonzerne sagen jetzt manchmal, dass der Umstieg bis 2100 vielleicht möglich sei. Die deutsche Bundesregierung unter Angela Merkel hat sich immerhin zum Ziel gesetzt, bis 2050 mindestens 80 Prozent Strom und 60 Prozent des gesamten Energieverbrauchs regenerativ zu erzeugen.

Ich will in diesem Buch aufzeigen, wer die Energiewende voran- und wer sie hintertreibt. Zur Energiewende hierzulande gehört, dass wir nicht nur bis 2022 aus der Kernenergie aussteigen, sondern langfristig auch aus allen Kohlekraftwerken. Deutschland ist zurzeit weltweit der einzige Industriestaat mit einem solchen ehrgeizigen Energieprogramm. Dabei reicht es nicht nur, möglichst viele Solaranlagen auf die Dächer zu schrauben und noch ein paar Tausend Windmühlen auf die Felder zu setzen – genauso wichtig sind Speicher für die unstete Wind- und Sonnenenergie und Leitungen aus den Regionen mit regenerativem Energieüberschuss in jene mit weniger erneuerbaren Energiechancen, wie zum Beispiel Großstädte. Energiewende heißt auch nicht nur, künftig Millionen Wohnungen erneuerbar zu versorgen, sondern ebenfalls Fabriken, den gesamten Verkehr, Schulen und Krankenhäuser. So verbraucht zum Beispiel allein der Energieriese BASF nach eigenen Angaben so viel Strom wie die gesamte Schweiz. Das genannte Energiewendeziel klingt ambitioniert. Ist es auch. Hannes Koch, Bernhard Pötter und Peter Unfried schreiben dazu in ihrem Buch *Stromwechsel. Wie Bürger und Konzerne um die Energiewende kämpfen:* »Diese Operation am offenen Herzen eines Wohlstandslandes hat bisher noch nie jemand gewagt.«

Deutschland hat mit der Energiewende eine Wette abgeschlossen, die es nicht verlieren will, denn die gesamte Welt schaut zu – teils gebannt, teils mit Kopfschütteln.

Die Energiewende kostet, aber keine
Energiewende kostet die Zukunft

Es gibt also viele privatwirtschaftliche, bürgerliche, wissenschaftliche und politische Förderer der regenerativen Energien. Aber eben auch viele Bremser, die eigene Interessen verfolgen. Ölkonzerne wie Shell oder BP wollen weiterhin unter Missachtung der Klimakrise möglichst den letzten Tropfen Erdöl und den letzten Kubikmeter Erdgas aus dem Boden holen und verbrennen, weil sie Sonnenlicht, Sonnenwärme und Wind nicht als Ressource verkaufen können. Sie erkennen in den Erneuerbaren allenfalls eine Ergänzung zur herkömmlichen Versorgung. Aus dem früheren grundsätzlichen Widerstand ist jetzt eine Hinhaltestrategie geworden, die mit wohlklingenden ökologischen Sprüchen garniert ist. Vollmundige Lippenbekenntnisse trüben dabei häufig den Blick für die praktischen Prioritäten. Der französische Energiekonzern Électricité de France (EDF) und Frankreichs früherer Staatspräsident Nicolas Sarkozy gingen sogar so weit, bei einem Treffen der EU-Regierungschefs 2008 in Paris die Atomenergie als erneuerbare Energiequelle zu deklarieren.

Ähnlichen Etikettenschwindel höre ich auch von japanischen Energiekonzernen.

Doch im Angesicht des dramatischen Klimawandels zeigt sich: Jedes versäumte Jahr ist ein verlorenes Jahr. Der jetzt angestrebte Wechsel wurde von Hermann Scheer als Ultima Ratio, bezeichnet, »als letztmöglicher Weg, existenzielle Gefahren abzuwenden, die irreversibel werden können«. Ihm, dem weltweit großen Vorkämpfer und Vordenker der Energiewende und dem persönlichen Freund und Lehrer, ist dieses Buch gewidmet. Hermann Scheer starb ein halbes Jahr vor der Fukushima-Katastrophe. In seinem umfassenden Werk *Der energetische Imperativ – 100 Prozent jetzt: Wie der vollständige Wechsel zu erneuerbaren Energien zu realisieren ist* hat er uns sein Vermächtnis hinterlassen. Zehn Tage vor seinem Tod schrieb er mir in sein grandioses Buch den wichtigen und richtigen Hinweis: »Der Kampf geht weiter.«

Die alte Energiewirtschaft argumentiert gegen einen schnellen Wechsel mit der Behauptung, dieser sei zu teuer. Die Antwort gab schon vor einigen Jahren der frühere Chefvolkswirt der Weltbank, Sir Nicholas Stern: Im *Stern*-Report, der in Vorbereitung auf die Weltklimakonferenz der Vereinten Nationen in Nairobi von der britischen Regierung in Auftrag gegeben wurde, haben er und seine Kollegen ausgerechnet, dass der 100-prozentige Umstieg auf erneuerbare Energien höchstens ein Fünftel dessen kostet, was wir bezahlen müssen, wenn wir einfach so weitermachen wie bisher. Hier hat endlich einmal ein Ökonom die Folgekosten der alten Energiewirtschaft mitkalkuliert und richtig gerechnet. Diese Erkenntnis setzt sich freilich nur allmählich durch. Es ist heute schon völlig klar, wem die Zukunft gehören wird. Richtig ist freilich auch, dass der Umstieg nicht kostenlos zu haben ist. Aber wie teuer wird es, wenn wir nicht rechtzeitig umsteigen und der Klimawandel voll durchschlägt?

Die Energiewende kostet. Aber keine Energiewende kostet die Zukunft. Noch haben wir die Wahl. Die Folgen und die Folgekosten der herkömmlichen Energieversorgung zwingen uns, die Energiewende so rasch wie möglich zu realisieren. Es muss uns klar sein, dass es beim Klimawandel nicht nur um die Sorge um das Klima oder um ein paar Eisbären geht, sondern um die existenzielle Bedrohung der Menschheit schlechthin. Solange das nicht deutlich im Bewusstsein ist, streiten wir immer nur über Petitessen oder die nächste Wirtschaftskrise.

Versicherer machen garantiert gute Geschäfte

Weltweit zeichnet sich nach der Fukushima-Katastrophe vom März 2011 eine Beschleunigung der Energiewende ab: Noch nie wurde global so viel Geld in erneuerbare Energien investiert wie in diesem Katastrophenjahr: nämlich 257 Milliarden US-Dollar – das sind 205 Milliarden Euro und damit ein Plus von 17 Prozent gegenüber dem Vorjahr und erstmals mehr Investitionen in die Erneuerbaren als in die alten Energieträger. 2006 hatten wir weltweit noch ein Investment von 63 Milliarden Dollar in Ökoenergien. Diese positive Entwicklung könnte auch die endgültige Wende in der bisherigen globalen Klimapolitik sein: weg vom sogenannten Emissionshandel hin zur Förderung der erneuerbaren Energien bis zum 100-prozentigen Umstieg auf diese. Der Kommentar des Bundesumweltministers Peter Altmaier dazu lautet: »Die Zahlen bestätigen eindrucksvoll, dass die deutsche Energiewende den weltweiten Trend setzt. Die Energiewende sichert damit Deutschlands Rolle als Vorreiter eines dynamischen Wachstumskurses, der uns darin unterstützt, Klimaschutz, sichere Energieversorgung und nachhaltiges Wachstum zu vereinbaren.«

Auch große Versicherer wie die Allianz oder Munich Re wollen Milliarden in die Energiewende investieren. Es locken Renditen, die man anderswo kaum noch bekommt. Staatsanleihen sind zu unsicher geworden. In der Energiewende erwarten die Investoren garantiert gute Geschäfte. In Zeiten endloser Finanzkrisen, niedriger Zinsen und hoher Staatsschulden wissen große Konzerne kaum noch, wohin mit dem Geld. Also haben Versicherer den Umbau der Energiewirtschaft als lukratives Geschäftsfeld entdeckt und investieren Milliarden in Windparks, Solaranlagen, Strom- und Gasnetze. Die Bundesregierung garantiert für Investitionen in die künftig notwendigen Netze eine Verzinsung von rund neun Prozent – ein sicheres Geschäft.

Weltweit fordern Verbraucher den verstärkten Einsatz von Ökoenergien. Sie sind nach einer Vestas-Studie auch bereit, mehr Geld dafür zu bezahlen. So wünschen 85 Prozent der Verbraucher, dass mehr Strom aus erneuerbaren Energien produziert wird. 49 Prozent würden dafür auch tiefer in die Tasche greifen – sagen sie zumindest. Für diese Studie wurden 24 000 Verbraucher in 20 Ländern befragt.

Deutschland zählt traditionell zu den Ländern mit ausgeprägtem Umweltbewusstsein. Hier ist der Einsatz von erneuerbaren Energien bei vielen Unternehmen auch Teil der Geschäftsstrategie. Dies behaupten zum Beispiel die Deutsche Bank, Allianz, Puma, die Deutsche Post, die Deutsche Telecom oder SAP. International setzen die meisten Unternehmen auf Wasserkraft (49 Prozent), gefolgt von Windenergie (29 Prozent) und Biomasse sowie Abfall (zusammen 23 Prozent).

Da an erneuerbaren Energien kein Weg mehr vorbeiführt, sind nachhaltige Investments in der Regel auch sicherere und oft erfolgreichere Anlagen als nicht nachhaltige. Wer ethisch-ökologisch anlegt, hat seine Rendite auch redlich verdient. Und wer nachhaltig anlegt, vermeidet die Fehler der Krisen fürchtenden Kurzfrist-Optimierer. Gemessen an der Geduld der Natur sind die aktuellen Krisen allenfalls aufgeregte Krislein. Die Zeit arbeitet also für die auf der Sonnenseite und für die Nachhaltigen. Solche einfachen Rechnungen verstehen auch die großen Versicherer.

Das Wachstum der erneuerbaren Energien findet zurzeit vor allem in Deutschland, den USA, China, Spanien, Italien, Indien und Japan statt. 2011 deckten die Ökoenergien weltweit 16,7 Prozent des Gesamtenergieverbrauchs ab und 20,1 Prozent des Stromverbrauchs. Die Tendenz steht eindeutig auf Wachstumskurs – und zwar für viele Jahre.

Die schwarz-gelbe Bundesregierung will bis 2020 35 Prozent erneuerbaren Strom. Wenn diese Zielmarke wie in den letzten Jahren wiederum um 100 Prozent überschritten wird (2012 schon 25 Prozent Ökostrom statt 12 Prozent wie prognostiziert), was ich für möglich halte, dann sind wir bis 2030 bereits bei 70 Prozent regenerativer Elektrizität. Dieses Buch zeigt auf, dass wir die Energiewende bei Strom, Wärme und Fahrzeugsprit bis 2030, zu 100 Prozent spätestens bis 2040, in Deutschland und Europa erreichen können. Wahrscheinlich werden uns dann andere nacheifern, weil sich aller Erfahrung nach in der globalisierten Welt niemand technologisch abhängen lassen möchte. Schon gar nicht die heute noch in Klimafragen so schwerhörigen Regierungen der USA wie auch Indiens oder Chinas. Gute Originale werden immer kopiert. Entscheidend wird sein, ob wir verstehen lernen, dass die Klimakrise für ein Hochtechnologieland eine riesige ökologische, technologische und ökonomische Chance bietet. Denn in drei erneuerbaren Energietechnologien ist Deutschland heute Weltspitze: bei Photovoltaik, bei Windrädern und bei Biogasanlagen. Welch eine Chance für eine Exportnation.

Die Katastrophe von Fukushima bietet uns und der Welt vielleicht eine letzte Chance zum Umdenken und zu neuem Handeln. Immer mehr Menschen auf der ganzen Welt wollen nicht nur Energie verbrauchen, sondern sie auch selbst erzeugen und dadurch auch selbstbestimmter leben. Die Energiewende ist ein Freiheitsthema. Ganz so, wie es Verkehrsminister Peter Ramsauer versteht. Auf die Frage »Was begeistert Sie persönlich an der Idee der Elektromobilität?« sagte der CSU-Politiker: »Die Idee, dass ich nie wieder tanken muss, sondern mein Auto zu Hause selbst aufladen kann.« Der Strom muss dann freilich ökologisch produziert sein. Dann ist die Sache rund.

Die Probleme vom Ende her denken

Die Bundeskanzlerin sagt oft, man müsse ein Problem »vom Ende her denken«. Lassen Sie uns mal die Energiewende von dort, also vom Jahr 2030 oder, wie es die Bunderegierung plant, vom Jahr 2050 her denken. Wenn bis zur Mitte des Jahrhunderts um die 90 bis 95 Prozent Treibhausgase eingespart sein sollen, bedeutet dies den Ausstieg aus Kohle und Öl, aber auch weitgehend aus Gas. Warum dann aber noch Tausende Kilometer Gasleitungen aus Russland und dem Kaspischen Meer nach Deutschland geplant werden, müssen sich Politiker und Energiemanager fragen lassen, wollen sie vom Ziel her denken. Und warum sollen noch ein Dutzend oder mehr Kohlekraftwerke in Deutschland gebaut werden? Das fragen sich immer mehr Bürgerinnen und Bürger, aber noch nicht genug Politiker und Manager.

Im Auftrag des Energieriesen RWE hat die Deutsche Energie-Agentur (DENA) im August 2012 eine Studie vorgestellt, wonach im Jahr 2050 die fossilen Kraftwerke »noch 60 Prozent der gesicherten Leistung« stellen müssen. RWE, etwas gebeutelt und verunsichert vom Atomausstieg einer konservativen Regierung, bestellt eine Studie, und die DENA liefert den »wissenschaftlichen Beweis«, dass die alten Energieversorger in ihren bisherigen Strukturen noch viele Jahrzehnte einfach so weitermachen können wie bisher. Die Erneuerbaren seien eben nicht so schnell zu integrieren.

Klimawandel? Für die DENA kein aktuelles Problem. Die Preissteigerungen bei atomar-fossilen Energieträgern? Alles halb so schlimm. Teuer sind nur die Erneuerbaren. Die zu Ende gehenden Ressourcen? Das dauert noch. Alles, was die neue Wissenschaft der Ökologie in den letzten Jahrzehnten erarbeitet hat, wird in dieser offiziellen DENA-Studie vernachlässigt. Manchmal müssen Regierungen oder auch die von ihnen abhängigen Agenturen zum Jagen getragen werden. Was der alten Energiewirtschaft nicht realisierbar scheint, wird einfach disqualifiziert. Geflissentlich übersehen wird die gesellschaftliche und technologische Dynamik, welche der Einstieg ins Solarzeitalter bereits ausgelöst hat. Es ist offensichtlich, wer bremst, leugnet und verdrängt. Die DENA übersieht völlig die volkswirtschaftlichen Vorteile der erneuerbaren Energiewirtschaft. Diese aber machen die Erneuerbaren gesellschaftspolitisch so viel wertvoller als die alten Energien mit ihren Folgekosten. Wer den größten Kostenfaktor einfach ausklammert (also die Gesundheits-, Umwelt- und Klimaschäden), muss sich gefallen lassen, als unseriös bezeichnet zu werden. Nicht die erneuerbaren Energien müssen sich in das alte Energiesystem einfügen – das geht systemtechnisch gar nicht –, sondern die konventionellen Träger müssen sich an das neue System als Reserve noch eine Zeit lang anpassen. Diese Systemanpassung muss politisch gestaltet werden. Zum Beispiel dadurch, dass die Erneuerbaren stets vorrangig eingespeist werden. Was gegenüber diesen Notwendigkeiten die offizielle Energieagentur der Bundesregierung vorschlägt, ist kein seriöser Beitrag zu einer Energiewende, die diesen Namen verdient, sondern eine Anregung, die Energiewende nicht ernst zu nehmen.

Der Niedergang der alten Energieriesen und Schumpeters schöpferische Zerstörung

Dem Niedergang der alten Energien steht ein riesiges Wachstum der Erneuerbaren gegenüber. Das bringt nicht nur finanzielle Belastungen, sondern auch ökologische und ökonomische Vorteile mit sich. Es geht im Sinne eines der herausragenden Ökonomen des 20. Jahrhunderts, des Österreichers Joseph Schumpeter, um einen Prozess »schöpferischer beziehungsweise kreativer Zerstörung« des alten Energiesystems. Schumpeter in seinem Hauptwerk *Kapitalismus, Sozialismus und Demokratie*: Diese Zerstörung ist notwendig, »damit Neuordnung stattfinden kann«. Mit diesem Prozess ist zum Beispiel ein riesiges Investitionsprogramm in die bessere Dämmung von Häusern verbunden, die dann keine klassischen Heizungen mehr brauchen, sondern ihren minimalen

Wärmebedarf mit kombinierten Holz-Solar-Heizungen oder auch mit Geothermie abdecken können – klimaneutral.

Der neue Humanismus, der für eine neue Energiepolitik nötig ist, setzt sich nicht automatisch durch, sondern eher so, wie es Arthur Schopenhauer vorausgesehen hat: »Alle Wahrheit durchläuft drei Stufen. Zuerst wird sie lächerlich gemacht oder verzerrt. Dann wird sie bekämpft. Und schließlich wird sie als selbstverständlich angenommen.« Die sensiblen und schöpferischen Menschen sind immer die Vorläufer des Neuen. In Zukunft werden weniger die Mächtigen bestimmen, sondern die Bewussteren. Wir können Förderer eines neuen Bewusstseins, eines bewussteren Seins werden, eines neuen Humanismus im 21. Jahrhundert. Dies kann gelingen, wenn wir die alten Gefängnisse der Vorschriften und Regulierungen verlassen und unsere Energie und unseren Wohlstand im Einklang mit der Natur und damit in Übereinstimmung mit den göttlichen Gesetzen schaffen. Es wird ein Wohlstand sein, der nicht länger auf Kosten anderer geht. Freiheit heißt, seinem Gewissen zu folgen. Wenn viele Menschen vom Erfolg der Energiewende überzeugt sind, wird er sich auch einstellen.

Keine Energiewende ohne eine Verkehrswende

Ein weiteres Investitionsprogramm wird die Leistungsfähigkeit und den Ausbau des Schienennetzes betreffen. Elektroautos werden von der Autoindustrie immer mehr als zukunftsfähige Chance eingeschätzt. Eine höhere Beimischung von Biokraftstoffen in Verbrennungsmotoren wird strengen Ökokriterien genügen müssen. Ein Tempolimit wird auch in Deutschland so selbstverständlich werden wie eine höhere Lkw-Maut und eine Pkw-Maut. Elektrofahrräder werden boomen.

Die Stichworte einer künftigen ökologischen Verkehrswende sind: massiver Ausbau des öffentlichen Verkehrs, Elektroauto, Elektromotorroller, Elektrofahrrad. Die Verkehrswende hinkt in Deutschland der Energiewende hinterher – anders als in der Schweiz oder in Japan. Die Benzinauto-Industrie lebte bisher von Slogans wie »Aus Freude am Fahren«. Bei weiter steigenden Spritpreisen könnte daraus bald werden: »Aus mit der Freude am Fahren!« Autokäufer dürften sich bald mehr für die Umweltverträglichkeit eines Autos interessieren als für noch höhere PS-Zahlen. Mit dem Ölzeitalter endet auch das Benzinzeitalter. Wir werden künftig ohne Feuer fahren. Das Zeitalter der Pyromanen geht zu Ende.

Wenn einzelne Nationen bei den anstehenden Innovationen Vorreiter werden, dann wird es auch Nachzügler und Sitzenbleiber geben.

Warum ging und geht der Umstieg in Deutschland bisher schneller, als es sich die Regierenden bislang vorstellen konnten? Warum sind bereits in den Neunzigern des letzten Jahrhunderts die anvisierten Mengen an Ökostrom weit schneller gewachsen als offiziell prognostiziert?

Alle Regierungen der Welt hängen am Tropf ihrer großen Energiekonzerne. Mit den Bürgern haben sie zuletzt gerechnet. Aber diese nehmen die Energiewende inzwischen selbst in die Hand. Weil Bürgerinnen und Bürger, mittelständische Betriebe und beherzte Kommunalpolitiker aller Parteien die Dringlichkeit der Energiewende erkannt haben und selbst organisieren, beschleunigt sich das Tempo des Umstiegs so sehr, wie es selbst die optimistischsten Anhänger der Erneuerbaren nicht für möglich gehalten haben. Nach Berechnungen des Bundesverbandes Erneuerbare Energien wird 2012 der Ökostrom in Deutschland zu etwa zehn Prozent von den vier großen, alten Versorgern E.ON, RWE, EnBW und Vattenfall produziert, aber zu 90 Prozent von unten. Die »Großen Vier« sind zugleich die großen Bremser der Energiewende – für sie ist sie elend und quälend. Die eigentlichen Treiber und Träger des Umstiegs sind Stadtwerke, Landwirte, die zu Energiewirten werden, Mittelständler und ihre Banken sowie Energiegenossenschaften und Hausbesitzer, die sich immer mehr fragen, warum ihr Dach umsonst in der Gegend herumstehen soll, während sie ihr Erdöl aus Arabien oder ihr Erdgas aus Sibirien immer teurer bezahlen müssen und außerdem noch die Umwelt belasten. Eines der Probleme ist, dass die »Großen Vier« als Quasi-Monopolisten die Bundesrepublik Deutschland wie einst die vier Besatzungsmächte unter sich aufgeteilt haben. Dieses Buch will dazu beitragen, dass diese Zeit der Energie-Besatzungspolitik bald zu Ende geht.

Manchmal habe ich den Eindruck, die Energiewende läuft nach dem Motto: »Hier regiert das Volk, und die Regierung gehorcht« – Energie-Demokratie eben! An manchen Tagen gebe ich aber aufgrund aktueller Meldungen Klaus Töpfer recht, der schon ein Jahr nach Fukushima befürchtete, dass wir »schon wieder ein Rollback der Energiewende erleben« – durch die herkömmliche Energiewirtschaft und ihre politischen Helfershelfer im Wirtschaftsflügel der CDU/CSU und bei der gesamten FDP. Töpfer fordert von der Kanzlerin, die beschlossene Energiewende als »das entscheidende Projekt dieser Bundesregierung« auch umzusetzen. »Daran ist sie jetzt zu messen.«

Die Bremser der Energiewende sind leicht zu identifizieren. Sie sitzen noch immer dort, wo in Deutschland das große Geld hinfließt.

Hohe Milliardengewinne für E.ON und RWE – aber kein Platz auf der Sonnenseite

Es ist 2012 ähnlich wie im Vorjahr: Trotz Atomausstieg machen die Energiekonzerne riesige Gewinne. E.ON und RWE erreichten im ersten Halbjahr 2012 zusammen einen Gewinn von 11,7 Milliarden Euro. Das ist weit mehr als die Summe, die diese Konzerne an Mehrkosten für die Produktion der erneuerbaren Energien im selben Zeitraum ausgeben müssen. Die Zahlen lassen erahnen, dass die deutschen Energiekonzerne – entgegen ihrer Klagen und Drohungen – den Atomausstieg finanziell locker wegstecken können. Doch die Gegner der Energiewende warnen in schrillen Tönen vor explodierenden Preisen und vor dem angeblichen Niedergang der deutschen Wirtschaft.

Ein nüchterner Blick auf die Zahlen zeigt jedoch: Weder sind die erneuerbaren Energien in erster Linie für die Strompreiserhöhungen verantwortlich noch führt deren Ausbau zu unkalkulierbaren Risiken für die deutsche Wirtschaft. Zu Beginn der Förderung der erneuerbaren Energien im Jahr 2000 zahlte der durchschnittliche Haushaltskunde für eine Kilowattstunde Strom 14 Cent. Heute sind daraus 26 Cent geworden. Davon entfallen aber nur 3,6 Cent auf die Förderung von erneuerbaren Energien, ab 2013 könnten es fünf Cent pro Kilowattstunde sein. Die restlichen 12,4 Cent Preiserhöhung wandern in die Taschen der Energie-Mulits. Man sieht: Ein Großteil der bisherigen Preiserhöhungen geht nicht auf das Konto der Erneuerbaren.

Und auch die Industrie profitiert von den Wirkungen der erneuerbaren Energien, sie sorgen für sinkende Börsenstrompreise. Denn diese sind im Jahr 2012 um 10 bis 20 Prozent günstiger als noch vor vier Jahren. Zugleich sind viele stromintensive Unternehmen von der Ökoumlage befreit. Es ist also schlichter Unsinn zu behaupten, der Ausbau der erneuerbaren Energien gefährde die Wettbewerbsfähigkeit der deutschen Industrie. Vielmehr profitiert die deutsche Volkswirtschaft insgesamt am meisten vom raschen Ausbau der Erneuerbaren. Denn das Land wird zunehmend unabhängig von Energieimporten. Allein 2011 hat Deutschland 90 Milliarden Euro für den Import von Kohle, Gas und Öl ausgeben müssen. Ohne die Erneuerbaren wäre dieser Betrag um elf Milliarden Euro höher ausgefallen. Dieses Kapital bleibt also im Land und steht für die Wertschöpfung der heimischen Industrie und des lokalen Handwerks zur Verfügung.

Und trotz des wachsenden Anteils der Erneuerbaren stieg E.ONs Gewinn 2012 gegenüber dem Vorjahr um 230 Prozent, der Umsatz um 23 Prozent auf satte 65 Milliarden Euro. Bei RWE liegt der Gewinn auf dem sehr hohen Vorjahresniveau.

Auch der schwedische Vattenfall-Konzern meldet wieder steigende Gewinne.

Damit hat die Energiewende die »Vier Großen« weit weniger getroffen, als sie es seit dem Atomausstieg der Öffentlichkeit vorgerechnet hatten. Der beschleunigte Ausstieg gefährde ihre Zukunft, hatten der frühere RWE-Chef Jürgen Großmann und seine Kollegen der Bundeskanzlerin mehrfach publikumswirksam vorgerechnet.

Nun kann man sagen, das Jammern gehöre zum Handwerk des Kaufmanns. Doch die betriebswirtschaftliche Katastrophe der »Großen Vier« blieb ebenso aus wie der angekündigte Blackout in der Stromversorgung. Wir wissen jetzt: Die Großkonzerne haben uns wieder einmal gesellschaftspolitisch betrogen. Leiden muss eineinhalb Jahre nach Fukushima nicht die fossil-atomare Energiewirtschaft, sondern ausgerechnet die Solarbranche, nicht zuletzt wegen der Verunsicherung durch Teile der Bundesregierung.

Dennoch: Es ist so sicher wie das Amen in der Kirche, dass die alte Energiewirtschaft auch jetzt nicht aufhören wird, zu jammern, zu drohen und zu lügen. Sie werden weiterhin behaupten, dass nicht ihre satten Gewinne, sondern die erneuerbaren Energien die Strompreise permanent klettern lassen. Und sie werden zusammen mit ihren politischen Helfershelfern in der gesamten FDP und in Teilen der CDU/CSU weiter versuchen, das Erneuerbare-Energien-Gesetz zu kippen. Auch und vor allem im kommenden Bundestagswahlkampf. Bleibt nur zu hoffen und daran zu arbeiten, dass die Wählerinnen und Wähler die Tricks, die Täuschungsmanöver und die Lügen der alten Energiewirtschaft durchschauen und für klare Verhältnisse sorgen.

Die Kraft von unten

Es gibt eine Kraft, die stärker ist als alle Propaganda der milliardenschweren Atom-, Kohle- und Öllobby zusammen: die Kraft aufgeklärter Bürgerinnen und Bürger, die Kraft unseres gesunden Menschenverstandes, die Kraft des Volkes. Immer mehr Menschen durchschauen die finanzielle Abzocke der alten Energielobby und die Propagandatricks und falschen Argumente der Energiekonzerne gegen die Energiewende. Der frühere Vorstandschef von RWE, Jürgen Großmann, behauptete jahrelang: »Solarenergie in Deutschland – das ist wie Ananas anbauen in Alaska!« Und so etwas sagt der Mann, während auf Deutschlands Dächern weit über eine Million Photovoltaikanlagen Strom liefern! Interessenvertreter können eine Zeit lang Millionen Menschen in die Irre führen, aber niemals auf Dauer. Sie können auch eine Zeit lang die Gefahren ihrer Produkte vernebeln, aber niemals auf Dauer. Und sie können eine Zeit lang ihre persönlichen Interessen über die der Allgemeinheit und künftiger Generationen stellen, aber niemals auf Dauer.

Wir alle können Naturgesetze eine Zeit lang missachten, aber niemals ungestraft und erst recht nicht auf Dauer. Mit dem Reichtum der Sonne wird es uns gelingen, den Reichtum der Weltgesellschaft zu entfesseln. Den Reichtum der Sonne zu nutzen ist die Voraussetzung einer gerechteren und besseren Welt. Die zunehmenden Naturkatastrophen und die immer höheren Preise der atomar-fossilen Energieträger sind dabei schmerzhafte, aber wichtige Lernhelfer.

Die solare Energiewende scheint uns oft deshalb so schwierig, weil wir sie uns nicht vorstellen können. Wir müssen jedoch zuerst darüber nachdenken, was wir anrichten, wenn wir so weitermachen wie bisher.

In den genannten 138 Bioenergie-Regionen leben 20 Millionen Menschen. Allein in Österreich leben 2,5 Millionen Menschen in 83 Klima- und Energie-Modellregionen mit ähnlicher politischer Zielsetzung für den Klimaschutz. »Unser Ziel«, sagte mir Österreichs Umweltminister Niki Berlakovich, »ist die Energieautonomie bis 2050.« Durch Energieexporte in die Städte kommt dem ländlichen Raum eine wichtige Rolle zu. Mit bereits zehn Milliarden Euro pro Jahr an kommunaler Wertschöpfung in Deutschland sind die erneuerbaren Energien schon jetzt ein wichtiges Konjunkturprogramm für die Regionen. Diese setzen auf die Vollversorgung mit erneuerbaren Energien. Sie beweisen bereits, dass sie vor Ort ein breites Instrumentarium haben, die Energiewende umzusetzen. Diese gelingt entweder von unten oder sie gelingt gar nicht. »Deutschland«, sagte mir Michail Gorbatschow bei unserem letzten Treffen, »hat alle Voraussetzungen, um Ökoweltmeister zu werden.« Da hat er recht. Die offene Frage ist jedoch, ob wir diese Chance auch nutzen.

Das Erfolgsmotto einer umweltfreundlichen, sicheren und preiswerten Energiewende kann deshalb nur heißen: Bürger zur Sonne, zur Freiheit! 22 Millionen Gebäude in Deutschland können zu 22 Millionen kleinen Kraftwerken werden, denn die Sonne scheint auf jedes Dach. Und zwar kostenlos. Während die alten Energieträger immer teurer werden, entwickelt sich der Preis pro Kilowattstunde erneuerbaren Strom immer günstiger. Solarstrom ist Sozialstrom, wie ich später noch aufzeigen werde. Er passt zu einer Gemeinwohl-Ökonomie.

Renommierte Wissenschaftler argumentieren für einen viel stärkeren und schnelleren Ausbau der Photovoltaik in Deutschland als die Bundesregierung. Experten wie Christian Breyer, Geschäftsführer des Reiner Lemoine Instituts, Professor Eicke Weber, Leiter des Fraunhofer-Instituts für Solare Energiesysteme in Freiburg, und Volker Quaschning,

Professor für Regenerative Energiesysteme in Berlin, halten den Ausbau der Photovoltaik auf 200 Gigawatt Leistung in Deutschland bis 2050 oder früher für sinnvoll, machbar und kosteneffizient. Das ist das Siebenfache der heute installierten Leistung und das Vierfache der 52 Gigawatt, welche die Bundesregierung vorsieht. Die genannten Wissenschaftler plädieren für eine Verzehnfachung der globalen Photovoltaikleistung bis 2025. Das ist ein jährlicher Zubau von 300 Gigawatt bis 2025. Nur mit der Realisierung solcher Ziele kann es gelingen, bis 2050 die weltweite Stromversorgung erneuerbar zu organisieren. Photovoltaik könnte in diesem Mix von erneuerbaren Energien ein Drittel des globalen Strombedarfs liefern. So lassen sich riesige ökologische, soziale und wirtschaftliche Ziele erreichen. Die dafür notwendigen Dachflächen und Fassaden sind mehr als ausreichend vorhanden. Hinzu kommen die Potenziale aus Wind- und Wasserkraft, die Bioenergie sowie die Wellen- und Strömungsenergie der Ozeane.

Das Hauptproblem der sich globalisierenden Welt ist nicht, dass sich die Welt globalisiert. Es besteht darin, dass wir die einzige globale und uns für alle Zeiten zur Verfügung stehende Energiequelle noch nicht in ihrer wahren Bedeutung richtig verstanden haben:

* ✳ Die Sonne mit ihrem unvorstellbaren Reichtum.
* ✳ Die Sonne mit ihrem Preisvorteil gegenüber den fossilatomaren Energien.
* ✳ Die Sonne mit ihrer Chance zum ewigen Frieden.
* ✳ Erneuerbare Energie als Voraussetzung einer Welt, in der kein Kind mehr verhungern muss.

Wenn wir uns der natürlichen Zusammenhänge unseres Lebens mit unserem Fixstern Sonne bewusst werden, wird das Problem der Energieversorgung relativ leicht lösbar.

Die fossil-atomare Energienutzung verhindert eine friedliche Entwicklung der Menschheit, aber die solare Energienutzung fördert sie.

Die fossil-atomare Energienutzung fördert die weltweite Ungerechtigkeit – manche afrikanische Staaten müssen bis zu zwei Drittel ihrer Wirtschaftskraft für Energieimporte ausgeben –, aber die solare Energienutzung fördert die weltweite Gerechtigkeit. Afrika und die Sonne – welch eine Chance für Entwicklung.

Die fossil-atomare Energienutzung zerstört die Basis ökonomischer Entwicklung, weil die Folgekosten unbezahlbar werden, während die solare Energienutzung nur geringe ökonomische Folgekosten verursacht und deshalb die Entwicklung des gesamten Planeten fördert.

In Afrika sind zurzeit 18 Millionen Klimaflüchtlinge unterwegs. Tausende versuchen Woche für Woche, sich auf klapprigen Booten nach Europa zu retten. Die UNO schätzt, dass bis Mitte des Jahrhunderts 200 Millionen Menschen aufgrund der Folgen des Klimawandels über unseren Globus irren werden. Der Potsdamer Klimaforscher Hans Joachim Schellnhuber hat deshalb den provokativen Vorschlag gemacht, dass jedes Land proportional zu seinen Emissionen auch Klimaflüchtlinge aufnehmen sollte. Schon heute kann man Kriegs- und Umweltflüchtlinge oft nicht mehr unterscheiden, weil immer mehr Kriege umwelt- oder ressourcenbedingt entstehen. Beim Krieg zwischen Nord- und Süd-Sudan war das bereits der Fall. Zwischen 250 000 und einer halben Million Menschen sind in diesem Krieg getötet worden. Was sich im Sudan abspielt, meint Harald Welzer in seinem Buch *Klimakriege. Wofür im 21. Jahrhundert getötet wird*, ist »ein Blick in die Zukunft«. Offiziell herrscht nach Jahrzehnten Bürgerkrieg jetzt zwar Frieden im Sudan, aber faktisch geht das Morden weiter.

Hiroshima, Nagasaki, Fukushima:
Der Mahnruf des missachteten Gewissens

Ich schreibe diese Zeilen am 6. August 2012. Heute vor 67 Jahren warfen US-Soldaten erstmals in der Menschheitsgeschichte eine Atombombe ab. Ihr Ziel war die südjapanische Stadt Hiroshima. Nur drei Tage später fiel die zweite Atombombe auf Nagasaki. Am 6. August 1945 starben in Hiroshima 140 000 Menschen und kurz danach in Nagasaki 73 000. Die US-Regierung rechtfertigt ihren brutalen Einsatz noch heute mit dem Argument, dass nur durch die beiden Atombomben der Zweite Weltkrieg im Fernen Osten rasch beendet werden konnte. Bis zum Jahr 2012 sind jedoch noch einmal doppelt so viele Menschen an den Spätfolgen nuklearer Verstrahlung gestorben – insgesamt über 400 000. Und das Sterben geht bis heute weiter.

Vor einigen Jahren hatten mich die Bürgermeister von Hiroshima und Nagasaki zu Vorträgen eingeladen, mein Thema hieß »Vom Atomzeitalter ins Solarzeitalter«. Wichtigere Orte zu diesem Thema gibt es wohl nicht. Wer in Hiroshima und Nagasaki mit Strahlungsopfern spricht oder die beiden eindrucksvollen Gedenkstätten besucht, dem öffnet sich das Tor zur Hölle auf Erden. Im August 1945 geschah ein Massenmord, wie ihn sich die Welt bis dahin nicht vorstellen konnte. Innerhalb von Sekunden haben sich Zehntausende von Menschen in Nichts aufgelöst, waren allenfalls ein Häufchen Asche oder für den Rest ihres Lebens verstrahlt und verkrüppelt.

Am meisten erschüttert hat mich jedoch eine Zahl, die der Oberbürgermeister von Hiroshima nannte: Jedes Jahr sterben heute noch in Südjapan über 3000 Menschen an den Folgen atomarer Verstrahlung aus dem Jahr 1945. Kurz vor meinem Vortrag in Nagasaki schob mir der stellvertretende Oberbürgermeister noch einen handgeschriebenen Zettel zu, auf den er die aktuelle Zahl der in seiner Stadt bisher durch atomare Verstrahlung getöteten Menschen geschrieben hatte: 140 144!

67 Jahre danach liegen Hiroshima und Nagasaki nicht hinter uns, sondern immer noch vor uns.

Wir wissen durch die aktuelle Diskussion über die Atombombe für Nordkorea und den Iran um den engen Zusammenhang zwischen der sogenannten friedlichen Nutzung der Atomkraft und dem Bau von Atombomben. Anlagen und Stoffe, die in Atomkraftwerken nötig sind oder bei deren Betrieb anfallen, sind auch für den Bau von Atombomben nötig. Die weltweiten Störfälle in vielen Atomanlagen müssten auch die größten Atomfreunde nachdenklich machen. Solange auf der Welt aber 450 AKWs laufen, werden skrupellose Machtpolitiker weiterhin versuchen, Atombomben zu bauen. Und wir müssen auch damit rechnen, dass sie eines Tages auch in die Hände von Terroristen gelangen, wenn wir das Atomzeitalter nicht hinter uns lassen. Das aber kann nur bedeuten: möglichst rasch alle AKWs abschalten und die Energie künftig aus erneuerbaren Energiequellen gewinnen.

Lange haben es die Japaner akzeptiert, dass in ihrem Land 52 AKWs betrieben wurden. Doch die Katastrophe von Fukushima hat alles verändert. Jetzt sind zwei Drittel der Bürger gegen Atomkraft, und viele gehen dagegen auch auf die Straße. Vor Kurzem wurde in Japan eine grüne Partei gegründet. Die japanische Regierung hat inzwischen auch das deutsche Erneuerbare-Energien-Gesetz übernommen. Der Stadtrat von Oimachi forderte in einer Resolution: »Ein Land, das die Atombombenabwürfe auf Hiroshima und Nagasaki erlebt hat und die Atomkatastrophe von Fukushima, kann nicht mehr auf die Kernenergie setzen. Wir dürfen nicht die Botschaft an die Welt richten, dass die Atomkraft eine Notwendigkeit ist. Nach all diesen Tragödien muss Japan zeigen, dass man die Atomkraft nicht braucht.«

Vor dem 11. März 2011 wurde in Japan noch streng zwischen Atombomben und der »friedlichen Nutzung der Atomenergie« getrennt. Jetzt sieht das anders aus. Nagasakis Bürgermeister Tomihisa Taue erklärte: »Ich habe mich gefragt, was für eine Art Botschaft ich im Jahr der Atomkatastrophe von Fukushima übermitteln soll. Es ist das erste Mal, dass wir nicht nur aufrufen, Atomwaffen zu beseitigen, sondern auch einen Wechsel fordern von der Atomenergie zu alternativen Energiequellen.«

Im Sommer 2012 waren in Japan nur noch zwei AKWs am Netz, nach Fukushima wurden sogar sämtliche AKWs vorübergehend abgeschaltet. Trotz des heißen Sommers blieben die befürchteten Stromengpässe aus.

Die Oberbürgermeister von Hiroshima und Nagasaki haben sich schon vor 29 Jahren geschworen, dass der atomare Massenmord in ihren Städten von der Menschheit niemals vergessen oder verdrängt werden darf, und gründeten die weltweite Organisation »Bürgermeister für den Frieden«, der sich inzwischen 5312 Bürgermeister aus 153 Ländern angeschlossen haben – darunter auch die von 391 deutschen Städten und Gemeinden. Das Ziel der Organisation, die inzwischen über 140 Millionen Menschen vertritt: eine atomwaffenfreie Welt bis zum Jahr 2020. Vielversprechend ist, dass sich Barack Obama in seiner Berliner Rede diesem Ziel angeschlossen hat.

Der Oberbürgermeister von Hiroshima, Tadatoshi Akiba, ist optimistisch: »Da es möglich war, weltweit die Bio- und Chemiewaffen abzuschaffen, ist es natürlich auch möglich, die gefährlichsten Waffen, die Atomwaffen, abzuschaffen. Keine andere Stadt der Welt soll jemals das Schicksal von Hiroshima oder Nagasaki erleiden. Um dieses Ziel zu erreichen, müssen aber noch viel mehr Städte und Dörfer unserem Bündnis beitreten. Bitte helfen Sie uns auch in Deutschland dabei. Denn nur durch viel Druck auf die mächtigen nationalen Politiker der Atombombenbesitzer können wir erreichen, dass die heute weltweit 27 000 Atomsprengköpfe vernichtet werden. Damit kann die gesamte Menschheit mindestens 20-mal ausgelöscht werden.« (Mehr über die Friedensbürgermeister finden Sie unter www.mayorsforpeace.de.)

»Es gibt«, sagte mir der stellvertretende Bürgermeister

von Nagasaki nach meinem Vortrag, »nicht die geringste Rechtfertigung für die atomare Geiselnahme von Städten und Dörfern. Niemals mehr darf eine Stadt zur Zielscheibe von Atomwaffen werden.« Mir ging dabei die Frage durch den Kopf: »Ob wir dieses Engagement für eine atomwaffenfreie Welt nicht erst recht unseren Kindern und Enkeln schuldig sind?«

Am Abend dieses 6. August 2012 lese ich einen Aufruf der deutschen Friedensbewegung »Raus aus der Atomrüstung«. Darin heißt es:

1. Die Atommächte verfügen noch immer über die riesige Menge von 20 000 atomaren Sprengköpfen. Jeder von ihnen hat mehr Sprengkraft als die Hiroshima-Bombe.

2. Die USA und die NATO beharren noch immer auf dem angeblichen Recht zum »Erstschlag« mit Atomwaffen.

3. Die Atomwaffenstaaten sind nach wie vor nicht bereit, ihre Arsenale abzurüsten, obwohl der Atomwaffensperrvertrag dies vorsieht.

4. In diesem Zusammenhang muss auf die Scheinheiligkeit Israels und des Westens hingewiesen werden, die vom Iran die Einstellung seines zivilen Atomprogramms fordern, selbst aber für sich jedes Recht in Anspruch nehmen, Kerntechnik zum Zwecke der Energieversorgung einzusetzen. Die Friedensbewegung setzt sich weltweit für den Ausstieg aus der Kernenergie ein.

Wir wissen heute, dass es weltweit kein einziges wirklich sicheres Atomkraftwerk gibt. Das war der Grund für Angela Merkels atemberaubenden Schwenk nach Fukushima. Es war ihr Ausstieg vom Ausstieg aus dem Ausstieg. Die rot-grüne Bundesregierung hatte im Jahr 2000 den ersten Atomausstieg geplant – 2022 sollte endgültig Schluss sein mit dem Betrieb von AKWs. 2010 machte Angela Merkel den größten Fehler ihrer Amtszeit und wollte der alten Energiewirtschaft noch weitere 14 Jahre Laufzeit für ihre Atomkraftwerke schenken. Doch nach Fukushima hatte auch die Kanzlerin erkannt:

Fukushima ist überall! Was in Japan passieren kann, ist auch in Deutschland möglich. Der dritte Ausstieg also! Alles andere wäre auch eine gefährliche Illusion. Ich konnte Angela Merkel einige Wochen danach unter vier Augen fragen, wie ernst sie es mit dem Atomschwenk meine. Ihre Antwort: »Mein Fehler war die Laufzeitverlängerung. Den neuen Ausstieg meine ich ernst. Mit mir wird es keine Laufzeitverlängerung mehr geben – selbst wenn eine Mehrheit der Deutschen wieder dafür wäre.«

Meine Frage, wie denn ihre eigene Partei zum plötzlichen Atomausstieg stehe, beantwortete die Kanzlerin so: »Ein Drittel der CDU-Mitglieder begrüßt den neuen Kurs, ein Drittel ist dagegen, und einem Drittel ist das Thema egal.« Na, dann viel Erfolg, Frau Vorsitzende! Jetzt ist also politische Führung gefragt. So viel steht fest: Die Kanzlerin wird noch viel Überzeugungsarbeit leisten müssen – vor allem bei ihrer eigenen Truppe. Denn an manchen Tagen habe ich den Eindruck, das Einzige, was in der CDU erneuerbar ist, bleibt der Einfluss der alten Energiewirtschaft.

Oft höre ich: Warum war nach Tschernobyl erst noch ein zweiter großer Unfall nötig, bis viele Menschen aufgewacht sind? Ja, warum produziert der Zeitgeist so viel Kleingeist? Meine Antwort ist simpel: Weil die Menschen so sind, wie sie sind. Merkels Vorgänger Konrad Adenauer pflegte in diesem Zusammenhang den weisen Satz zu sagen: »Wir müssen die Menschen so nehmen, wie sie sind. Es gibt keine anderen.« Leider sind viele, die sich selbst gerne »Realisten« nennen, in Wirklichkeit realitätsferne und gefährliche Traumtänzer. Ihnen sei noch mal in Erinnerung gerufen, was wir heute über das Unglück von Fukushima wissenschaftlich gesichert wissen: Hier geriet 168-mal mehr Cäsium 137 in die Umwelt als bei der Explosion der Hiroshima-Bombe. Über 10 000 Tonnen verseuchtes Wasser flossen in den Ozean. Noch nie sind so viele radioaktive Partikel ins Meer gelangt. Mehr als 100 000 Menschen mussten ihre Heimat verlassen, viele warten noch heute in Containerdörfern auf ihre Rückkehr. Nach

Angaben des Betreibers Tepco wird es noch 40 Jahre dauern, bis das Kraftwerk vollständig gesichert ist. Der Gesamtschaden für Tepco beträgt bis zu 100 Milliarden Euro. Die Gegner der Energiewende seien gefragt: Was muss denn noch passieren, bis etwas passieren muss?

So richtig konsequent ist der Atomausstieg der Bundesregierung aber immer noch nicht. In Osteuropa und in mehreren Schwellenländern fördert Berlin Atomkraft auch weiterhin. Die Bundesregierung hat mehrere Bürgschaften und damit im Notfall auch Finanzhilfen durch deutsche Steuergelder für hochumstrittene AKWs übernommen. Im August 2012 wurde bekannt, dass Wirtschaftsminister Philipp Rösler zugesagt hat, Atomprojekte in Indien (Jaitapur), Tschechien (Temelin), Großbritannien (Wylfa) sowie Finnland (Olkiluoto) mit sogenannten Hermes-Bürgschaften zu unterstützen. Gegen alle genannten Projekte gibt es gewaltige Bürgerproteste. Zudem liegen dem Wirtschaftsministerium in Berlin weitere Anträge für solche Bürgschaften vor: aus China und Rumänien, Länder mit nur geringen AKW-Sicherheitsstandards.

Im indischen Jaitapur will der französische Atomkonzern Areva die größte Kernenergieanlage der Welt mit sieben Reaktoren bauen – mitten in einem Erdbeben- und Tsunami-Gebiet. In dieser westindischen Region hat es zwischen 1985 und 2005 beinahe 100 Erdbeben gegeben. Schöne Aussichten, die auch noch von einem deutschen Minister unterstützt werden. Auch in Cernavodă in Rumänien warnen Umweltschützer seit vielen Jahren vor dem Bau von zwei AKWs in einer der aktivsten Erdbebenregionen Europas. Immerhin hat sich RWE 2011 aus dem Projekt verabschiedet – aber die Bundesregierung unterstützt es weiterhin. Wie glaubwürdig ist eine Politik, wenn sie selbst aus der Atomkraft aussteigt, aber bei Exportinteressen so tut, als habe es Fukushima nie gegeben? Wenn die Atomrisiken für Deutsche inakzeptabel sind – wie Angela Merkel und Horst Seehofer meinen –, wie kann es dann für Deutschland akzeptabel sein, diese Gefahren in anderen Ländern und zu Lasten derer Bürger finanziell zu unterstützen? Mit dieser schizophrenen Position wird Deutschland eventuell mitschuldig am nächsten großen Atomunfall.

Atomenergie ist ein Verbrechen

Was der Bericht des japanischen Parlaments im Juli 2012 über die Fukushima-Katastrophe enthüllte, ist erschütternd: Viele Meiler in Japan sind in dem von Erdbeben geplagten Land nicht gegen Erdbeben geschützt, sondern auf Erdbebengebieten errichtet. Bislang hatte der japanische Atombetreiber Tepco immer behauptet, der Tsunami sei die eigentliche Ursache gewesen. Jetzt wissen wir es amtlich: Es waren die Erdbeben. Und die gibt es nicht nur in Japan.

Auch in Europa stehen genug alte Schrottmeiler, die nicht gegen Erdbebengefahren gesichert werden können. Zum Beispiel in Fessenheim im Elsass, 70 Kilometer von meinem Schreibtisch entfernt. »Atome für den Frieden« unterscheiden sich nicht grundsätzlich von »Atomen für den Krieg«. Das wusste schon der große Zukunfts- und Friedensforscher Robert Jungk.

Auch deutsche Atomreaktoren sind nicht gegen Flugzeugabstürze geschützt. Es gibt also Mängel, die natürlich auch den »Verantwortlichen« bekannt sind – wie die Mängel in Japan bekannt waren. Und dennoch laufen die Reaktoren weiter. Nicht genug gelernt aus Tschernobyl und Fukushima. Dieses Risiko sehenden Auges einzugehen ist ein Verbrechen an der Menschheit und an der gesamten Schöpfung. Das Problem, so wissen wir jetzt, ist also nicht nur die sprichwörtliche japanische Hörigkeit gegenüber Autoritäten. Auch deutsche Ingenieure und französische Staatsräson sind anfällig für atomare Verbrechen. Überall auf der Welt sind die Bürger durch ihren gesunden Menschverstand atomkritischer als ihre von der Atomindustrie abhängigen Politiker.

1980 hatte sich das dänische Parlament zu 80 Prozent für den Bau von AKWs ausgesprochen. Zur gleichen Zeit ergab eine Umfrage unter der Bevölkerung exakt die gegenteilige Position: 80 Prozent der Dänen waren gegen Atomkraft. Auch in Österreich wollte die sozialdemokratische Regierung unter Kanzler Bruno Kreisky Atomkraftwerke bauen. Die Bürger verhinderten dies durch eine Volksabstimmung. In Deutschland war die Bevölkerung mehrheitlich schon viele Jahre gegen Atomkraft, als die Regierung Merkel noch die Verlängerung von AKW-Laufzeiten beschloss.

Jede Technik versagt irgendwann einmal. Der ICE zum Beispiel hätte nie entgleisen dürfen, aber er ist entgleist – und zwar mehrfach. Danach heißt es immer: Eigentlich hätte es nicht passieren dürfen. Ja, eigentlich! Wo Menschen sind, wird es immer wieder menschliches Versagen geben. Oder technisches Versagen. Alles andere Denken ist schlicht menschlicher Größenwahn. Und dieser ist das eigentliche Problem hinter der Atompolitik.

Noch erschütternder ist, dass in Japan just in der Woche, in welcher der Fukushima-Bericht veröffentlicht wurde, die ersten AKWs nach der Katastrophe wieder ans Netz gingen. Wie viele Tschernobyls und Fukushimas brauchen wir eigentlich noch, um aus den Katastrophen etwas zu lernen? Es ist kein Fehler, wenn Menschen Fehler machen. Aber es ist ein großer Fehler, wenn wir aus Fehlern nichts lernen.

In Japan hat der parlamentarische Untersuchungsbericht das Totalversagen von Regierung und Atomindustrie enthüllt. Jetzt endlich fordern auch immer mehr Japaner den Totalausstieg. Nur die Bürgergesellschaft vermag die Verrücktheiten ihrer Regierungen und die Lügen ihrer Atomindustriellen noch in die Schranken zu weisen.

Unsere gesamte Energiepolitik ist im Grunde genommen verfassungswidrig. Sie verstößt gegen die Würde des Menschen, gegen das Recht auf Leben und in elementarer Weise gegen die allgemeinen Menschenrechte. Nur eine neue große Bewegung von unten, eine Volksbewegung für das Leben, kann uns noch vor der ganz großen Katastrophe retten. Wir müssen die Rettung der Umwelt selbst organisieren. Solare Zukunft wächst aus der Erneuerungskraft und Widerstandsfähigkeit vieler Menschen. Allerdings: Neue Technologien allein werden uns nicht retten. Wir brauchen vor allem ökologische und spirituelle Kreativität, wenn wir eine menschlichere Gesellschaft werden wollen.

Es reicht nicht, dass wir uns rasch von der Atomtechnik verabschieden. Die Aufgabe einer solaren Weltwirtschaft ist viel größer. Es heißt auch Abschied zu nehmen von Kohle, Erdgas und Erdöl.

Ist der Kollaps noch aufzuhalten?

Die Zerstörung, welche schon heute – und erst recht morgen – die alte Energiewirtschaft anrichtet, ist fast unvorstellbar:

Jeden Tag rotten wir durch Abholzung, industriebedingte Erosion, Raubbau an Bodenschätzen und Emissionen unwiederbringlich 150 Tier- und Pflanzenarten aus. Die Natur braucht 30 000 Jahre, um eine Spezies zu schaffen. Ohne Tiere und Pflanzen wird es auch keine Menschen geben können. Wir sind die einzige Spezies, die ihre eigenen Lebensgrundlagen vernichtet. Und damit zerstören wir nicht nur die Gegenwart, sondern erst recht die Chancen der Zukunft. Das Artensterben verläuft derzeit etwa 100- bis 1000-mal schneller als die natürliche Rate, sodass Biologen und Paläontologen bereits vom »Sechsten Massensterben« in der Evolutionsgeschichte sprechen. Das letzte große Artensterben fand vor 65 Millionen Jahren statt, als die Dinosaurier und 95 Prozent aller Arten ausstarben. Es ging auf einen Klimawandel zurück, der durch Asteroiden und Vulkane ausgelöst wurde. Die Evolution des Lebens musste praktisch noch mal von vorne beginnen. Klima und Biodiversität sind eng miteinander verwoben. Die Wüsten breiten sich pro Tag um etwa 50 000 Hektar aus, hauptsächlich verursacht durch den

Klimawandel. Wir verwüsten unseren schönen Planeten im wahrsten Sinne des Wortes. Aber eine zweite Erde, einen Ersatzplaneten, haben wir nicht.

Auch heute, an dem Tag, an dem Sie diese Zeilen lesen, verlieren wir wie an jedem anderen Tag circa 86 Millionen Hektar fruchtbaren Boden. Aber jeden Tag werden wir etwa 220 000 Menschen mehr. Man braucht nicht viel Phantasie, um sich die Folgen dieser Entwicklung langfristig vorzustellen: Täglich mehr Menschen, aber täglich weniger fruchtbare Böden. Das bedeutet Kriege und Verteilungskämpfe um die letzten Ressourcen, Kriege um Öl, um Wasser, um die noch fruchtbaren Böden.

Da ist zum Beispiel jener Konflikt um das Wasser der großen Himalaya-Flüsse zwischen Indien, Bangladesch, China und Pakistan. Die Gletscher schmelzen, die Brunnen versiegen, die Felder vertrocknen. Die schmelzenden Himalaya-Gletscher sind der Wasserspeicher für über eine Milliarde Menschen. Darauf macht der Dalai Lama immer wieder aufmerksam. Schon jetzt kommt es zwischen Indien und Bangladesch permanent zu gewalttätigen Auseinandersetzungen um das Ganges-Wasser aus dem Himalaya. Indien beklagt, dass ihm China das Quellwasser im Himalaya-Gebirge abgräbt, um eigene Landstriche zu bewässern. Doch das könnten nur Vorboten sein. Drei der vier genannten Staaten besitzen Atombomben.

Der Militärhistoriker Gwynne Dyer hält in seinem Buch *Schlachtfeld Erde. Klimakriege im 21. Jahrhundert* einen Atomkrieg um Wasser zwischen den asiatischen Supermächten ebenso für möglich wie Terroranschläge fundamentalistischer und fanatisierter Umweltschützer. Es könnte, so Dyer, eine Zweiteilung der Welt geben in die, die es noch aushalten können, und in die anderen, die bereits am Rande des Abgrunds stehen und aus Verzweiflung zu den brutalsten Mitteln greifen.

Auch am heutigen Tag haben wir weltweit über 150 Millionen Tonnen Treibhausgase durch das Verbrennen von

Kohle, Gas und Öl in die Luft geblasen. Das hält unser Planet auf Dauer einfach nicht aus.

Wenn ich diese Zeilen noch einmal in Ruhe durchlese und über sie nachdenke, dann muss ich mich fragen, ob ich mein Enkel sein möchte. Wenn wir den heutigen Energiewahnsinn nicht rasch beenden, dann könnte schon das nächste Jahrhundert eine Zeit werden, in der keiner mehr leben möchte. Wir müssen uns klarmachen: Selbst wenn wir ab morgen früh kein einziges CO_2-Molekül mehr in die Luft blasen würden, würde das Klima sich noch etwa 40 Jahre erwärmen, denn so lange wirken die bisherigen Treibhausgase mindestens. Eine ähnliche Situation hat der Mensch in seiner neueren Geschichte noch nie erlebt. Dieser Lernprozess bleibt uns nicht erspart: Jedem Menschen wird künftig gleich viel CO_2 zu Verfügung stehen, und zwar weit weniger als das, was wir heute in den Industriestaaten verbrauchen. Die Dekarbonisierung ist unsere Überlebensfrage. Je weniger wir verbrauchen, desto besser.

Solche Szenarien sind sicherlich spekulativ, jedoch ganz auszuschließen sind diese Horrorvisionen nicht. Aber noch haben wir eine Gnadenfrist. In der uns verbleibenden Zeit müssen wir lernen, dass nur eine Wirtschaftsweise, die zu 100 Prozent auf erneuerbaren Energien beruht, langfristig die Selbstzerstörung aller Wirtschafts- und Lebensformen verhindern kann.

Es geht ums Ganze

Die Geschwindigkeit der ökonomischen und ökologischen Selbstzerstörung ist jedoch atemberaubend im wahrsten Sinne des Wortes. Unsere wichtigsten Lebensressourcen wie Wasser, Luft und Böden werden qualitativ immer schlechter. Wesentliche Ursache dieser verheerenden Entwicklung ist unsere Energiewirtschaft. »Die Energiefrage ist die Überlebensfrage der Menschheit«, sagt die Bundeskanzlerin.

Das Klimaproblem ist kein isoliertes Problem, sondern

der Ausdruck einer falschen Energie- und Wirtschaftspolitik. Die vor uns liegenden Herausforderungen hat es so in der Menschheitsgeschichte noch nie gegeben. Deshalb brauchen wir auch völlig neue Lösungen. Jetzt geht es ums Ganze. Noch sind wir die Gefangenen der von uns selbst erzeugten Umstände. Albert Einstein hat einmal gesagt, einer Maus würde es nie einfallen, eine Mausefalle zu bauen. Das heißt: Wir brauchen Energietechnologien, die kompatibel sind mit unseren Zukunftshoffnungen. Denn erstmals laufen wir Gefahr, uns aus der Evolution des Lebendigen zu verabschieden.

Wenn wir so weitermachen wie bisher, dann stellt sich die Frage, ob das System zusammenbricht, nicht mehr. Die einzig realistische Frage heißt dann: Wann kracht es zusammen? In seinem Buch *Kollaps – Warum Gesellschaften überleben oder untergehen* hat der US-Autor Jared Diamond eine Geschichte des Zusammenbruchs früherer Gesellschaften vorgelegt. Es wurde überraschenderweise ein Bestseller, obwohl das Werk aus 704 Seiten in Kleinschrift und 30 Seiten Quellenangaben besteht. Die meisten historischen Zusammenbrüche haben ihre Ursachen in Überbevölkerung und Raubbau an natürlichen Ressourcen. Aber mehrere Faktoren müssen zusammenkommen, damit aus Fehlentwicklungen ein Kollaps entsteht. Diamond sieht hauptsächlich fünf Faktoren am Werk:

1. Missmanagement zentraler Ressourcen wie Wasser, Böden, Waldbestände und Fischgründe,
2. Klimaveränderungen,
3. externe Feinde,
4. Wegfall von Handelspartnern und
5. fehlerhafte Reaktionen der Gesellschaft auf ihre eigenen Probleme.

Die Punkte eins, zwei und fünf sind heute für fast den gesamten Planeten gegeben. Hunderte Male bin ich in den letzten Jahren von den Besuchern meiner Vorträge gefragt worden:

»Die Probleme sind doch bekannt – warum handeln wir nicht entsprechend?« Oder manchmal ist die Frage auch ganz einfach: »Warum sind wir Menschen so dumm?«

Die Frage, warum Menschen dumme Dinge tun, die zu ihrem Untergang führen, beantwortet Diamond so:

* Es kann sein, dass eine Gesellschaft ein Problem nicht voraussieht;
* eine Gesellschaft verdrängt ein Problem;
* eine Gesellschaft erkennt zwar ein Problem, unternimmt aber keine Anstrengungen, es zu lösen;
* die politische und gesellschaftliche Elite schottet sich von den Folgen ihrer eigenen Handlungen ab, was den Zusammenbruch beschleunigt.

Man kann diese vier Punkte nicht einfach auf das heutige Klima- und Energieproblem übertragen. Die Unterschiede zu früheren Kollapsen sind offensichtlich. Beim Nachdenken über die Gründe des Untergangs der DDR und der früheren Sowjetunion kann man jedoch schon an den obigen Punkt vier denken.

Die generellen Vorteile beim Lösen heutiger Probleme im Gegensatz zu früher sind die modernen Kommunikationsmöglichkeiten. Beim Untergang der DDR hat das Westfernsehen bereits eine wichtige Rolle gespielt. Heute haben alle autoritären und diktatorischen Regime Probleme mit dem Internet. Information ist eine wichtige Voraussetzung für die rechtzeitige Krisenbeseitigung. Das ist eine Möglichkeit, aber natürlich noch keine Gewissheit für eine mögliche Rettung. Nur eines ist sicher: Die Welt wird nicht so bleiben, wie wir sie kennen.

Unser Globus wird immer ärmer – auch wenn wir es oft nicht bemerken. Wenn sich die Umstände ändern, ändern sich die Menschen oder zumindest ihr Wahrnehmungsvermögen. In Kalifornien etwa wurden Fischer nach dem Rückgang der Fischarten im Meer befragt. Die älteren Fischer beklagten das Fische-Sterben, die jüngeren nicht. Es war ihnen gar nicht aufgefallen, weil sie die frühere Vielfalt des Lebens im Meer nicht mehr kennenlernen konnten.

Als meine Frau und ich im Juni 2012 auf den Galapagos-Inseln den weltberühmten »Einsamen George«, die letzte Riesenschildkröte ihrer Art, in der Darwin-Forschungsstation gesehen hatten und eine Woche nach unserer Rückkehr lesen mussten, dass er hundertjährig gestorben ist, waren wir tief betroffen. Wären wir nicht zufällig wenige Tage zuvor bei ihm gewesen, hätte uns das Aussterben dieser eindrucksvollen Tierart, die Millionen Jahre überlebt hatte, aber jetzt für immer verschwunden war, weniger berührt.

Ähnliche Entwicklungen in der Pflanzenwelt berühren uns kaum, weil wir viele selten gewordene Pflanzen gar nicht mehr kennen. Wie etwa die meterhohe, dunkelgrüne Gartenmelde mit ihren dreieckigen Blättern und violetten Blattknospen, die zur Familie der Fuchsschwanzgewächse gehört, eine der ältesten Kulturpflanzen ist und schon vor Jahrtausenden in Vorderasien kultiviert wurde. Sie ist schon fast ausgestorben. Dekorativ und lecker, aber heutzutage so gut wie unbekannt sind auch die sogenannten Spargelerbsen mit ihren purpurroten Blüten. Vergessen ist ebenfalls die Etagenzwiebel. Sie ergibt ein appetitanregendes Gemüse mit verdauungsfördernder Wirkung. Das Erhalter-Netzwerk SEED macht darauf aufmerksam, dass seit 1900 75 Prozent der pflanzlichen Sortenvielfalt verloren gegangen sind. Menschen passen sich jedoch veränderten Umweltbedingungen an. So will SEED eine lebendige Saatgutsammlung einrichten, um die Nutzpflanzenvielfalt zu erhalten. Es gibt immer wieder Menschen, die nie aufgeben. Die Hoffnung stirbt eben zuletzt. Zu hoffen wider alle Hoffnung: Das ist meine Hoffnung.

Beschwichtigen oder beschleunigen?

Wenden wir uns zunächst den aktuellen Problemen des Klimawandels und den zu Ende gehenden alten Energieträgern zu. »Sind Sie Optimist oder Pessimist, wenn Sie an die

Zukunft denken?«, werde ich oft nach meinen Vorträgen gefragt. Als Journalist bin ich Realist. Ich beschreibe die Probleme, zeige aber auch die Chancen, die wir in diesen Krisenzeiten noch haben. Ich möchte dabei das Wörtchen »noch« betonen. Optimismus, habe ich mal gelesen, sei lediglich ein Mangel an Information. Dasselbe gilt natürlich auch für den Pessimismus. Als Realist weiß ich auch: Die Zeit drängt. Wir haben für die Energiewende nicht unendlich viel Zeit, wie uns die unrealistischen Beschwichtiger einflüstern. Aber es ist auch noch nicht zu spät, wie uns zum Beispiel die über 2000 Wissenschaftler des Weltklimarats in vielen Studien bestätigen.

Zu denen, die beschwichtigen, verdrängen und verzögern wollen, gehört in Deutschland auch der frühere Hamburger Umweltsenator, Autor von *Seveso ist überall* und heutige RWE-Vorstand Fritz Vahrenholt. Er hat im Frühjahr 2012 zusammen mit dem RWE-Manager Sebastian Lüning das Buch *Die kalte Sonne – warum die Klimakatastrophe nicht stattfindet* geschrieben. Als Umweltsenator und Chef eines Windradherstellers hat Fritz Vahrenholt in meinen Fernsehsendungen in den Neunzigern mehrfach vor dem Klimawandel gewarnt. Heute zieht er in seinem Buch gegen die Klimawissenschaft zu Felde. Die beiden RWE-Energiemanager behaupten, die globalen Temperaturanstiege würden nur zu einem geringen Teil vom CO_2-Ausstoß beeinflusst, mindestens die Hälfte der derzeitigen Erderwärmung gehe auf die verstärkte Aktivität der Sonne zurück. Da aber die Sonne seit einigen Jahren weniger strahle, werde der Temperaturanstieg deutlich geringer ausfallen, als die Forscher des Weltklimarats prognostizieren. Die Sonne sei zurzeit im Winterschlaf. Also könnten wir uns Zeit lassen mit der Energiewende. Die Autoren werfen den Wissenschaftlern des Weltklimarats sogar vor, diese Zusammenhänge in ihren Studien ständig und bewusst zu übersehen.

Der seriösen Klimawissenschaft ist jedoch das Auf und Ab von Temperaturverläufen nicht neu. Sie hat es in ihren bisherigen Publikationen auch berücksichtigt. Und selbst wenn der Sonnenzyklus der Erderwärmung eine Pause verordnen sollte und die Temperaturen weniger steigen als befürchtet, müssen wir die Energiewende rasch organisieren, denn die alten Rohstoffe gehen unwiederbringlich zu Ende. Lieber Fritz Vahrenholt: Ihre Vorwürfe gegen die Klimaforschung sind schlicht falsch. Sie verwechseln eine strittige wissenschaftliche These mit einer Tatsache. Hauptsächlich von Menschen verursachter Klimawandel, das ist die wissenschaftlich fundierte Beschreibung dessen, was zurzeit auf unserem Planeten vor sich geht. Die über 2000 Klimaforscher des Weltklimarats gehen davon aus, dass die von uns Menschen emittierten Treibhausgase das Klima 22-mal mehr erwärmen als die Aktivitäten der Sonne.

Eine ganz andere Wandlung hat Richard Muller, Physikprofessor an der University of California in Berkeley, durchlebt. Noch 2008 gehörte er zu den Skeptikern und Kritikern, die dem Weltklimarat Fehler vorwarfen und grundsätzliche Zweifel an der These äußerten, dass der Klimawandel von Menschen verursacht werde. Doch am 1. August 2012 schrieb er in einem Aufsatz in der *Süddeutschen Zeitung*: »Im vergangenen Jahr, nach intensiver Forschungsarbeit mit einem Dutzend Wissenschaftlern, bin ich zum Schluss gekommen, dass die globale Erwärmung Realität ist und bisherige Schätzungen über das Ausmaß korrekt sind. Jetzt gehe ich noch einen Schritt weiter: Die Menschheit ist nahezu die alleinige Ursache für den Anstieg.« Muller fuhr fort: »Unsere Resultate zeigen, dass die durchschnittliche Temperatur der Kontinente der Erde in den vergangenen 250 Jahren um 1,4 Grad Celsius gestiegen ist. Darin enthalten ist eine Zunahme um 0,8 Grad in den vergangenen 50 Jahren. Außerdem ist es wahrscheinlich, dass der gesamte Anstieg auf die Freisetzung menschengemachter Treibhausgase zurückzuführen ist.«

Im Gegensatz zur aktuellen Klimaforschung ist er jedoch auch der Auffassung, dass der Hurrikan Katrina, der 2005 New Orleans zerstörte, mit der Erderwärmung so wenig zu tun hat wie die Hitzewelle 2012 in den USA. Was aber passiert in der Zukunft? Richard Muller ist heute davon überzeugt, dass die Temperaturen steigen werden, solange die Emissionen von Kohlendioxid wachsen. Und das tun sie immer noch gewaltig.

Die Erde hat Fieber

»Die Jahre werden vergehen, neue Zeiten werden anbrechen und andere Reiseziele bringen, aber solange Menschen geboren werden und sterben, wird die Saga, die in die unfruchtbaren Felsengestade dieses Landes eingegraben ist, mit dem tiefen Ernst der gewaltigen Einöde zu uns sprechen.« Dies schrieb der große Grönland-Forscher, Ethnologe und Eskimologe Knud Rasmussen vor etwa 100 Jahren in sein Tagebuch. Der Abenteurer wurde durch seine Thule-Expeditionen zu den Eskimos zum Volkshelden Grönlands, er hat die Eskimostämme und -kultur erforscht wie kein Zweiter und ihre zahlreichen Sagen und Mythen gesammelt und aufgeschrieben.

Grönlands weiße und wilde Natur fasziniert auch heute noch, in der sich globalisierenden Welt des Massentourismus, jeden Besucher. So im Juli 2011 auch meine Frau und mich, als wir auf einem Expeditionsschiff zusammen mit Wissenschaftlern den Klimawandel studieren wollten.

Grönland ist die größte Insel der Welt, sechsmal so groß wie Deutschland und 50-mal größer als Dänemark, zu dem es gehört, hat aber nur etwa so viele Einwohner wie Baden-Baden, 50 000. Grönland, das sind großartige arktische Landschaften, Fjorde mit blau-weißen und türkisfarbenen Eisbergen, kristallklares Wasser, vielfarbige Eskimosiedlungen und wahrscheinlich mehr Schlittenhunde als Menschen. Aber Grönland – Grünland hatte Erik der Rote aus Island die Insel vor 1000 Jahren getauft – bietet auch für jeden mit offenen Augen den stärksten Anschauungsunterricht für die größte Bedrohung der menschlichen Spezies: den Klimawandel.

Das angeblich grüne Land ist nur an seinen Küsten grün – und auch das nur während der vier Sommermonate. 85 Prozent der Insel sind noch vom »ewigen Eis« bedeckt. Grönlands Eiskappe ist 2000 Kilometer lang, 1000 Kilometer breit und bis zu 3000 Meter dick. Wer vor einem Eisberg oder Gletscher steht, dem ist, als hätte er an einem weißen und stillen heiligen Tempel haltgemacht. Der norwegische Polarforscher Fridtjof Nansen nannte das ewige Eis jenen Ort, »wo der Geist der Natur auf glitzernden Silberstrahlen durch den Raum schwebt und die Seele niederfallen und anbeten muss – die Unendlichkeit des Weltalls anbeten muss«.

Wird Grönland grün?

Während ich diese Zeilen schreibe – Ende Juli 2012 –, erreicht mich folgende Agenturmeldung: »Grönland taut an. Fast die gesamte Oberfläche des grönländischen Eisschildes ist im Juli zumindest angetaut. Das teilt die NASA mit. Das Ausmaß ist größer als in allen zurückliegenden Jahren. In einem durchschnittlichen Sommer schmilzt das Eis Grönlands natürlicherweise auf der Hälfte der Oberfläche, doch jetzt innerhalb von vier Tagen auf 97 Prozent.« Schon im August 2008 erstreckte sich ein Ring aus offenem Wasser um die Arktis – zum ersten Mal seit 125 000 Jahren. Südgrönland, wo es an manchen Sommertagen 23 Grad warm ist, nennen die Einheimischen jetzt »Bananenküste«.

Noch nie seit Beginn der Klimaaufzeichnungen ist das Meereis im hohen Norden so dramatisch zurückgegangen wie im Sommer 2012. Von ähnlichen Beobachtungen haben uns Forscher schon 2010 in der Antarktis berichtet. Das Schmelzen des Eises gilt als der wichtigste Indikator für das Fortschreiten des Klimawandels. Wird Grönland grün? Wissenschaftler führen das extreme Antauen des Grönlandeises in diesem Sommer auf eine ungewöhnlich warme Luftschicht zurück. Die NASA spricht gar von einer Hitzeglocke.

Schon im Januar 2012 hatte es Schreckensmeldungen von

der kanadischen Küste gegeben: Massensterben von Robbenjungen durch Klimawandel! Die Stabilität der Eisdecke wird immer geringer, die Neubildung bleibt aus. Wissenschaftlern zufolge führt das zu einem Massensterben von Jungtieren, die im kanadischen Sankt-Lorenz-Golf geboren werden. 2010 wurde sogar eine ganze Generation neugeborener Robben ausgelöscht.

Die gesamte Nordost-Schifffahrtsroute zwischen Grönland und Ostasien ist jetzt im Sommer erstmals ohne Eisbrecher befahrbar. Das Gleiche gilt für die Nordwest-Passage zwischen Grönland, Alaska und Kanada. Im letzten Bericht des UN-Klimarats (IPCC) im Jahr 2006 war diese Situation für das Jahr 2070 erwartet worden.

20 Kilometer schrumpfte der Ilulissat-Gletscher in den letzten 10 000 Jahren vor 1850. Allein in den letzten acht Jahren schmolz das Eis um 12 Kilometer. Das Gebiet, das von der Eisschmelze betroffen ist, wächst permanent. Auf einer Karte haben Wissenschaftler die Eisschmelze des Gletschers seit 1850 dokumentiert. Das zunehmende Tempo ist erschreckend. In meinen weltweiten Vorträgen zu diesem Thema und zu den erneuerbaren Energien gibt es immer noch gelegentlich Zweifel am Klimawandel. Ich werde künftig diese Bilder zeigen und die Skeptiker fragen: »Warum schmilzt in Grönland das Eis, wenn es keinen Klimawandel gibt?«

Der renommierte Klimaforscher Mojib Latif, Professor für Meteorologie an der Universität Kiel, hat 2011 die Arktis-Region besucht. Er sagt: »Globale Erwärmung, schmelzende Gletscher, ansteigender Meeresspiegel. Es besteht kein Zweifel mehr: Der Klimawandel ist in vollem Gange, und der Mensch hat in zunehmendem Maße Anteil daran.« Die Klimaforscher am Potsdam-Institut für Klimafolgen-Forschung kommen zum selben Ergebnis.

Wenn das »ewige Eis« schmilzt, schwindet auch der Lebensraum für viele grönländische Tier- und Pflanzenarten und für die Grönländer selbst.

Die Eisbären etwa sitzen buchstäblich in der Klimafalle.

Durch die Erwärmung der Arktis verkürzt sich die Jagd-periode der weißen Riesen, denn das Eis taut immer früher. Weniger Eis heißt aber weniger Robben. Sie sind das Futter für die Eisbären. Schon heute verhungert jedes zweite Jung-tier. Robben wiederum benötigen das Eis im Meer als Rast-platz und als Kinderstube für ihre Jungen. Dort verharren sie, um schwimmen zu lernen und um sich von Fischen zu ernähren. Doch bei immer weniger Packeis ertrinken viele Jungrobben.

Auch vielen Fischarten wird es in Süd- und Mittelgrön-land bereits zu warm. Sie ziehen in den hohen und kälteren Norden. Es ist ein Teufelskreis: Weniger Fische, weniger Nah-rung für die Robben – weniger Robben, weniger Nahrung für die Bären. Und je weniger Bären und Robben, desto weniger Fleisch für die Grönländer.

Für die Ureinwohner Grönlands, die Inuit und Eskimos, ist der Klimawandel eine ähnliche Katastrophe wie für Millio-nen afrikanischer Klimaflüchtlinge. Das Jagen und Fischen gehörte jahrtausendelang zur Kultur der Eskimos, die jetzt zerstört wird. In Südgrönland freilich freuen sich auch man-che auf die Erwärmung. Sie hoffen auf Wandertouristen, die unberührte Natur entdecken wollen. Und sie erwarten, dass mit jedem Grad Erwärmung künftig Kartoffeln und Kräu-ter, Salate und Rüben besser gedeihen. Doch das soziale und kulturelle Gefüge einer ganzen Gemeinschaft droht zu zer-brechen.

Nirgendwo auf der Welt ist der Klimawandel so deutlich zu sehen und zu spüren wie in den Eisregionen unseres Plane-ten. Die Erde hat Fieber. In den letzten 30 Jahren ist das Eis der Arktis im Sommer um etwa die Hälfte zurückgegangen und das Klima am Nordpol um beinahe drei Grad angestie-gen. Der Zusammenhang zwischen Eisschmelze und Klima-wandel kann wissenschaftlich nicht mehr bestritten werden. Die Gletscher schmelzen weltweit: Am Süd- und Nordpol, in den Alpen, im Himalaya und auf allen Kontinenten. Irgend-wann wird es im Sommer gar kein Eis mehr im Polarmeer geben. Das ist sehr wahrscheinlich in der zweiten Hälfte unseres Jahrhunderts zu erwarten.

Der Meeresspiegel könnte nicht nur um 60 Zentimeter bis zum Ende unseres Jahrhunderts ansteigen, wie im letzten IPCC-Bericht angenommen, sondern um einen bis fünf Meter. Schon bei einem Anstieg um einen Meter wären bis zu 150 Millionen Menschen betroffen, die dann fliehen müssten. Hauptsächlich Menschen in Millionenstädten an den Küsten rund um den Globus: zum Beispiel in Shanghai und Hongkong, in Kalkutta und Bombay, in Kairo und Alexandria, in Rio und Buenos Aires oder in Ländern wie Bangladesch und auf den Malediven.

Aber: Interessiert es hierzulande wirklich, wenn Bangladesch und die Malediven absaufen?

Die Schweizer Fotografen Mathias Braschler und Monika Fischer haben in ihrem bewegenden Buch *Schicksale des Klimawandels* Menschen in 16 Ländern beschrieben, die schon heute Opfer der Erderwärmung geworden sind: einen Kanadier, der sein Haus an das Meer verliert, einen Australier, der kein Wasser mehr für seine Kühe hat, einen Mann aus Alaska, der seine Heimat verlassen muss, Afrikanerinnen, die immer weiter laufen müssen, um noch Wasser und Brennholz zu finden. Auf die Frage des *Spiegel*, welches Schicksal ihn besonders berührt habe, sagte Braschler: »Das war die Tigerwitwe, eine Mutter aus Gabura, die eine Woche, bevor wir sie fotografierten, ihren Mann verloren hatte. Er war in den Nationalpark gegangen, um dort illegal Nahrung für seine Familie zu beschaffen. Gabura gehört zu den Gebieten im Süden von Bangladesch, die infolge des steigenden Meeresspiegels unter der Versalzung des Grundwassers leiden. Die Bewohner können keinen Reis mehr anbauen. Auf der Suche nach Essbarem wurde der Mann von einem Tiger getötet.« Braschler und Fischer sind auch Menschen begegnet, die das Wort Klimawandel noch nie gehört haben, zum Beispiel trafen sie in den Anden eine einfache Lama-Hirtin. Sie sagte ihnen: »Ich kann weder lesen noch schreiben, ich war nie in der Schule, und ich weiß nicht, was ihr mit dem Wort Klimawandel meint, aber es ist gut, dass ihr da seid. Denn irgendetwas in den Bergen stimmt nicht mehr. Es stimmt einfach nicht.«

Bangladesch säuft ab

2002 drehte ich im Süden von Bangladesch einen ARD-Film über Blindenoperationen. Das Land am Golf von Bengalen hat die größte Blindendichte der Welt. Das hängt mit der Armut in diesem Armenhaus Asiens und mit Mangelernährung zusammen. Hinzu kommen nun verstärkt die Probleme des Klimawandels und des sich verändernden Niederschlags. Eine Frau erzählte: »Es ist zum Verzweifeln. Wenn wir Regen brauchen, haben wir keinen. Wenn wir keinen Regen wollen, bekommen wir ihn. Wir verlieren alle paar Jahre entweder unser Haus oder unsere Felder oder beides.« Ihr 22-jähriger Sohn fügte hinzu: »Ich habe schon fünfmal dabei geholfen, unser Haus neu aufzubauen.« Neue Häuser, so eine Vorschrift der Regierung von Bangladesch, müssen wegen des zu erwartenden Meeresanstiegs jetzt auf Stützen 2,80 Meter über dem Boden gebaut werden. Damit haben die Menschen eine Chance, ihre Bambushütten trocken zu halten. Ob diese teure Maßnahme langfristig viel nützen wird, ist fraglich. Denn bei Überflutungen der letzten Jahre stieg das Wasser bereits auf über zwei Meter.

Eine alte Bäuerin hatte ihren 21-jährigen blinden Sohn zur Augenoperation begleitet. Ich fragte sie nach ihrem Alter, und sie sagte: »Vielleicht 50.« Nach der geglückten Operation erzählte sie, dass sie in den letzten 15 Jahren fünfmal umziehen mussten: »Wegen der Fluten und wegen der Erosion. Wir verlieren ständig Anbauland. Unsere Ernte ist jedes Jahr ein Viertel weniger, aber alles andere wird teurer.« Eine Nachbarin von ihr ergänzte: »Nach der letzten Flut hatten wir nichts mehr. Kein Haus, keine Felder, keinen Fischteich. Sie können sich die Verwüstungen nicht vorstellen.«

So ungerecht kann die Welt sein: Die Klimaerwärmung ist ein Ergebnis des unstillbaren Hungers der frühindustrialisierten Länder nach fossiler Energie. Aber dieser Energiehunger der Reichen trifft die hungernden Armen am meisten. Die Menschen in den ärmsten Ländern emittieren pro Kopf etwa 0,9 Tonnen CO_2 im Jahr, aber die in den reichen Industriestaaten im Durchschnitt 12,6 Tonnen. Es ist nur logisch, dass Politiker wie der indische Regierungschef Manmohan Singh »Energiegerechtigkeit« anmahnen. Das könnte etwa heißen: Jeder Mensch darf in Zukunft noch zwei Tonnen CO_2 pro Jahr in die Luft blasen. Alles andere wäre in einer globalisierten Welt ungerecht und eine Basis für Konflikte, Gewalt und Krieg.

Neu an den Kriegen von morgen könnte sein, dass ihre Ursachen nicht so schnell zu »bereinigen« sind wie in der bisherigen Kriegsgeschichte. Konflikte wie zwischen Deutschland und Frankreich oder zwischen Deutschland und Polen im 20. Jahrhundert konnten in einem relativ überschaubaren Zeitraum »gelöst« werden. Wie aber soll ein Klimakonflikt gelöst werden, der Auswirkungen über Jahrtausende hat? Der Erste Weltkrieg dauerte vier Jahre, der Zweite Weltkrieg sechs Jahre. Die Folgen und die Dauer von Klimakriegen können wir uns heute noch gar nicht vorstellen. Sie könnten nicht nur grenzenlos, sondern auch zeitlos sein. Klimakriege von morgen können Langzeitfolgen haben wie die Atomunfälle in Tschernobyl oder Fukushima. Harald Welzer nennt den unvorstellbaren Klimawandel deshalb eine »überlebensgroße Katastrophe« – unheilbar. Ein neues Problem, das sich jeder Kontrollierbarkeit entzieht. Vor diesem Hintergrund ist der Klimawandel die unterschätzte Gefahr des 21. Jahrhunderts. »Greenhouse-Effect« klingt ja vielleicht ganz harmlos, kann aber Kriege und Bürgerkriege, Flüchtlingsströme und Migrations-Bewegungen, Völkermorde und ganze Zivilisationszusammenbrüche auf unvorstellbar lange Zeit zur Folge haben. Und das alles zieht weitere Gewalt nach sich. Klimakriege – das heißt: Nichts wird so bleiben, wie es ist und wie es war. Die menschliche Natur und die Zivilisation insgesamt sind bedroht.

Und auch die kurzfristigen Folgen des Klimawandels sind sehr ungerecht verteilt, weil die größten Verursacher heute scheinbar den geringsten Schaden davontragen. Hochtechnologieländer wie Deutschland können durch den Klimawandel vorübergehend noch Geschäfte mit der ganzen Welt machen, und reiche Risikoländer wie Holland werden zur Bekämpfung der Folgen des Klimawandels riesige Konjunkturprogramme auflegen und damit ebenfalls ihre Wirtschaft ankurbeln.

Fluten, Stürme, Hitze, Hunger

Die *Süddeutsche Zeitung* meldet im Juli 2012 aus den USA: Amerikas Farmer leiden unter der schlimmsten Dürre seit 50 Jahren. In Kansas, Indiana, Nebraska, Kentucky, Iowa und Ohio verdorren die Ernten. In 26 von 50 US-Bundesstaaten wurde der Notstand ausgerufen. In Colorado wüten Waldbrände, in Arkansas fallen Heuschreckenschwärme in die letzten grünen Felder ein, und der Pegelstand des Mississippi ist so niedrig, dass der Schiffsverkehr ins Stocken gerät. Im Fernsehen sehe ich Maiskolben, die nicht prall und gelb sind, sondern klein, verschrumpelt und ein wenig braun. Statt Sojabohnen hat ein Farmer nur trockenen Staub in der Hand. Es gibt nicht mehr genügend Futter für die Tiere, oder es wird teurer, also schlachten einige Rinderzüchter bereits ihre Kühe. Viele Bauern verkaufen ihre Kühe und Kälber auch in die wenigen Bundesstaaten, in denen es noch Wasser gibt.

Die ARD berichtet, dass die Getreidebauern ganz gut abgesichert seien, 85 Prozent des Anbaugebiets seien durch eine Ernteausfallversicherung abgedeckt. Doch die Rechnung zahlen die Armen. Der Chef der Weltbank, Jim Yong Kim, schreibt zu dieser Erntekatastrophe in den USA laut einer Agenturmeldung: »Die Dürre in Amerika hat einen großen Einfluss auf die Ärmsten in der Welt. Die Getreidepreise auf dem Weltmarkt sind um 20 bis 30 Prozent gestiegen. Höhere Lebensmittelpreise bedeuten für manche Familien, sie können ihre Kinder nicht mehr in die Schule schicken, und sie essen weniger gesunde Nahrung. Dies hat einen lebenslangen Einfluss auf die soziale und körperliche Situation von Millionen Jugendlichen.«

Der Klimawandel dezimiert die Ernten. In einer wärmer werdenden Welt nehmen Hitzewellen wie die in den USA zu. Es zeichnen sich eine neue globale Agrarkrise und eine neue Hungersnot ab, die dritte schon nach 2008 und 2009. Die Krise entwickelt sich zum Dauerzustand. Der globale Verteilungskampf um knappe Ressourcen wird immer heftiger. Falls sich die Klimamodelle bewahrheiten, werden die Ernten in den USA um 30 Prozent schrumpfen. Nahrungsmittel werden das neue Öl.

Besonders betroffen ist der Mittlere Westen, der als »Brotkorb« der USA gilt und zudem Menschen in der ganzen Welt verpflegt. Die Vereinigten Staaten exportieren Mais, Weizen und Soja. Landwirtschaftsminister Tom Vilseck sagt, er bete um Regen. Und Pat Quinn, der Gouverneur von Illinois, meint: »Eine Dürre wie diese haben wir noch nie erlebt.« Er erwarte eine »Katastrophe biblischen Ausmaßes«. Viele beten um Regen, die Kirchen sind voller als sonst. Ein solches Wetterphänomen oder auch eine einzelne Naturkatastrophe ist noch kein Beweis für den Klimawandel, aber die sich mehrenden außergewöhnlichen Wetterereignisse sind Hinweise auf die stärker werdenden Klimaveränderungen.

Zur gleichen Zeit wird an der Chicagoer Börse nicht gebetet, sondern gehandelt. Und wie! Journalisten berichten, hier sei der Teufel los. Wenig Reis und wenig Weizen: Das ist ein Hochamt für die Zocker – sie können hohe Gewinne erwarten. So sehen es die Gesetze des Marktes vor. Je knapper ein Gut, desto teurer wird es. Die Spekulationen blühen.

Was heute die schwerste Dürre Nordamerikas seit 70 Jahren genannt wird, könnte morgen schon der Normalzustand sein. Eine Forschergruppe um Christoph Schwalm von der Northern Arizona University prognostizierte schon vor der aktuellen Dürre eine Dauer-Dürre für den gesamten Westen Nordamerikas. Die Dürre 2012 bestätigte aber ihre Prognose. Im Fachjournal *Nature Geoscience* berichteten die zehn Forscherinnen und Forscher, dass die Verluste an Getreide und Wald sowie das Austrocknen ganzer Flüsse während der

Dürreperiode 2000 bis 2004 im Westen der USA später einmal als die gute alte Zeit angesehen werden könnten.

Der Klimaforscher James Hansen von der Columbia University hat die Wetterereignisse von 1951 bis 1980 untersucht, um herauszufinden, wie häufig weltweit die Temperaturen extrem von ihrem Durchschnitt abweichen. Damals erlebte im Schnitt jedes Jahr ein Prozent der Erdoberfläche solche Hitzewellen. Zwischen 1981 und 2010 waren es zehn Prozent – während gleichzeitig die globalen Durchschnittstemperaturen anstiegen. Besonders starke Hitzewellen gab es 2003 in Westeuropa, 2006 in Australien, 2010 in Russland und 2011 in Texas. Das Forscherteam um Hansen im Juli 2012: »Wir können mit hoher Wahrscheinlichkeit sagen, dass solche extremen Anomalien ohne die globale Erwärmung nicht vorgekommen wären.«

Im Herbst 2012 schmilzt das Polareis so stark wie nie. In der Arktis steigen die Temperaturen dreimal so schnell wie im globalen Mittel. »Die Polarregion ist ein Frühwarnsystem, dort zeigen sich die Klimaeffekte zuerst«, sagt Lars Kaleschke von der Universität Hamburg.

Die Folgen des Klimawandels sind nicht nur Katastrophen-Befürchtungen für die ferne Zukunft, sondern bereits weltweite Realität. Einige Meldungen in der ersten Augustwoche 2012 lauteten: anhaltende Brände in Russland und Portugal, furchtbare Trockenheit in Kasachstan, der Ukraine, Rumänien und Indien, drei Taifune in wenigen Tagen an Chinas Ostküste, Millionen Menschen auf der Flucht vor den Überschwemmungen, Extremwetter setzt deutscher Landwirtschaft zu, Hitzealarm in Italien bei 44 Grad im Schatten, heftige Überschwemmungen auf den Philippinen sowie in Guatemala und Honduras, Hurrikan-Alarm in Mexiko. Die Meldungen über Extremwetter auf unserer Internetseite www.sonnenseite.com überschlagen sich in diesen Tagen. Auch wenn Sie dieses Buch erst im Sommer 2013, 2014 oder 2015 lesen sollten, die Katastrophenmeldungen werden sich kaum verändert haben.

Analysen der Münchner Rückversicherung gehen davon aus, dass sich in Deutschland die Zahl extremer Stürme, Starkregen und anderer wetterbedingter Katastrophen seit 1970 verdreifacht hat und weiter steigen wird.

Neue Konflikte durch den Klimawandel

Unter dem Druck des Klimawandels erwachsen völlig neue Konflikte: Piraterie vor der Küste Somalias, Streit zwischen Nationen um Bodenschätze am Meeresgrund außerhalb der Dreimeilenzone, wie zwischen Japan und Korea, Zusammenstöße wegen Weiderechten in der Sahelzone.

Die weltweiten Krisen schaukeln sich gegenseitig hoch: Die Arbeitsmarktkrise in den USA mit beinahe neun Prozent Arbeitslosen verschärft die Schuldenkrise in Europa, und diese wirkt sich negativ auf die Konjunkturkrise in China aus. Hinzu kommt noch die Lebensmittelkrise. Über allem aber schwebt die Klima- und Energiekrise. Sie verursacht die Lebensmittelkrise und verstärkt dadurch die gesamte Krisen-Gemengen-Situation. In Zeiten der Globalisierung hängt alles mit allem zusammen. Die Krisen bergen einen sozialen Sprengstoff, der bald explodieren könnte, wenn nicht rasch, das heißt noch in diesem Jahrzehnt, in Richtung einer öko-sozialen Marktwirtschaft mit einer nachhaltigen Wirtschaft und einer gerechteren Gesellschaft umgesteuert wird.

Der anstehende große Wandel unserer westlichen Gesellschaften wird gelingen, wenn wir ihn als Veränderungschance und nicht als Veränderungszumutung begreifen. Mit Opfer und Verzicht wird das alles gar nichts zu tun haben, es geht um einen Gewinn, und zwar für alle.

Ohne eine endgültige Lösung der Energiekrise und damit eine Stabilisierung des Weltklimas werden wir immer turbulentere Wirtschafts- und Währungskrisen erleben. Das war schon in den 70er-Jahren des letzten Jahrhunderts bei den beiden Ölpreiskrisen erkennbar, die zu einer weltweiten Wirtschaftskrise und zu Massenentlassungen führten. In den

90er-Jahren erlebten wir dann die Russlandkrise, die Ostasienkrise und die Thailandkrise. Um das Jahr 2000 wurde die Weltwirtschaft von der Argentinien- und Mexikokrise getroffen. Ab 2008 haben wir nun die globale Wirtschaftskrise und aktuell die Eurokrise. Die Zeichen dafür, dass in den westlichen Marktwirtschaften etwas grundsätzlich falsch läuft, mehren sich.

Aber noch wollen führende Ökonomen und Politiker auf der ganzen Welt den Zusammenhang all dieser Krisen mit der Energie- und Klimakrise nicht sehen. Die große Wirtschaftskrise 2008 begann mit dem Zusammenbruch der US-Bank Lehmann Brothers – das war zu jenem Zeitpunkt, als der Ölpreis einen Allzeit-Höchststand von 147 US-Dollar pro Barrel erreicht hatte. Die Eurokrise begann im Jahr 2011, als der Ölpreis wiederum bei über 100 Dollar je Barrel lag.

Klimakrise, Wasserkrise, Hungerkrise, Wirtschaftskrise

Die Klimakrise verschärft die Wasserkrise und diese die Hungerkrise. Jeden Tag verhungern und verdursten 29 000 Kinder auf unserem Planeten. Klaus Töpfer meint: »Armut, Hunger und Erderwärmung lassen sich nur dann wirksam bekämpfen, wenn man begreift, dass sie zusammenhängen.« Strategien für Ernährungssicherheit müssen verknüpft werden mit Wasser- und Energiepolitik. Nur vernetztes Denken und Handeln kann das Gewebe des Lebens und Überlebens noch retten.

Die Konflikte sind absehbar, auch wenn noch kaum ein Journalist sie problematisiert. Der frühere Umweltminister Norbert Röttgen warnt in der *Süddeutschen Zeitung* vor den Folgen des Klimawandels: »Vor uns steht dann eine Welt der durch Hunger und Armut ausgelösten Flüchtlingsströme, eine Welt wachsender politischer Extremismen, eine Welt der globalen, aber auch lokalen Instabilitäten und Unsicherheiten. Ohne Klimaschutz ist deshalb eine stabile Weltordnung nicht mehr denkbar.«

Wer diese Krisenzusammenhänge nicht sieht, kann Politik nicht mehr gestalten, er kann sie nur noch verwalten – und zwar mehr schlecht als recht, wie man jeden Tag lesen kann. Die Zeitungen und Nachrichtensendungen sind zunehmend voll mit Katastrophenmeldungen. Wie schon 2008 werden auch 2012 die Ernteausfälle und die dadurch hervorgerufenen Spekulationsgewinne zu höheren Lebensmittelpreisen und diese zu Hungerkatastrophen führen. In Afrika und Teilen Südostasiens geben Familien oft zwei Drittel ihres Einkommens für Lebensmittel aus – in den EU-Ländern sind es zwischen zehn und 15 Prozent.

Am meisten betroffen von der Krisenkette Klimawandel, Spekulation, höhere Lebensmittelpreise und Hunger sind wieder einmal die Ärmsten der Armen. Je höher die Börsengewinne, desto größer das Elend.

Aber wenn ich heute in den USA einen typischen Republikaner-Wähler frage, was er vom Klimawandel halte, höre ich die Gegenfrage: »Klimawandel? Ist das nicht diese sozialistische Verschwörungstheorie, die uns um unseren American Way of Life beneidet?«

Es wird heißer, der Meeresspiegel steigt, das Eis an den Polen schmilzt, Stürme werden heftiger und häufiger, Überschwemmungen bedrohen Hunderte Millionen Menschen in den vielen Mega-Citys an den Küsten rund um den Globus, die Weltwirtschaft gerät immer mehr in die Krise, Seuchen und ausgerottet geglaubte Krankheiten kehren zurück, der Klimawandel zerstört weltweit die Wasserkreisläufe und führt zu Wasserknappheit in immer mehr Regionen und Metropolen. Was dabei auch auf Westeuropa zukommen kann, dafür hat der Hitzesommer 2003 einen Vorgeschmack geliefert: Es starben nach Angaben der Europäischen Kommission etwa 70 000 Menschen den Hitzetod.

»2011 wird in Erinnerung bleiben als ein Jahr der extremen Wetterphänomene, in den USA wie im Rest der Welt«, sagt Kathryn Sullivan von der US-Behörde für Wetter- und Meeresforschung. Sie stellte in Washington im Juli 2012 eine

Studie vor, wonach 2011 das turbulenteste Wetterjahr der vergangenen drei Jahrzehnte war. Weltweit sind die Schäden auf schätzungsweise 120 Milliarden Euro angestiegen, das sind 25 Prozent mehr als im Jahr zuvor. »Was ist da los?«, fragt *National Geographic*. »Sind das die Anzeichen einer gefährlichen, von Menschen verursachten Veränderung des Weltklimas? Oder erleben wir einfach eine Serie schlechten Wetters? Die knappe Antwort: Wahrscheinlich beides.«

Im März 2012 warnte die Organisation für Wirtschaftliche Zusammenarbeit und Entwicklung (OECD) in Paris vor einem globalen Kollaps, der durch das heutige ausbeuterische Wirtschaftssystem des Raubtier-Kapitalismus verursacht werde: »Wir riskieren unumkehrbare Umweltschäden, die 200 Jahre steigenden Lebensstandard gefährden«, warnen die Forscher in ihrem »Umweltausblick bis 2050«. Wenn Öl und Gas weiterhin die Hauptenergieträger blieben, dann würden die Treibhausgase um 50 Prozent zunehmen. Das aber bedeute, dass bis Mitte des Jahrhunderts jedes Jahr 3,6 Millionen Menschen Atemwegserkrankungen erliegen, die durch Abgase und Chemikalien ausgelöst werden.

Unsere Energiepolitik bringt das Klima aus dem Takt. Die schrankenlose Nutzung fossiler Energie wird nicht endlos weitergehen. Und dieses absehbare Ende wird nicht nur vom Versiegen der Ressourcen bestimmt, sondern wahrscheinlich noch mehr von der Unbeherrschbarkeit der Folgen ihres Verbrennens.

Auch der Kampf um Wasser wird sich verschärfen. Der Weltbedarf steigt bis 2050 um 50 Prozent, schätzt die UNO. Aber das Wasser auf der Erde lässt sich nicht vermehren. »Wasser wird kostbarer als Gold«, meint eine UN-Studie. Der daraus resultierende Verteilungskampf könne dazu führen, dass bis zu 40 Prozent der Weltbevölkerung mit extremer Wasserknappheit leben müssen. Allein der Verlust an Artenvielfalt, der durch die Rodung der Wälder entsteht, kostet die Menscheit jedes Jahr bis zu fünf Billionen Dollar. Im Angesicht dieses drohenden Desasters zeigt sich, wie zweifelhaft und lächerlich das Argument ist, die Energiewende sei zu teuer. Nichts wird so teuer und für alles Leben so schmerzhaft wie eine Verzögerung der noch möglichen Energiewende.

Wenn wir weiterhin eine Wirtschaftsform pflegen, die Kilowatt mit Kohle und Kilometer mit Öl produziert, dann führen wir einen Dritten Weltkrieg gegen die Natur und damit gegen uns selbst. Und niemand kann sagen, er habe es nicht gewusst. Wir wissen heute alles. Wir wissen längst, was wir tun, aber wir handeln nicht entsprechend. 3,6 Millionen Tote pro Jahr allein wegen schmutziger Atemluft: Die Warnung durch die OECD ist deutlich genug.

Durch den Klimawandel rasen wir immer schneller auf den Abgrund zu. Mit dem Schlachtruf »Immer mehr Wachstum« lösen wir dieses Problem nicht, wir verschärfen es von Jahr zu Jahr. Wenn uns die Klimakrise vollends erwischt, wird eine Lösung der anderen Krisen unmöglich. Jedes Kind lernt heute in der Schule, dass das westliche Modell, das auf ewiges Wachstum und Ausbeutung der Naturressourcen setzt, niemals als weltweites Prinzip funktionieren kann.

Alle ökologischen Probleme sind soziale Probleme, denn sie betreffen die Lebensbedingungen von Menschen. Unsere Erde ist eine Insel. Wir können nicht immer weiterziehen, wenn die Rohstoff-Felder ausgebeutet, das Wasser verseucht, die Luft verschmutzt und die Böden vergiftet sind. Wir können nur ernten, was wir säen.

Der Klimawandel wird viele Millionen, wenn nicht Milliarden Menschen ärmer machen. Aber es gibt auch einen Zusammenhang zwischen Armut und Gewalt. Harald Welzer schreibt in seinem Buch *Klimakriege:* »Statistisch liegt die Wahrscheinlichkeit eines Kriegsausbruchs in einem Land, das ein Pro-Kopf-Einkommen von 250 Dollar (pro Jahr) hat, bei 15 Prozent, während sie in Ländern mit einem Pro-Kopf-Einkommen von 5000 Dollar oder mehr bei weniger als einem Prozent liegt.«

Unsere einzige Chance heißt: Umsteuern – und zwar sofort. Die deutsche Energiewende könnte zum Masterplan des Umbaus mit Strahlkraft über Europa hinaus werden.

Europa stöhnt heute unter der Finanz- und Kreditkrise. Aber die Kreditkrise und die Klimakrise hängen eng zusammen. Erstere ist nur lösbar, wenn wir Letztere entschärfen.

Wir haben in den letzten 200 Jahren seit Beginn der Industrialisierung etwa so viel Kohle, Gas und Erdöl verbrannt und verbraucht, wie die Natur in 300 Millionen Jahren angesammelt hatte. Fossile Energie war und ist die Basis des Wohlstands für ein Fünftel der Menschheit. Nun aber wollen alle Menschen so leben wie wir in den Industrieländern. Und deshalb werden die atomar-fossilen Rohstoffe weit schneller zur Neige gehen als bisher gedacht. Das heißt: Schon unsere Enkel und Urenkel werden ohne Energiewende so leben müssen wie heute die meisten Menschen in den Ländern der sogenannten Dritten Welt. Ohne Energie keine blühende Wirtschaft und kein ökonomischer Wohlstand.

Die Energiewende ist die Existenzsicherung unseres Wohlstands und damit unserer freiheitlichen Demokratie. Aber ohne den 100-prozentigen Umstieg auf erneuerbare Energien wird es keine Energiewende geben. Der große Solarpionier, Träger des Alternativen Nobelpreises und Vater des Erneuerbare-Energien-Gesetzes (EEG) Hermann Scheer hat diese Herausforderung so charakterisiert: »Der unverzügliche Wechsel zu erneuerbaren Energien ist keine Last, sondern die größte soziale und wirtschaftliche Zukunftschance.«

Kein anderes Land hat den Ausbau der erneuerbaren Energien im Stromsektor so rasch und erfolgreich vorangebracht wie Deutschland. Im Jahr 2000, als der Bundestag das EEG verabschiedete, lag der Anteil in der Stromproduktion bei fünf Prozent, Mitte 2012 erreichten wir – wie schon beschrieben – bereits 25 Prozent Ökostrom. Drei deutsche Bundesländer produzieren bereits über drei Viertel erneuerbaren Strom: Mecklenburg-Vorpommern 86 Prozent, Brandenburg 76 und Schleswig-Holstein 75 Prozent (Schlusslichter sind NRW, das Saarland und die drei Stadtstaaten).

Angeregt durch dieses Vorbild haben inzwischen über 50 Länder das deutsche EEG in der Intention übernommen, darunter 16 EU-Staaten, aber auch die Supermächte von morgen, Indien und China, und zuletzt – angetrieben durch die Fukushima-Katastrophe – Japan.

Merkels Fukushima – mein Tschernobyl

Dennoch stehen wir erst am Beginn der Energiewende: Noch vor einigen Jahren galten die wenigen Verfechter einer 100-prozentigen Energiewende als Spinner und Außenseiter. Es bedurfte erst der wissenschaftlichen Beweise des Klimawandels, wie sie der International Panel of Climate Change (IPCC) seit vielen Jahren vorlegt, und der Atomkatastrophen von Tschernobyl und Fukushima. Wenn Angela Merkel heute sagt, »Ich habe aus Fukushima gelernt«, verstehe ich das schon deshalb, weil ich 25 Jahre zuvor die Katastrophe in Tschernobyl brauchte, um von einem Anhänger der Atomkraft zum Gegner zu werden. »Mein« Tschernobyl wurde »Merkels« Fukushima.

Nach Fukushima hat mich die Kanzlerin zu einem Gespräch eingeladen, um mir ihren Weg der Energiewende zu erklären. Nach diesem Treffen im Bundeskanzleramt denke ich noch einmal über meinen eigenen Weg vom Atomenergiebefürworter zum -gegner nach: 1986 passierte Tschernobyl, 1988 trat ich an meinem 50. Geburtstag aus der CDU aus, 1990 produzierte ich die ersten Fernsehsendungen über Solarenergie, 1993 schrieb ich dazu mein Buch *Schilfgras statt Atom – Neue Energie für eine bessere Welt*, und 1993 folgte mein Longseller *Die Sonne schickt uns keine Rechnung – Die Energiewende ist möglich*. Oft kann man erst im Nachhinein eine gewisse Konsequenz auf seinem eigenen Lebensweg erkennen. Nicht nur Angel Merkel, auch ich hätte früher aufwachen können. Schon am 10. Oktober 1957 kam es im nordwestenglischen Sellafield an der Irischen See zu einem der schwerwiegendsten Atomunfälle vor Tschernobyl. Es war in der

Atomanlage zu einem katastrophalen Brand mit einer enormen Freisetzung radioaktiven Materials gekommen. Die britische Regierung erließ nach dem Brand für die Umgebung von Sellafield ein befristetes Verbot für den Verzehr von Milch, aber verschwieg jahrzehntelang die Schwere des Unfalls. Der Reaktor wurde nach der Katastrophe stillgelegt. Noch heute ist die Krebsrate von Kleinkindern um Sellafield herum circa zehnmal höher als im Landesdurchschnitt. Vielleicht war ich damals mit 19 Jahren zu jung und vor allem zu uninformiert, um aufzuwachen.

Im selben Jahr hatte es bereits am 27. September einen großen Nuklearunfall in der Sowjetunion nahe der Grenze zum Ural gegeben, in der kerntechnischen Anlage Majak in Tscheljabinsk, einer Stadt mit einer Million Einwohnern. Hier wurde mehr radioaktives Material freigesetzt als bei der Atomkatastrophe in Tschernobyl. Doch dieser Unfall wurde erst 1989 im Zuge von Gorbatschows Glasnost-Politik offiziell zugegeben. Noch heute ist ein Teil des verstrahlten Gebiets Sperrzone. Inzwischen wissen wir, dass allein der in der Nähe liegende Karatschai-See doppelt so viel Radioaktivität aufnehmen musste, als in Tschernobyl insgesamt freigesetzt wurde. Gerüchte über diese Katastrophe hatte ich zuvor nur von russischen Dissidenten vernommen.

Am 17. April 1979 aber war ich bereits knapp 41 Jahre alt und seit sieben Jahren Chef des politischen Magazins »Report« in der ARD, als es in den USA im Reaktorblock zwei des AKWs Three Miles Island bei Harrisburg im Bundesstaat Pennsylvania zu einer partiellen Kernschmelze kam und über zwei Millionen Menschen vorübergehend evakuiert werden mussten. Aber auch danach habe ich noch immer den »Fachleuten« geglaubt, die mir versicherten, dass allenfalls »alle 10 000 Jahre vielleicht etwas passieren« könne.

Erst durch Tschernobyl bin ich 1986 aufgewacht. Da war ich 48 Jahre alt. Mehrere Jahrzehnte war auch ich dem Schwindel der pathologisch lügnerischen Atomlobby und ihrer haltlosen Propaganda aufgesessen. Rasche Aufklärung war nicht meine Stärke, und der Weg zur Vernunft war ein langer und schmerzvoller. Fünf Atomunfälle brauchte es, bis auch eine konservative deutsche Bundesregierung 2011 aus ihrem Atomschlaf aufgewacht ist. Aber auch jetzt wird noch verdrängt, verharmlost und vertuscht.

In einer Talkrunde mit Günter Jauch erklärte mir ein Strahlenfachmann, ein Professor für Atomphysik, dass Fukushima keine Auswirkungen auf die Gesundheit von Lebewesen haben werde. Doch nur ein halbes Jahr später lese ich in der *Süddeutschen Zeitung:* »Missbildungen nach Fukushima-Unglück. Beunruhigendes Forschungsergebnis: Die Fukushima-Katastrophe hat bei Schmetterlingen zu Mutationen geführt. Japanische Wissenschaftler haben festgestellt, dass die Radioaktivität noch bei den Nachkommen in der dritten Generation zu Genmutationen geführt hat.« Rund zwölf Prozent der untersuchten Schmetterlinge, die im Larvenstadium der Radioaktivität ausgesetzt waren, hatten Missbildungen wie kleinere Flügel oder Deformationen an den Augen. Sechs Monate nach Fukushima wiesen 52 Prozent der Nachkommen Missbildungen auf. Die Untersuchungen belegten klar, dass die freigesetzte Radioaktivität das Erbgut der Tiere beschädigt habe, erklärte Joji Otaki von der Ryukyus-Universität in Okinawa. Ich hatte jetzt endgültig begriffen: Die Atomlobby ist eine Lügenbande. Sie müssen lügen und betrügen, um nicht sofort von den Menschen zum Teufel gejagt zu werden.

Sellafield, Tscheljabinsk, Harrisburg, Tschernobyl, Fukushima: Alle 10 000 Jahr sollte etwas passieren, alle zehn Jahre ist etwas passiert. So schnell vergeht die Zeit!

Erst nach Tschernobyl habe ich genauer hingeschaut: verstrahlte Arbeiter, verzweifelte Menschen, totes Land und Krebsangst über Generationen. Ohne Tschernobyl wäre mein Leben anders verlaufen. Ich hätte nicht um die 30 Fernsehsendungen gegen Atomkraft und für erneuerbare Energien produziert und moderiert, keine zehn Bücher über erneuerbare

Energien geschrieben und seither nicht weit über 3000 Vorträge dazu gehalten.

Meine Nach-Tschernobyl-Zeit begann sofort mit Konflikten. Schon wenige Tage nach dem Reaktorunfall in der Ukraine moderierte ich einen Friedenskongress in Garmisch-Partenkirchen, an dem auch der Dalai Lama und der Wissenschaftler und Friedensforscher Carl Friedrich von Weizsäcker teilnahmen. Meine Eingangsthese zu diesem Kongress war: Jetzt könne man nicht mehr zwischen militärischer und friedlicher Nutzung der Kernenergie unterscheiden. Diese Differenzierung, die ich selbst Jahrzehnte akzeptiert und auch öffentlich propagiert hatte, sei spätestens jetzt ethisch nicht mehr vertretbar. Es sei ein Verbrechen, auf eine Technologie zu setzen, die ganze Landstriche verwüsten und unbewohnbar machen könne. Der Dalai Lama stimmte mir zu, Professor von Weizsäcker widersprach heftig. Der Disput wurde so aggressiv, dass wir uns vor dem versammelten Plenum anbrüllten. »Sie tun so, als seien meine Freunde aus der Atomwirtschaft Verbrecher«, giftete der renommierte Wissenschaftler lautstark. Als ich schließlich vorschlug, im Namen des gesamten Kongresses in einer Resolution die weitere Nutzung von Atomenergie zu verurteilen und Solidarität mit den Opfern von Tschernobyl zu bekunden, kündigte mir Carl Friedrich von Weizsäcker beim Abendessen seinen Respekt auf: »Mit dieser Resolution missbrauchen Sie den Namen des Dalai Lama und meinen guten Ruf in der Öffentlichkeit.«

Die Resolution wurde vom Kongress angenommen, aber nicht publiziert. Der Dalai Lama bekundete mir seine Solidarität. Ich begann zu ahnen, was auf mich zukommen könnte, wenn ich mich als Konservativer und als CDU-Mitglied künftig öffentlich gegen Atomenergie aussprechen würde.

Die Erfahrung in Garmisch-Partenkirchen war nur der Auftakt einer aufregenden Zeit und eines spannenden Lernprozesses. Einige Monate später lerne ich Wladimir Michailowitsch Tschernousenko kennen. Der Professor für Atomphysik in Kiew war viele Jahre glühender Anhänger der Atomenergie gewesen und hatte eine ganze Studentengeneration für die noch junge Technologie begeistert. Nach der Tschernobyl-Katastrophe berief ihn Michail Gorbatschow zum Chef der Aufräumarbeiten in Tschernobyl. Tschernousenko arbeitete bis Anfang 1987 in der Sperrzone des havarierten Reaktors und wurde dabei stark verstrahlt. Krebskrank besuchte er mich mit seiner Frau in Baden-Baden. Ich lernte eine eindrucksvolle Persönlichkeit kennen, die von einem Atom-Saulus zum -Paulus mutiert war. »In der Zeit, die mir noch bleibt, will ich in der ganzen Welt die Wahrheit über die gefährliche Atomenergie verbreiten«, erzählte er mir beim Frühstück im Freien mit Blick auf die sanften Berge des Nordschwarzwaldes von Baden-Baden. »Diese herrliche Natur wird nicht bleiben, wenn es uns nicht gelingt, das Atomzeitalter rasch zu überwinden«, erklärte der bereits todkranke Atomphysiker.

Seine Umkehr beschrieb er später glaubwürdig in dem Buch *Tschernobyl. Die Wahrheit.* Diese erschütternde Begegnung mit einem, der wirklich wusste, wovon er sprach, beflügelte meine eigene Umkehr.

Am Schluss eines Fernsehgesprächs mit ihm wollte ich wissen, ob die deutschen AKWs aber nicht doch sicherer seien als die sowjetischen. Die sarkastische Antwort des vom Krebs gezeichneten Atomphysikers lautete: »Es gibt keine sicheren Atomkraftwerke. Das heißt: Die deutschen AKWs werden etwas später explodieren.« Ende der Sendung.

Danach hatte ich ihn noch gefragt, warum er erst die schreckliche Erfahrung der Atomkatastrophe gebraucht habe, um aufzuwachen. Als Experte hätte er schon früher über das Restrisiko Bescheid wissen müssen. »Verstehen Sie doch, ich hatte diesen Beruf und musste damit Geld verdienen. Und ich wollte doch nicht mein ganzes Lebenswerk infrage stellen. Also habe ich getan, was Millionen andere auch tun: Ich habe einfach verdrängt.«

Der Professor für Atomphysik wollte sein Lebenswerk nicht infrage stellen. Dafür hat er sein Leben verloren. Er starb an seinem Tschernobyl-Krebs 1996, 55-jährig.

Allen großen Krisen ist gemein, dass sie vorher unvorstellbar sind. Das gilt auch für die Klimakrise.

»Wir haben noch 13 Jahre«

13 Jahre bleiben uns noch, um die Erde zu retten – so die gewagte Aussage des Weltklimarats in dessen letztem Bericht im Jahr 2007. Auf den vielen Umweltkonferenzen der UNO in den letzten 20 Jahren – von der großen Rio-Konferenz im Jahr 1992 bis zur Konferenz »Rio plus 20« im Jahr 2012 – wurde überwiegend heiße Luft produziert. Die einzigen konkreten Beschlüsse waren die über das Datum der jeweils nächsten Konferenz. Und so geht der internationale Konferenz-Zirkus mit bis zu 20000 Teilnehmern immer weiter, und dem Klima geht es dabei immer schlechter.

1990 wurden weltweit noch 21,8 Milliarden CO_2-Treibhausgase emittiert, 2012 waren es bereits 33 Milliarden.

Die Prognosen dieser Konferenzen sind so düster wie ihre Ergebnisse zweifelhaft. Professor Hans Joachim Schellnhuber vom Potsdam-Institut für Klimafolgenforschung berät die Bundeskanzlerin in Klimafragen. Er mag eine globale Erwärmung von sogar bis zu zwölf Grad bis zum Ende dieses Jahrhunderts nicht ausschließen und verweist dabei auf die auftauenden Permafrostböden in Sibirien, wodurch Milliarden Tonnen Methan freigesetzt werden könnten. Ein Methan-Molekül zerstört das Klima etwa 22-mal mehr als ein CO_2-Molekül, mit dem sich die Wissenschaftler bisher hauptsächlich beschäftigt haben. Dieses Horrorszenario ist zwar wenig wahrscheinlich, aber auch nicht völlig auszuschließen.

Der Kieler Klimaforscher Mojib Latif hält in einem UN-Sonderbericht über Extremwetter bis 2100 in Deutschland bis zu 50 Grad Hitze für möglich. Davon seien vor allem alte, schwache und kranke Menschen betroffen.

Millionen Rinder entlassen weltweit Methan. Deshalb ist der steigende Fleischkonsum auch ein Klimaproblem. Es könnte sein, dass die Schreckensmeldungen über das Klimaproblem in Zukunft noch betrüblicher ausfallen als bisher. Die größte Wirtschaftskrise aller Zeiten ist unabwendbar, wenn den vielen schönen Worten der internationalen Klimaschutzkonferenzen nicht endlich Taten für den Schutz des Klimas folgen.

Künftig wollen mindestens acht Milliarden Menschen ähnlich leben wie heute die 1,5 Milliarden Reichen. Die Diagnose der Wissenschaftler: Wenn in Zukunft Kohlendioxyd aus 2,5 Milliarden Autoauspuffen quillt, weltweit noch mehr Milliarden Tonnen Kohlendioxid produziert werden, weitere Hunderte Millionen Häuser mit Kohle und Gas beheizt und jede Stunde 1000 Hektar Regenwald abgefackelt werden, um Platz für Sojaanbau und Palmöl-Plantagen zu schaffen, dann können wir unseren schönen blauen Planeten bald vergessen. Denn wie ein Dach in einem Treibhaus legen sich dann das beim Verbrennen frei werdende CO_2 oder Methan und weitere Klimakiller um die Erde. Es wird dann keinen Fluchtweg mehr aus dem Treibhaus geben. Noch aber gibt es diesen.

Wie konnte es zu dieser dramatischen Umwelt- und Klimasituation kommen? Warum wurden die Chancen der erneuerbaren Energien so lange ignoriert? Warum haben wir die Grundsätze einer dauerhaften, nachhaltigen Wirtschaft aus den Augen verloren?

Zunächst einmal müssen wir begreifen, dass der Klimawandel, das heißt unser derzeitiges westliches Konsum- und Produktionsmodell, die Mutter aller Krisen ist und nicht die gerade aktuelle Wirtschaftskrise.

Nach Meinung der meisten Wissenschaftler darf die Temperatur bis zur Mitte des Jahrhunderts um nicht mehr als zwei Grad gegenüber der vorindustriellen Zeit ansteigen. Dass wir bisher dagegen entschieden zu wenig tun, zeigen diese Zahlen: Um das »Zwei-Grad-Ziel« zu erreichen, muss sich der globale Ausstoß von Treibhausgasen bis 2050 mindestens halbieren und bis zum Ende des 21. Jahrhunderts um mindestens 90 Prozent sinken, verlangte der Weltklimarat 2007. Zu einem ähnlichen Schluss kam bereits 1990 die Enquete-Kommission »Vorsorge zum Schutz der Erdatmosphäre« des Deutschen Bundestags. Seither sind die Kohlendioxid-Emissionen weltweit um 40 Prozent gestiegen, und allein seit dem Jahr 2000 um 30 Prozent. Sind wir noch zu retten?

Wenn wir Kohle, Erdgas oder Erdöl verbrennen, dann sind diese wertvollen Rohstoffe, an denen die Natur Millionen Jahre gearbeitet hat, für alle Zeit verloren. Wenn wir aber künftig Sonne, Wind, Wasserkraft, Erdwärme und Biomasse nutzen, geht nichts verloren. Sonne, Wind und Wasser werden nicht verbraucht, sondern nur gebraucht. Die Sonne scheint weiter, selbst wenn acht Milliarden Menschen sie nutzen, der Wind weht auch, wenn er am Windrad vorbei ist, und die Biomasse wächst wieder nach. Es wird bei erneuerbaren Energien also nichts mehr *ver*braucht, sondern nur noch *ge*braucht. Das ist der fundamentale Unterschied. Wasser können wir auch nach der Stromgewinnung weiter nutzen. Und die Erdwärme? Auch sie steht uns noch Hunderttausende Jahre zur Verfügung, wenn auch nicht ganz so lange wie Sonne oder Wind. Ebenso verhält es sich mit der Wellen- und Strömungsenergie der Ozeane.

Die Verbrennung von Energie ist eine Vergeudung von Energie, die Verwertung von erneuerbarer Energie ist eine wesentlich andere Energienutzung. Sie ist zu verantworten und deshalb grundsätzlich gesellschaftlich höherwertig. Alte Energienutzung bedeutet definitiv Ausbeutung des Planeten und ist nicht zu verantworten gegenüber künftigen Generationen – erneuerbare Energie bedeutet, in Kreisläufen nach den Gesetzen der Natur wirtschaften. Damit ist erneuerbare Energie enkelverträglich. Der deutsche Chemiker und Physiker Wilhelm Ostwald (1853 bis 1932) hat für diese wichtige Erkenntnis schon 1909 den Nobelpreis erhalten. Er hat die Nutzung der regenerativen Energiequellen den »Energetischen Imperativ« genannt und diesen höher eingeschätzt als den berühmten »kategorischen Imperativ« des Philosophen Immanuel Kant (»Handle so, dass die Maxime deines Willens jederzeit zugleich als Prinzip einer allgemeinen Gesetzgebung gelten könnte«). Kants kategorischer Imperativ ist schon in allen Ethikvorstellungen der Religionen, in der sogenannten Goldenen Regel, enthalten: »Wenn du willst, dass der andere etwas tut, dann tue dies selbst.« Oder wie es negativ ausgedrückt im Sprichwort heißt: »Was du nicht willst, das man dir tut, das füg auch keinem anderen zu.«

In seinem Aufsatz »Die Energiequellen der Zukunft« propagierte Ostwald die Nutzung der Sonnenenergie und den Einsatz von Brennstoffzellen. Die Zivilisationen der nächsten Jahrhunderte müssten auf Sonnenenergie gegründet werden. 1914 wurde er Mitglied des Freimaurerbundes mit dem bezeichnenden Namen »Zur aufgehenden Sonne«. Sein Grundsatz hieß: »Vergeude keine Energie – verwerte sie.« Populär wurde er durch seine naturphilosophischen Schriften. Der Philosoph Peter Sloterdijk nennt Ostwald »einen indirekten Vorläufer Einsteins, der für die Idee warb, Materie müsse als ein Zustand von Energie begriffen werden«.

Kant beschrieb ein Sittengesetz, Ostwald ein Naturgesetz. Doch dieses Naturgesetz wird jetzt überlebenswichtig, denn jeder braucht Energie, gesunde Luft, sauberes Wasser und fruchtbare Böden, um leben zu können. Warum aber haben wir dieses Naturgesetz so lange missachtet oder verdrängt, und warum wollen es einige immer noch nicht wahrhaben?

Schon heute reicht die fossile und nukleare Energie nicht aus, um alle Menschen damit ausreichend zu versorgen. Das gilt erst recht für die Zukunft. In wenigen Jahrzehnten ist Schluss mit Öl und Gas und in etwa 100 Jahren mit Kohle. Was sind solch kurze Zeitspannen schon, gemessen an der noch möglichen Menschheitsgeschichte oder gar der Geschichte des Lebens? Spätestens hier stellt sich die Sinnfrage. Dass diese für jede junge Generation zentrale Frage von den heute Verantwortlichen oft nicht mehr positiv beantwortet werden kann, ist die Ursache vieler Leiden unserer Zeit. Verantwortlich aber sind nicht nur Politiker und Wirtschaftler, sondern wir alle. Denn wir alle brauchen Energie und wollen mobil sein. Keiner darf aber so viel Energie für sich beanspruchen, dass für die Menschen in den armen Ländern oder für die kommenden Generationen nichts mehr übrig bleibt. Das ist ein Sitten- und ein Naturgesetz. Der »kategorische Imperativ« ist so wichtig wie der »energetische« oder – wie Hermann Scheer es wunderbar zusammenführte – der »energethische Imperativ«.

Als Ostwald seinen »Energetischen Imperativ« formulierte, lebten etwa 1,5 Milliarden Menschen. Es gab erst wenige Autos, noch keinen Flugverkehr und weit weniger Wohnraum pro Kopf, der beheizt werden musste. Die Elektrifizierung steckte noch in den Anfängen. Der Nobelpreisträger war seiner Zeit weit voraus. Aber die Macht der alten Energiewirtschaft war bereits so etabliert, dass seine Warnungen und Erkenntnisse ignoriert werden konnten. Am Beginn des 20. Jahrhunderts hat der Nobelpreisträger Wilhelm Ostwald die solare Energiewende vorgedacht – der alternative Nobelpreisträger Hermann Scheer hat sie knapp 100 Jahre später zu Ende gedacht, er hat sie mit seiner weltweiten Präsenz geradezu personifiziert.

Mit der Dampfmaschine hatte das Zeitalter der fossilen Energiewirtschaft schon in der zweiten Hälfte des 18. Jahrhunderts begonnen. Holzkohle und Steinkohle wurden zum Motor der industriellen Revolution. Bald kam um 1830 das Zeitalter der Eisenbahnen dazu. Dann die Industrieproduktion und die Dampfkraftwerke. Letztere stellen bis heute die Technologie der Großkraftwerke dar – von den Kohle- bis zu den Atomkraftwerken. Mit der Öl- und Gaswirtschaft wurde die Energiewirtschaft vollends zu einer Energieverbrennungswirtschaft. Parallel dazu entwickelten sich die Automobil- und Luftfahrtwirtschaft, die ebenfalls auf Verbrennung fossiler Rohstoffe setzten. Diese Entwicklung der letzten 200 Jahre führte schließlich dazu, dass es weltweit keine stärkere Macht als die der Energieverbrennungswirtschaft gibt.

Heute sind wir vor allem deshalb in zwei Sackgassen gelandet: in der Sackgasse, aber auch in den Fängen der atomaren Energiewirtschaft sowie der fossilen Energiewirtschaft. Niemand kann erneuerbare Energien monopolisieren – das ist das Problem der überkommenen Energiemonopolisten. Ihre Energieverbrennungswirtschaft ist eine Energievernichtungswirtschaft. Was verbrannt wird, ist unwiederbringlich verloren. Ihr Motto: Die Energiewende verzögern sowie die Folgen der Pyromanie vertuschen, verleugnen und verdrängen. Doch das hilft nicht, denn es könnte bald zu spät sein. Politische Klugheit erweist sich daran, ob jemand zwischen »zu spät« und »rechtzeitig« unterscheiden kann. Viele Menschen können es inzwischen. Hermann Scheers dringliche Forderung »100 Prozent jetzt!« gilt zwei Jahre nach seinem Tod nicht mehr als Phantasterei, sondern als realisierbare Vision.

Am Anfang der Zivilisation haben wir gelernt, das Feuer zu nutzen. Jetzt müssen wir lernen, es zu verbannen. Dabei müssen wir ohne Rücksicht auf die Rücksichtslosigkeiten der alten Energieversorger handeln.

Nach Fukushima sind viele in Deutschland energetisch bewusster geworden. Nach einer Forsa-Umfrage im Juli 2012 wollen 77 Prozent der Deutschen einen persönlichen Beitrag zur Energiewende leisten. Gefragt, womit sie die Energiewende verbinden, antworteten 58 Prozent »mit erneuerbaren Energien« und 57 Prozent »mit dem Atomausstieg«. Gar 91 Prozent der Deutschen haben sich im Frühjahr 2012 bei Umfragen für einen rascheren Ausbau der Solarenergie und der Windkraft ausgesprochen. 81 Prozent lehnen den weiteren Ausbau der Kohlekraftwerke ab. Der Klimawandel, die Gefährlichkeit von AKWs und die Endlichkeit der fossilatomaren Ressourcen machen deutlich, dass die Zukunft den Erneuerbaren gehört. Experten schätzen, dass ab 2020 jedes Jahr 600 Milliarden US-Dollar in den Ausbau von erneuerbaren Energien investiert werden. Bei diesen Zukunftsinvestitionen liegt heute schon die Volksrepublik China klar vor den USA. Chinas Führung hat die CO_2-armen Wirtschaftssektoren als Wachstumsmotor erkannt und flankiert ihren ökonomischen Aufbau mit Umweltschutzauflagen und einer starken staatlichen Förderung ihrer Solar- und Windfirmen.

Gegen diese Mehrheit der Energiewende-Befürworter in Deutschland ist wohl nie wieder eine Wahl zu gewinnen. Die letzte Landtagswahl in Baden-Württemberg ging für die CDU vor allem deshalb verloren, weil sie ein halbes Jahr zuvor im Bund die Verlängerung der Laufzeiten von Atomkraftwerken beschlossen hatte. Das Land hat jetzt erstmals einen grünen Ministerpräsidenten nach 60-jähriger CDU Herrschaft. Norbert Röttgen hat als Umweltminister und Spitzenkandidat der CDU die Wahl in Nordrhein-Westfalen 2012 auch deshalb verloren, weil er zusammen mit Wirtschaftsminister Rösler kurz vor der Wahl faktisch ein Solarausstiegsgesetz vorgelegt hat, das der Bundesrat auch mit CDU-Stimmen stoppte.

In Frankreich hat Präsident François Hollande die Wahl gegen Nicolas Sarkozy auch deshalb gewonnen, weil er einen allmählichen Ausstieg aus der Atomenergie versprach. Energiepolitik wird wahlentscheidend. Atomkraft? Nein danke! Solarenergie? Ja, bitte!

Erneuerbare Energien brauchen erneuerbare Regierungen

Sonne und Wind sind zwar überparteilich, aber wer ihre Bedeutung nicht begreift, wird eben abgewählt. In Frankreich sprachen sich im Sommer 2012 über 60 Prozent der Wähler gegen Atomenergie aus und in Japan sogar 80 Prozent. Die Amokläufer gegen die Energiewende werden künftig von den Wählern ausgebremst werden – überall. Als FDP-Wirtschaftsminister Philipp Rösler wieder einmal gegen die Solar-Einspeisevergütung im Sinne der Atomlobby gewettert hatte, löste sich aus Protest gegen den eigenen Minister eine ganze FDP-Ortsgruppe auf – es waren die Freien Demokraten im brandenburgischen Treuenbrietzen, die zuvor das für die Liberalen traumhafte Wahlergebnis von 34 Prozent erreicht hatten. Ihr Argument: Unsere Partei hat das Topthema einer dezentralen, regionalen Energiewende verschlafen. 3400 Solarmodule, 43 Windräder und ein Biogasanlage in Treuenbrietzen waren bis dahin der ganze Stolz dieser FDP-Ortsgruppe. Der FDP-Bürgermeister des 7500-Einwohner-Städtchens verteidigte den Bruch seines liberalen Ortsvereins mit der Bundespartei so: »Kommunalpolitik hat keine Farbe, und wir werden auch ohne gelbes Label gute Arbeit machen.« Die Bundes-FDP sei eine perspektivlose Steuersenkungspartei. Das Ziel der Liberalen in Treuenbrietzen: eine strom- und wärmeautarke Stadt, ermöglicht durch die Zusammenarbeit von Lokalpolitikern, ortsansässigen Firmen und den Bürgern. Zur der Zeit, als sich diese 34-Prozent-FDP-Ortsgruppe auflöste und eine Freie Wählergemeinschaft bildete, lag die Bundes-FDP in Umfragen bei vier Prozent. Als ich 1988 – zwei Jahre nach Tschernobyl – wegen der Atompolitik die CDU verließ, sind nach mir weitere 600 CDU-Mitglieder ausgetreten. Seither gibt es innerhalb der Partei auch die atomkritische Gruppierung »CDU/CSU-Mitglieder gegen Atomkraft« mit etwa 800 Mitgliedern.

Viele Bürgerinnen und Bürger wissen inzwischen, dass wir die ökonomische und ökologische Chance haben, mithilfe der erneuerbaren Energien und der Energiewende ein neues Wirtschaftswunder zu initiieren, diesmal weltweit.

Unmittelbar nach den Atombombenabwürfen 1945 auf Hiroshima und Nagasaki war die Welt schockiert. Atomenergie schien chancenlos. Doch dann begann in den Fünfzigern die nukleare Propagandamaschine, von der »friedlichen Nutzung der Atomenergie« zu schwärmen. Ihr Lautsprecher war Präsident Dwight D. Eisenhower in Washington. Das klang gut und schien die Lösung des Energieproblems für alle Zeiten. In der Nähe meiner badischen Heimat Untergrombach bei Bruchsal wurde damals Ende der Fünfziger der erste deutsche Atomforschungsreaktor gebaut: das Kernforschungszentrum Leopoldshafen bei Karlsruhe. Direkt in Leopoldshafen gab es riesigen Widerstand. An der Bundestagswahl 1957 beteiligten sich aus Prostest gegen die neue Technologie nur neun (!) Prozent der Wahlberechtigten – das waren 46 Wählerinnen und Wähler. Der Protest vor Ort war parteiübergreifend. Aber schon in meiner Heimat – vielleicht 15 Kilometer vom Reaktor entfernt – war von Widerstand nichts mehr zu spüren. Als ich Anfang der 60er-Jahre als Junge-Union-Vorsitzender den Reaktor besuchte, wurde mir versichert, dass er zu 100 Prozent sicher sei. Da könne nichts passieren. Ich glaubte das – und wurde ein Befürworter der Atomkraft.

Die Zweifel der wenigen Atomkraftgegner überzeugten mich nicht, beziehungsweise ich habe mich kaum wirklich darüber informiert. Erste Zweifel kamen in mir durch den bürgerlichen Widerstand gegen das geplante AKW in Whyl bei Freiburg in den 70er-Jahren. Aber in meinen damaligen

»Report«-Sendungen in der ARD habe ich das Thema nie aufgegriffen, ich hatte es verdrängt oder war einfach zu feige. Vielleicht deshalb, weil ich Angst vor dem Ärger mit meiner damaligen Partei, der CDU, hatte. Selbst als ich Anfang der 80er-Jahre gegen die Atomraketen protestierte, viele Sendungen dagegen machte und mein kleines Buch *Frieden ist möglich – Die Politik der Bergpredigt* erschienen war, dachte ich noch immer, zwischen der militärischen und der »friedlichen« Atomkraft unterscheiden zu dürfen. Erst Tschernobyl, 1986, wurde mein »Damaskus«. Jetzt wurde mir klar, dass ich der Propaganda der Atomlobby aufgesessen war und schlicht zu faul und zu ängstlich, um ordentlich zu recherchieren.

Kaum aber bezog ich in meinen Fernsehsendungen klar Stellung gegen die Atomenergie, bekam ich Schwierigkeiten mit meinem Sender. Bundeskanzler Helmut Kohl forderte von meinem Intendanten, mich als »Report«-Chef abzusetzen. Das war für den Intendanten eine schwierige Situation, denn er war zuvor viele Jahre Büroleiter von Helmut Kohl gewesen. Meine Redaktion und ich haben damals acht Arbeitsgerichtsprozesse gegen den eigenen Sender geführt, um so arbeiten und aufklären zu können, wie wir es vor unserem Gewissen verantworten konnten. Die Hoffnung war mein Weg vom AKW-Befürworter zum -Gegner – freilich oft gepaart mit Angst. Per Gerichtsbeschluss konnte ich – wenn auch eingeschränkt – danach noch weitere fünf Jahre »Report Baden-Baden« leiten und moderieren. Das spornte mich zu tieferen Recherchen über diese Technologie an. Und ich lernte, dass atomares Restrisiko jenes Risiko ist, das uns jeden Tag den Rest geben kann. Dabei habe ich mit vielen Befürwortern und Technikern der Atomenergie diskutiert, aber keinen einzigen gefunden, der dieses berüchtigte »atomare Restrisiko« bestritten hätte. Alle haben es nur verniedlicht und verdrängt, so wie ich selbst zuvor auch. Durch die Schwierigkeiten in meinem Beruf habe ich viel über die Macht und die Machenschaften der Energiewirtschaft gelernt, wofür ich heute sehr dankbar bin.

Mir ist klar geworden: Hätten wir schon vor 50 Jahren auf die erneuerbaren Energien anstatt auf die Atomkraft gesetzt, wären uns nicht nur Tschernobyl und Fukushima erspart geblieben, sondern wir hätten heute auch kein die ganze Weltzivilisation bedrohendes Klimaproblem. Denn der 100-prozentige Umstieg wäre bereits innerhalb der letzten 50 Jahren zu schaffen gewesen. Windräder gab es in Deutschland schon vor über 100 Jahren, und Albert Einstein erhielt bereits zu Beginn des 20. Jahrhunderts den Nobelpreis für die Erklärung des photovoltaischen Effekts. Wasserkraftwerke sind noch älter und die energetische Nutzung der Biomasse sowieso. Und diese Technologien sind weit weniger komplex als die Atomtechnologie. Wir hätten mit einer Energiewende, die technisch viel früher möglich gewesen wäre, weder den Golfkrieg noch den Irakkrieg erleben müssen, wir hätten keine verschmutzten Städte und weniger Krankheiten, kaum Umweltflüchtlinge und eine Welt ohne kollektive Zukunftsängste. Und die junge Generation hätte mehr Zukunftsperspektiven.

So aber bildeten und bilden Millionen Wissenschaftler und Wirtschaftler, Techniker und Juristen, aber auch Handwerker und einfache Arbeiter und Angestellte durch falsche Entscheidungen in der Vergangenheit bis heute global die Basis der alten Energiewirtschaft. Dieser mächtige Wirtschaftszweig hat uns Wohlstand beschert, der den meisten von uns gefiel, schafft aber heute zunehmend mehr Probleme als Lösungen. Ohne die Kohlewirtschaft wäre in Deutschland das Wirtschaftwunder nach dem Zweiten Weltkrieg so schnell kaum möglich gewesen. Es ist aber technologisch, politisch und moralisch niemals zu verantworten, auf Technologien zu setzen, die ganze Landstriche für Jahrhunderte unbewohnbar machen und für deren Müllentsorgung es keine Lösung gibt. Und wenn das Klima kippt, dann braucht die Natur mehrere Tausend Jahre, bis es – vielleicht – wieder im Gleichgewicht ist.

Auch ich gehöre zu den Profiteuren des alten Systems –

mein Vater war Kohlenhändler. Aber unsere Zeit ist eine Wendezeit. Bis heute wagen es viele Wissenschaftler, Manager und Politiker jedoch noch nicht, sich zu den erneuerbaren Energien als dem überlegenen und höherwertigen Energiesystem von morgen zu bekennen. Doch das ändert sich gerade.

Weltklimakonferenzen:
Rituale schmerzhafter Vergeblichkeit

Hermann Scheer hat vermutet, dass die überkommene Energiewirtschaft an ihren alten zentralistischen Strukturen hängt wie einst die katholische Kirche an ihrem überholten geozentrischen Weltbild, wonach sich die Sonne um die Erde dreht und nicht umgekehrt. Solche jahrhundertealten Welt- und Leitbilder verfestigen sich in den Köpfen der Menschen und werden schließlich tabuisiert. Die katholische Kirche hat 400 Jahre gebraucht, um sich bei Galileo Galilei zu entschuldigen. So viel Zeit haben wir diesmal nicht, um uns von einem falschen, verkrusteten Weltbild und einer überholten Energiewirtschaft zu verabschieden. Es geht um den Übergang in völlig neue Strukturen: Wir müssen eine monopolisierte und zentralisierte Energiewirtschaft überwinden und eine dezentrale, von Millionen Bürgern getragene Energieversorgung aufbauen. Das ist eine Jahrhundertaufgabe, für die wir aber nicht ein ganzes Jahrhundert Zeit haben.

Die Zahl der Opfer, die der Klimawandel sehr wahrscheinlich fordern wird, würde uns den Atem verschlagen, wenn wir die intellektuelle und moralische Kraft hätten, sie uns vorzustellen. Man muss kein Pessimist sein, um festzustellen, dass die heutige Weltgemeinschaft, also »die« Menschheit, nicht in der Lage ist, gegen den Klimawandel effiziente Maßnahmen zu ergreifen. Je mehr internationale Konferenzen stattfinden, um das Klima zu schützen, desto schlechter geht es ihm. Die Menschheit als Ganzes ist auf ihrer heutigen Entwicklungsstufe noch nicht handlungsfähig – trotz bald

70 Jahren UNO, trotz eines weltweiten Konferenz-Zirkus, trotz Menschenrechtserklärung. Die bisherigen Weltklimakonferenzen waren Rituale schmerzhafter Vergeblichkeit.

Die höchste handlungsfähige Organisationsform ist immer noch der Nationalstaat. Und da zeigt sich: In China und Indien ist das Wirtschaftswachstum immer noch wichtiger als der Klimaschutz. Im Reich der Mitte wächst zwar schnell die Zahl der Windräder, Biogasanlagen und Solarzellen, aber noch schneller wächst der Energiehunger. Woche für Woche wird deshalb ein neues Kohlekraftwerk gebaut. Und wenn die US-Amerikaner weiterhin ungebremst Energie vergeuden und Klimaschutz für eine »sozialistische Verschwörung« halten, dann wird der Meeresspiegel ansteigen, aber weniger die Amerikaner treffen, sondern weit früher die Menschen in Kenia und im Senegal durch Wüstenbildung und in Bangladesch und auf den Malediven durch Überschwemmung. Im Konzert der UNO-Menschheit haben der Senegal, Kenia, Bangladesch und die Malediven zwar eine Stimme, aber so gut wie keinen Einfluss. Die Stimme der Armen wird nur als Klage vernommen.

Sechs Beispiele positiver Entwicklungen

Sind wir noch zu retten? Es gibt nur eine realistische Chance: Einer muss anfangen aufzuhören mit dem fossil-atomaren Verbrennungswahnsinn und zeigen, dass es zu 100 Prozent anders geht.

Die alles entscheidende Frage jetzt heißt: Wie entkommen wir möglichst rasch den Fesseln dieses fossil-atomaren Komplexes? Die Antwort: Die ersten Kommunen und Regionen haben damit bereits begonnen, also können es andere auch. Ich werde sie beschreiben.

Umweltminister Peter Altmaier hat kurz nach seiner Ernennung im Frühjahr 2012 gesagt, er wolle die Energiewende »so schnell wie möglich«. Sie ist in 20 Jahren möglich.

In der Geschichte der Menscheit gibt es unendlich viele

Beispiele für rasche negative Veränderungen, aber auch viele Fälle schneller positiver oder zumindest relativ positiver Veränderungen. Dazu sechs Geschichten:

Erstes Beispiel: Seit etwa 10 000 Jahren wird das Zusammenleben von Menschen immer gewaltfreier. Diese überraschende Erkenntnis hat der US-amerikanische Evolutionsbiologe Steven Pinker in seinem umfangreichen Buch *Gewalt – Eine neue Geschichte der Menschheit* eindrucksvoll und detailliert aufgezeigt. Bislang wurde Geschichte als Abfolge von Kriegen, Genozid, Mord und Gewalt gelehrt. Doch stimmt das wirklich? Der Professor für Psychologie an der Harvard University entlarvt die populäre These, es gebe immer mehr Gewalt auf der Welt, als einen Mythos. Die Menschheitsgeschichte ist eine Geschichte abnehmender Gewalt. Noch nie hat es so viel Freiheit, Frieden, Gerechtigkeit, Gewaltfreiheit und Wohlstand gegeben wie zu unserer Zeit.

Frieden und Freiheit sind relativ moderne Erfindungen. Tatsächlich waren die längste Zeit Mord und Totschlag, Gewalt und Vergewaltigung, das Töten von Neugeborenen, die Züchtigung von Kindern, die Unterdrückung der Frauen und das grausame Quälen von Tieren, kurz die ganze Palette von Gewaltanwendung durch Menschen selbstverständlicher Alltag. Bestens beschrieben zum Beispiel in der hebräischen Bibel. Aber durch das allmähliche Einführen von Regeln, Gesetzen, staatlichen und religiösen Institutionen und durch Bewusstseinsfortschritte wurde der permanente Kriegszustand aller gegen alle beendet. Es dauerte Jahrtausende, bis wir uns von Stamm und Sippe, von Volk und religiösen Zwängen und Ideologie allmählich befreien konnten. Vor 10 000 Jahren, so die Forschungen von Steven Pinker, wurden von 100 000 Menschen 85 durch Gewalt umgebracht, heute sterben durch sie noch drei Menschen von 100 000. Die insgesamt positive Entwicklung galt sogar für das 20. Jahrhundert, das wir wegen Hitler, Stalin, Mao Tse-tung und Pol Pot gemeinhin als das gewalttätigste der Geschichte ansehen, weil etwa 100 Millionen Menschen brutal ermordet wurden. Aber selbst diese fürchterliche Rechnung stimmt nicht. In früheren Jahrhunderten wurden prozentual noch viel mehr Menschen umgebracht. Die Geschichte lehrt: Eine bessere Welt ist möglich. Die Fortschritte sind zwar zögerlich und unvollständig, aber unverkennbar Fortschritte. Entscheidend dabei war der Weg zum Rechtsstaat. Schon Augustinus wusste: »Nimm das Recht weg – was ist dann der Staat noch anderes als eine Räuberbande?«

Man kann also sagen: Welch ein Fortschritt in gerade mal 10 000 Jahren! Leuchttürme dieses humanen Fortschritts wie Buddha, Laotse, Jesus, Franz von Assisi, Albert Schweitzer und Mahatma Gandhi haben nicht umsonst gelebt. Von der archaischen Identität mit einem Kollektiv zur Identität des Individuums: Das war der Weg der menschlichen Bewusstseinsgeschichte. Vereinfacht gesagt heißt die wohl wichtigste Entwicklung der Geschichte: weniger Hiebe, mehr Liebe. Die Verbreitung dieser Erkenntnis wird unser Selbstverständnis radikal ändern. Sogar wir Deutschen haben über die schrecklichen Irrungen und Wirrungen in der ersten Hälfte des 20. Jahrhunderts hinweg nach 1945 die Demokratie und den Rechtsstaat lieben und leben gelernt. Wir haben zu erkennen begonnen, dass Freiheit und Toleranz die Seele der Menschlichkeit sind.

Zweites Beispiel: Das politische Wendejahr 1989 hat in Osteuropa friedliche Veränderungen und Fortschritte gebracht, die noch kurz zuvor von fast niemandem für möglich gehalten wurden. Jahrzehntelang hatten sich Ost und West unversöhnlich gegenübergestanden. Selbst das furchtbarste Ereignis, ein Atomkrieg, schien möglich. Ideologisch waren die Gräben unüberbrückbar. Hass und Feindschaft prägten die diplomatischen Beziehungen. Doch das Wunder der Wende geschah. Heute können sich die jungen Generationen einen Krieg in Europa gar nicht mehr vorstellen. Zehn Länder in Mittel- und Osteuropa, die bis 1990 zum Machtbereich der alten Sowjetunion gehörten, sind heute Mitglied der Europäischen Union. Mehr Demokratie, mehr Frieden, mehr Freiheit. Heute höre ich von afrikanischen Freunden: Vorbild für ein friedliches Afrika ist das Europa der letzten 65 Jahre. Ostasiatische Freunde sagen mir: Vorbild für das ostasiatische Staatenbündnis ASEAN ist die Entwicklung in Europa nach 1945. Zu Recht hat die EU 2012 den Friedensnobelpreis erhalten.

Drittes Beispiel: Als George Bush sen. Anfang der 90er-Jahre seinen Krieg gegen Saddam Hussein und den Irak führte – es war ein Krieg um Öl –, weigerte sich die konservative Regierung Helmut Kohl, sich daran zu beteiligen. Sie hat ihn freilich mitfinanziert. Als 2003 auch George Bush jun. einen Krieg um Öl im Irak führte, weigerte sich eine deutsch-französische Koalition der Friedlichen, sich an der Koalition der Willigen gegen den Irak zu beteiligen. Die Begründung aus Paris und Berlin, die in der ganzen Welt Respekt bewirkte: Wir haben aus der Geschichte gelernt. In den ersten drei Kriegswochen war ich zu Vorträgen in vier asiatischen Ländern. Dabei habe ich nur Journalisten, Politiker oder andere Menschen in meinen Vorträgen getroffen, die diese deutsch-französische Entscheidung begrüßt haben.

Viertes Beispiel: Japan und die Schweiz haben in den letzten Jahrzehnten vorbildliche öffentliche Verkehrssysteme aufgebaut und bewiesen, dass es Alternativen zum immer langsamer werdenden Autoverkehr gibt. Der Ausbau des Hochgeschwindigkeitszugsystems Shinkansen hat dazu geführt, dass Millionen Geschäftsreisende in ganz Japan vom Flugzeug auf die Bahn umgestiegen sind. Heute werden über 90 Prozent des Verkehrs in der 26-Millionen-Metropole Tokio vom öffentlichen Verkehr getragen. Die kleine Schweiz verfügt im großen Europa über das vorbildlichste öffentliche Verkehrssystem trotz schwieriger geografischer Bedingungen. Auch die kleinste Gemeinde hat im »Heidi-Land« ihren Bahnhof. Im Jahr 2002 hatte ich den deutschen, den öster-

reichischen und den Schweizer Bahnchef zu einer Fernsehsendung mit dem Thema »Höchste Eisenbahn für die Verkehrswende« eingeladen. Der deutsche Bahnchef meinte, für
Strecken über 400 Kilometer müsse er aus Zeitgründen das
Flugzeug benutzen. Dafür sei die Bahn einfach zu langsam.
Nach der Sendung nahm mich der Schweizer Bahnvorste-
her zu Seite und sagte: »Wenn ich heute Abend so argumentiert hätte wie mein deutscher Kollege, dann dürfte ich mich
ab morgen nicht mehr in meinem Büro sehen lassen.« Die
Schweizer fahren beinahe dreimal so oft mit der Bahn wie
die Deutschen, weil das Angebot, der Service, der Preis und
der Fahrplan stimmen.

Fünftes Beispiel: Natürlich will ich als Baden-Badener auch
eine badisch-lokalpatriotische Geschichte zum Thema »Lernen aus Katastrophen« erzählen. Ich bin zwar Europäer durch
Geburt, aber badisch durch Gottes Gnade: Im Badischen geboren, hier Abitur gemacht, studiert und schließlich seit
40 Jahren in Baden-Baden wohnhaft – badischer geht es
kaum. Die Geschichte beginnt in Kalifornien. An Weihnachten 1999 war unsere ganze Familie in den USA. In der Klein-
stadt Santa Rosa machte unsere jüngste Tochter Caren ihren Highschool-Abschluss. Wir besuchten sie und sahen am
zweiten Weihnachtsfeiertag im Fernsehen schreckliche Bilder über den Wirbelsturm »Lothar«, der zuerst über Frankreich und dann über den Schwarzwald gefegt war und ein
Chaos angerichtet hatte. Riesige Waldflächen sahen aus wie
abrasiert, Häuser waren zerstört, es gab zu Hause mehrere
Tote. Wir waren in Sorge, da unser Haus zu der Zeit eine offene Baustelle war. Wieder daheim, kannten wir unseren
Schwarzwald nicht wieder: In 30 Minuten hatte der Wirbelsturm so viele Bäume umgeworfen, wie sonst in zehn Jahren im Schwarzwald gefällt wurden. Wo wir vorher joggten,
mussten wir jetzt alle paar Meter über Baumreste klettern.
Doch ein Förster erklärte mir: »Wir werden aus dieser Katastrophe lernen. Nie wieder Monokulturen. Wir haben zu lange

auf Fichten und Tannen gesetzt. Deshalb konnte der Sturm so brutal zuschlagen. Wir werden im Schwarzwald künftig wieder Mischwald haben.« Schon vor über 100 Jahren hatten Förster gespottet: Willst du den Wald vernichten, pflanze Fichten, Fichten, Fichten!

Beim Schreiben dieses Buches lege ich einen freien Tag ein und laufe mit meiner Frau und Freunden auf dem »Lotharweg«. Die Forstverwaltung hat dort auf etwa 70 Hektar Fläche den Wald so belassen, wie ihn Sturm »Lothar« hinterlassen hat. Auf dem 4,5 Kilometer langen Wildnispfad trafen wir viele Eltern mit ihren Kindern. Für sie ist der »Lotharweg« jetzt eine spannende Entdeckungsreise in die Natur. Wandern kann ja eine ganz entspannte Sportart sein, aber auf dem Lotharweg wird sie stressig. Gefühlte 100-mal klettern und steigen wir über Baumstämme, die nach dem großen Sturm bewusst liegen gelassen wurden. Silbrig leuchten abgestorbene Baumgerippe. Schrecklich unheimlich und zugleich zauberhaft anziehend. Dieser Ur-Weg von heute ist vielleicht der Urwald von morgen. Wildes Dickicht, riesige Wurzeln aus umgestürzten Bäumen ragen in die Luft, moosiger Untergrund. Ich denke: Der Wirbelsturm hat dem Schwarzwald richtig gutgetan. Man sieht jetzt viel mehr als zuvor – vorher herrschte fast ausschließlich dunkles Tannengrün, jetzt junger Mischwald. Gut für die Natur, gut fürs Auge.

Sechstes Beispiel: Im Jahr 2000 hat – wie schon beschrieben – der Deutsche Bundestag das Erneuerbare-Energien-Gesetz verabschiedet und inzwischen mehrfach novelliert. Seither bekommt jede und jeder, der Ökostrom produziert, dafür einen ökonomischen Anreiz, der von allen Stromkunden – jedoch mit viel zu vielen Ausnahmen für die Industrie – finanziert wird. Dieses erfolgreiche Gesetz haben inzwischen über 50 Länder übernommen. Gute Beispiele sind so ansteckend wie schlechte. Mit dem deutschen Erneuerbare-Energien-Gesetz hat das Solarzeitalter unter einer rot-grünen Bundesregierung begonnen. Es hatte allerdings einen unverzichtbaren Vorgänger: Das Einspeise-Gesetz für erneuerbare Energien aus dem Jahr 1991, das vor allem der Windenergie viel Rückenwind verlieh. Es wurde unter einer schwarz-gelben Regierung verabschiedet. Beide Gesetze bildeten eine Ausnahme. Sie kamen nicht – wie 90 Prozent der deutschen Gesetze – auf Initiative der jeweiligen Regierung zustande, sondern auf Initiative des Deutschen Bundestags. Die Vertreter des Volkes wurden aktiv. Die Regierungen in ihrer Nähe zu den Großkonzernen haben diese wichtigen Gesetze allenfalls hingenommen, einige Minister haben sie zu verhindern versucht. Mehr dazu später.

Die Gewinner des Wandels

Gerade das 21. Jahrhundert könnte ein Jahrhundert werden, in dem sich dank der neuen Kommunikationstechnologien das Wissen um solche positiven Beispiele nicht nur rasch verbreiten, sondern auch positive Konsequenzen haben könnte. Wir haben keinen Grund zu Fatalismus. Neues Wissen, neue Medien und gemeinsame Werte wie das Entstehen eines neuen Weltethos, das Hans Küng unermüdlich propagiert, können noch rechtzeitig dazu führen, dass positive Entwicklungen sich schneller als bisher ausbreiten und gefährliche Konflikte wirkungsvoller verhindert werden. Schon deshalb, weil für alle zu viel auf dem Spiel steht. Wir können zu den Gewinnern des Wandels werden – wenn wir wachsam und achtsam sind und uns einmischen. Es wird viele Gewinner, aber auch Verlierer geben. Der Wechsel würde weit schneller erfolgen, wenn sich die vielen Gewinner ihres Gewinns bewusst wären. Die Macht des Bestehenden hat schon immer den notwendigen Strukturwandel gebremst. Es gibt freilich auch einen »point of no return«. Dieser könnte 2012/2013 schon gegeben sein, wenn der Solarstrom vom eigenen Dach preiswerter zu produzieren ist als der Strom, den wir aus der Steckdose beziehen. In Südspanien, Israel oder Kalifornien ist dieser Punkt bereits erreicht. In den USA wurden im ersten Halbjahr 2012 mehr als doppelt so viele Photovoltaikanlagen installiert als noch ein Jahr zuvor.

Die rechtzeitige Energiewende kommt also von unten oder sie kommt gar nicht. Nicht ein »Konsens« aller 200 Regierungen der Welt – so zeigen die ergebnislosen Weltklimakonferenzen –, sondern jenes Industrieland, das vorangeht mit seinem Know-how, dabei Millionen neue Arbeitsplätze schafft und sich künftig damit auch einen Exportvorteil erkämpft, wird entscheidend sein. Dass dieses Land Deutschland sein kann, für diese Idee will dieses Buch werben. Jeder Strukturwandel stößt zunächst auf Ablehnung und Widerstand, die nur durch Konfliktfreudigkeit überwunden werden können.

Der deutsche Kaiser: »Ich brauche kein Auto – ich habe Pferde«

Es gibt vielfältige historische Beispiele dafür, dass fällige Strukturwandel rascher vollzogen wurden, als sich viele dies vorstellen konnten oder wünschten: beim Bau der Eisenbahnen, beim Beginn der Automobilität oder beim Start der IT-Branche. Bill Gates und Steve Jobs mussten sich vor 30 Jahren noch sagen lassen, dass Personal Computer nicht die geringste Chance hätten. Heute steht auf fast jedem Schreibtisch dieser Welt ein PC, und auch dieses Buch entstand an einem solchen.

Ich erinnere mich, dass Anfang der 1980er-Jahre die ersten PCs auf unseren Schreibtischen auftauchten, 2008 gab es bereits eine Milliarde. Im Jahr 2000 waren weltweit über eine Milliarde Menschen im Internet unterwegs, 2010 waren es schon zwei Milliarden. Wie schon erwähnt ging es bei der Einführung des erneuerbaren Stroms in Deutschland noch schneller: von fünf Prozent im Jahr 2000 auf 25 Prozent 2012.

1888 ging das erste Auto der Welt auf große Fahrt. Bertha Benz fuhr damals von Mannheim nach Stuttgart. 17 Jahre zuvor hatte sich die als Bertha Ringer geborene Tochter eines

Zimmermanns vorzeitig ihr Vermögen auszahlen lassen, um damit ihrem Verlobten Carl Benz die Weiterführung seines Unternehmens zu ermöglichen. Das Wagnis hat sich gelohnt. Am 5. August 1888 fuhr sie die 106 Kilometer lange Strecke von Mannheim nach Pforzheim mit einer Durchschnittsgeschwindigkeit von 18 Stundenkilometern und drei Tage später wieder zurück. Zur ersten Fernfahrt der Welt hatte sie ihre beiden 15 und 13 Jahre alten Söhne mitgenommen. Ihr Mann wusste nichts von dem Unternehmen. Diese Fahrt wurde so populär, dass sie zur Geburtsstunde der modernen Automobilität wurde. Die Stadtapotheke in Wiesloch kam durch diese erste Überlandfahrt zu Weltruhm. Denn hier hat sich Bertha Benz Benzin besorgt, genauer gesagt Ligroin. Bis weit ins 20. Jahrhundert hinein konnte man den Treibstoff fürs Auto nur in Apotheken kaufen.

Aber was hatten die Bedenkenträger zuvor nicht alles gegen diese Fahrt einzuwenden gehabt: Das Auto mache Menschen irre, töte Hühner und lasse Gebäude am Straßenrand einstürzen. Apokalyptiker prophezeiten ähnlich Fürchterliches wie heute die Freunde der alten Energieträger in Bezug auf die erneuerbaren Energien: Arbeitsplatzverluste bei Kutschern, Sattlern und Wagenmachern seien die Folge – auch heute ein gern genutzter Vorwand –, Hühner, Schweine und Gänse seien ihres Lebens nicht mehr sicher – so wie heute die Vögel bei Windrädern –, die Autos würden schrecklich stinken – so wie zu unserer Zeit angeblich die Biogasanlagen. Proteste gegen das Neue haben eine lange Geschichte in Deutschland. Das erste Auto versetzte die Welt in eine ähnliche Aufregung wie heute noch manchmal die Windräder.

125 Jahre später, 2011, fand auf der Bertha-Benz-Memorial-Route ein weltweit sichtbarer Aufbruch in ein neues Autozeitalter statt. Zugelassen zur Bertha-Benz-Challenge waren nur Elektro- und Hybridautos, Wasserstoffautos mit Brennstoffzelle sowie extrem verbrauchsarme, sehr umweltfreundliche Autos. Das Motto lautete: »Nachhaltige Mobilität auf der ältesten Automobilstraße der Welt.« Denn Bertha

Benz fuhr 1888 natürlich keinen Oldtimer, sondern das innovativste Fahrzeug ihrer Zeit. Deshalb sollten 2011 an der offiziellen Einweihungsfahrt nur die innovativsten Fahrzeuge unserer Zeit teilnehmen. Daimler-Chef Dieter Zetsche sagte: »Wir müssen das Auto noch mal neu erfinden.« Die Entwicklung des Autos ist eine schöne badische Geschichte. Die Vision vom »pferdelosen Wagen« veränderte die Welt.

Das Motto dieser weitsichtigen Frau lautete: »Mein Traum ist länger als die Nacht.« Als Kaiser Wilhelm II. am Ende des 19. Jahrhunderts empfohlen wurde, sich eines der damals neuen Autos anzuschaffen, soll er gesagt haben: »Was brauche ich Autos, ich habe doch Pferde.«

In der EU eignen sich circa 40 Prozent der etwa 200 Millionen Dächer und 15 Prozent der Gebäudefassaden für photovoltaische und /oder thermische Solaranlagen. Die europäische Photovoltaikindustrie schätzt, dass allein damit rund 40 Prozent des Stromverbrauchs der EU erzeugt werden könnte.

Die USA könnten nach einer Studie, die Al Gore 2007 vorgestellt hat, ihren gesamten riesigen Stromverbrauch viermal mit Windstrom decken. Sonnenkontinente wie Afrika, Australien oder Indien haben das Potenzial, sich ausschließlich mit Solarenergie zu versorgen.

Wir haben noch eine Gnadenfrist

In diesem Buch werden keine Patenrezepte geliefert, aber die Überzeugung begründet, dass wir noch eine Gnadenfrist haben, um mithilfe der Energiewende zumindest das Schlimmste zu verhindern. Ich halte die Kräfte der Erneuerung und der Kooperation für mindestens genauso stark und evident wie die Kräfte der Zerstörung. Die Verankerung der »Schuldenbremse« im deutschen Grundgesetz mitten in der Finanzkrise ist ein Beweis dafür, dass auch demokratische Entscheidungsprozesse, die von Natur aus langsamer sind als die in autoritären und totalitären Staaten, langfristig wirksam, ja vielleicht heilsam sein können.

Die Kraft zum langfristigen Denken und Handeln wird eine wesentliche Voraussetzung für das Wohlergehen künftiger Generationen sein. Es gibt Grenzen des Wachstums, aber keine Grenzen des Lernens und Reifens, keine Grenzen für die Entfaltung unserer psychischen, spirituellen, religiösen, kulturellen und geistigen Energien. Das gilt für einzelne Menschen, aber auch für ganze Gesellschaften und für politische Systeme. Der frühere Verteidigungsminister der USA Robert McNamara war in den 1960er-Jahren wesentlich mitverantwortlich für den schrecklichen Krieg in Vietnam. Derselbe Mann erhielt später für sein Antikriegsengagement den Friedensnobelpreis. Ich mag Menschen, die umdenken. In einem Streitgespräch 1991 sagte er mir in Berlin: »Ich kann mir heute eine Welt vorstellen, in der alle Armeen abgeschafft werden.«

Der amerikanische Schauspieler Larry Hagman war durch seine Rolle als Ölbösewicht J. R. Ewing in der populären Seifenoper »Dallas« über Jahrzehnte zur personifizierten Symbolfigur des Ölzeitalters geworden. Kurz vor seinem Tod 2012 traf ich ihn in München zur gemeinsamen Eröffnung einer Solarkampagne in Bayern, die eine Volksbefragung am Tag der nächsten Bundestagwahl 2013 zur Folge haben soll. Dabei sagte mir der frühere Ölfiesling: »Vergessen wir Öl, das 21. Jahrhundert wird ein Jahrhundert der Sonne. Wer das nicht begreift, passt nicht in unsere Zeit.« Hagman betrieb eine der größten privaten Photovoltaikanlagen in den USA und fuhr ein Elektroauto, das mit Solarstrom betrieben wird. Dazu meinte er mit seinem typischen J.R.-Grinsen und gurgelndem Lachen: »Alles andere wird mir mit der Zeit zu teuer.« Na also! Worauf warten wir denn noch? »Dallas« lief zu meiner »Report«-Zeit immer nach meiner Sendung – J. R. und ich waren damals Konkurrenten um die höhere Einschaltquoten der Zuschauer – jetzt waren wir Sonnenfreunde.

Wie schon immer: Die Zukunft ist offen! Wir können sie gestalten. Es gibt auch ein Leben nach dem Erdöl.

Das Solarzeitalter beginnt – die Sonne gewinnt

Die entscheidende Voraussetzung für das Gelingen einer ökologischen Friedensordnung ist, die Ziele richtig zu definieren. Im Angesicht der bisher in diesem Buch beschriebenen Probleme des frühen 21. Jahrhunderts kann das wichtigste weltweite Ziel für die Mitte des Jahrhunderts nur heißen: eine zu 100 Prozent erneuerbare Energieversorgung.

Die Hauptproblemfelder unserer Zeit sind die zunehmenden Energieprobleme. Energie ist zwar nicht alles, aber ohne Energie ist alles nichts. Ohne Energie gäbe es uns nicht, und Sie, liebe Leserin, lieber Leser, hätten ohne Energie dieses Buch nicht in der Hand.

Das Bevölkerungswachstum hat seine Hauptursache darin, dass es den meisten Menschen in den armen Ländern an Lebensmitteln und Energie mangelt. Arme Menschen bekommen auf der ganzen Welt mehr Kinder als die Wohlhabenden. Die Vermehrung der menschlichen Arbeitsenergie, also viele Kinder, schien bisher in vielen Teilen der Welt der einzige Weg zur Existenzsicherung. Mit Hilfe der Erneuerbaren geht es jedoch auch anders: Im südindischen Bundesstaat Kerala geht die Bevölkerungsentwicklung zurück, weil Kerala der Bundesstaat mit der ausgewogensten Sozialstruktur auf dem indischen Subkontinent ist. Ermöglicht hat dies ein Solar-Pilotprojekt, das den Bau von 10 000 Häusern mit Photovoltaikanlagen vorsieht. Im restlichen Indien sind die Gegensätze zwischen Arm und Reich größer, und die Bevölkerung wächst. Erneuerbare Energie verspricht also die Lösung für eine bessere Zukunft mit weniger Bevölkerungswachstum als heute, denn ohne Energie ist keine wirtschaftliche Entwicklung möglich, und ohne wirtschaftliche Entwicklung gibt es keine Überwindung der Armut. Und diese regenerative Energie ist in Indien und in vielen anderen Entwicklungsländern reichlich vorhanden. Deshalb kann dort künftig viel neuer Reichtum generiert werden.

Eine umfassende Sonnenenergie-Ökonomie, eine Sonnen-Strategie, bietet realistische und realisierbare Ansätze zur

Lösung vieler globaler Krisen. Wer diese Chancen eines solaren Energiesystems nicht anerkennt, wird den Problemen immer nur hinterherlaufen, aber wenig bis nichts zu ihrer eigentlichen Lösung beitragen können. Denn die Jahrtausendchance des solaren Energiesystems liegt darin, dass es die unverzichtbare wirtschaftliche Funktion von bisheriger Energie komplett ersetzen und der gesamten Menschheit kostengünstig und für alle Zeit zur Verfügung stehen kann. Die Nichtreproduzierbarkeit der fossil-nuklearen Ressourcen richtet hingegen immer größere soziale, ökologische und ökonomische Schäden an: bei Menschen und Tieren, bei Böden, Wasser und in der Luft. Das menschliche Leid, das davon ausgeht, ist in Worten oder Geld nicht auszudrücken. Die unendlich vorhandenen erneuerbaren Energien sind die Voraussetzung zur Lösung dieser Probleme.

Die Zauberformel des Ökonomen Adam Smith und das Ziel der industriellen Revolution hießen: *The Wealth of Nations – Der Wohlstand der Nationen.* Doch der scheinbare Zauber ewigen wirtschaftlichen Wachstums mithilfe herkömmlicher Energiequellen hat zu unserer Zeit seine Grenzen erreicht und führt zu immer mehr Verelendung und zur Armut aller, zur »Armut der Nationen«. Allein die Natur und ihr ewiger Reichtum können einen wirklichen »Wohlstand der Nationen« garantieren. Solarpolitik ist eine Politik mit der Natur und nicht mehr eine gegen sie.

Das ganzheitliche, kraftvolle sowie intuitive Denken und Wirken von Hermann Scheer ist in dieser Perspektive zusammengefasst: Das Solarzeitalter mit seiner solaren Weltwirtschaft ist die einzigartige Chance einer friedlichen Welt, in der kein Kind mehr verhungern muss. Scheer: »Es geht also nicht um die Frage von Ökologie und/oder Ökonomie, mehr oder weniger Wachstum, mehr oder weniger Konsum, sondern um eine Revolution der natürlichen Basis. Ökologie – als das Gebot, haushälterisch mit dem umzugehen, was wir haben, und dafür zu sorgen, dass wir es nicht verlieren, sondern sogar mehren – ist Ökonomie, und diese ökologische

Ökonomie ist im Kern eine Naturwissenschaft, ist die überlegene, die alle wirtschaftlichen Aktivitäten übergreifende Ökonomie. Die Wirtschaft muss sich der Natur unterordnen.«

Hermann Scheers Bücher und Aufsätze konnte ich nie so lesen wie andere Sachbücher. In Bücher tritt man entweder ein oder man bleibt draußen. In Scheers Büchern war ich schon drin, bevor ich sie in der Hand hatte. Ich wusste: Da spricht und schreibt kein normaler Politiker, sondern einer mit einer realen Vision, streitlustig und konfliktfreudig, sachkundig und offen für alles Neue. Er schrieb mir aus der Seele, dieser ganz ungewöhnliche Sozialdemokrat, mir, dem Christdemokraten. Für mich war Hermann Scheer ein sozialdemokratischer Solar-Franziskus. Vielleicht kommt die Seelenverwandtschaft daher: Er war oft Außenseiter und Stein des Anstoßes bei der SPD – ich hatte lange Zeit eine ähnliche »Position« innerhalb der CDU bis zu meinem Austritt. Der Unterschied: Er blieb. Ein Austritt fiel mir leichter als ihm. Er hatte als Bundestagsabgeordneter ein politisches Mandat. Als Journalist fühlte ich mich viel unabhängiger von meiner Partei.

Der frühere Bundespräsident Johannes Rau hat bei einer Ehrung für Hermann Scheer einmal gesagt: »Alle Politik fängt damit an, dass man etwas will. Hermann Scheer wollte etwas ... Hermann Scheer ist eine seltene Figur im politischen Gewerbe: Einer mit eigenem Kopf, einer, der Grundsätze hat, aber keine Dogmen anerkennt, ein Intellektueller, der sich engagiert an Programmdiskussionen beteiligt, aber nicht den Fehler macht, programmatische Beschlüsse für ausreichend zu halten, weil es ja darum geht, Menschen zu erreichen und mit ihnen die gesellschaftliche Wirklichkeit zu verändern ... Hermann Scheer hatte in seinem politischen Leben noch nie ein staatliches Amt, aber er hat politisch und gesellschaftlich mehr bewegt und mehr in Gang gesetzt als viele, die lange Jahre staatliche Ämter innehatten.« Scheer stritt mit Kopf und Herz für seine Überzeugungen – noch Minuten vor seinem überraschenden Tod im Herbst 2010, als er dem behandelnden Arzt erklärte, auf sein Krankenhaus gehörten Solaranlagen und in den Keller der Berliner Charité müsste unbedingt eine Bioenergie-Heizung.

Hermann Scheer ist nicht ein, sondern der politische Wegbereiter des Solarzeitalters. Er hat schon 1988 die europaweite Bürgerbewegung Eurosolar gegründet und war über 20 Jahre ihr Präsident, ist Vater des Einspeise-Gesetzes von 1990, hat 2000 zuerst das 100 000-Solardächer-Programm initiiert und danach wesentlich das weltweit nachgeahmte Erneuerbare-Energien-Gesetz. 20 Jahre lang hat er eine Weltagentur für erneuerbare Energien gefordert, bis Angela Merkel 2007 seine Idee aufgriff, ihn zu ihrem Beauftragen für die Vorbereitung der von ihm so genannten IRENA (International Agency for Renewable Energies) ernannte und ihr entscheidender Gründungsmotor im Jahr 2009 wurde.

Wenige Tage vor seinem Tod durfte ich noch mit ihm sein letztes Buch vorstellen. Auch dabei setzte er Argumente gegen Parolen und Fakten gegen Vorurteile. Der indische Energie-Experte R. K. Pachauri, unter anderem mit dem International Panel on Climate Change (IPCC) für den Nobelpreis nominiert, sagte: »Hermann Scheer ist einmalig – eine seltene Mischung aus einem Intellektuellen, einem Missionar und einem Visionär. Er vereint wissenschaftliche Logik mit ethischen Werten.« »Hardliner für erneuerbare Energien« überschrieb die *Süddeutsche Zeitung* ein Porträt über Scheer, nachdem er den Alternativen Nobelpreis und den Welt-Solar-Preis erhalten hatte. Das *Time*-Magazin ernannte ihn zum »Hero of the Century«, im Bundestag wurde er mal in einem Zwischenruf »Stellvertreter der Sonne auf Erden« genannt.

Die Kraft der Sonne

Das Sonnensystem ist unsere Heimat. Ohne die Sonne wäre unsere Erde nicht viel mehr als eine Insel im Nichts der Milchstraße. Die Astronauten Edwin Aldrin und Eugene Cernan erzählten davon, wie andächtig ihnen zumute war, als sie über den Mondhorizont blickten und den blau schimmernden Juwel sahen, den wir Erde nennen. Die fern von der Sonne sich drehenden Planeten wie Mars, Jupiter und Saturn empfangen wenig von ihrer ungeheuren Energie – auf diesen Außenplaneten unseres Systems ist es eisig kalt. Die näher um die Sonne kreisenden Planeten erhalten hingegen reichlich Energie. Die Erde ist – wie schon gesagt – der einzige Planet in unserem Sonnensystem mit der exakt richtigen Entfernung zur Sonne, die Voraussetzung für Ozeane aus Wasser auf der Oberfläche, ein lebensfreundliches Klima und damit für Leben ist. Die Sonne ist das Kraftwerk, das alles Leben am Leben hält. Die Erde würde etwa eine Million Mal in sie hineinpassen.

Die Sonne hat einen Durchmesser von 1,4 Millionen Kilometern und besteht zu 75 Prozent aus Wasserstoff sowie zu 25 Prozent aus Helium. In ihrem Zentrum herrscht eine Temperatur von 15 Millionen Grad Celsius, auf der Oberfläche immerhin noch 5500 Grad. Ihr Alter wird auf 4,5 Milliarden Jahre geschätzt.

Unsere Erde hat einen Durchmesser von 12 800 Kilometern. Ihre Umlaufzeit um die Sonne beträgt 365 Tage. Nur auf unserem Planeten herrschen Temperaturen, bei denen Wasser flüssig bleibt. Das ist eine Voraussetzung für die Entstehung des Lebens. Die Erdtemperaturen betragen zwischen plus 60 und minus 80 Grad Celsius. Das Mysterium unseres Hierseins wird uns bewusst, wenn wir die Erde mit der Venus vergleichen. Die Venus ist nur 108 Millionen Kilometer von der Sonne entfernt, die Erde – wie gesagt – 150 Millionen. Nur 48 Millionen Kilometer Differenz ist in kosmischen Dimensionen gemessen wenig, bewirkt aber Entscheidendes: Die Durchschnittstemperatur auf der Erde beträgt plus neun Grad, auf der Venus plus 460 Grad. Das ist der Unterschied zwischen Himmel und Hölle, zwischen einem blaugrünen Planeten und einem roten.

Die Entstehungsgeschichte unserer Heimat beginnt also vor etwa 4,5 Milliarden Jahren, als sich im Außenbezirk unserer Milchstraße eine kosmische Katastrophe ereignet. Diese Katastrophe führt zugleich zur Geburt unseres Himmelskörpers, es dauert allerdings noch Milliarden Jahre, bis sich auf der Erde einfaches Leben zu regen beginnt. Denn noch immer ist unser Planet ein unwirtlicher Ort. Vulkane speien Magma, Lavaströme wälzen sich über das Land – die Erde ist eine glühende Kugel aus zähflüssigem Magma, ohne feste Kontinente und ohne die lebensnotwendige Atmosphäre. Schließlich erheben sich in der Tiefe des die ganze Welt umspannenden Ozeans erste einzellige Lebewesen.

Unser Heimatstern ist jetzt einzigartig, der Garten des Universums, eine Oase des Lebens. Über eine Milliarde Kubikkilometer Wasser und eine schützende Atmosphäre schaffen hier – und nur hier – ideale Bedingungen für den Reichtum des Lebens. Eine Handvoll Erde enthält Milliarden von Mikroorganismen. Biologen haben bisher zwei Millionen Tier- und Pflanzenarten entdeckt und katalogisiert. Aber sie schätzen, dass es zwischen zehn und 100 Millionen Arten gibt. Vor gerade einmal 200 000 Jahren ist es dann so weit mit Homo sapiens, mit uns, jenem ersten Lebewesen, das sich Gedanken machen kann über die Entstehung der Sonne, der Planeten und über sich selbst. Und über den Sinn unseres Lebens.

Die Sonne ist die große, sich selbst erneuernde Energiequelle. Sie hat auch unsere bisherigen Energieträger Kohle,

Gas und Erdöl produziert. Und sie organisiert die übrigen erneuerbaren Energien wie die Kreisläufe der Wasserkraft und den Wind. Biomasse ist gespeicherte Sonnenenergie.

Vielleicht lernen wir erst durch die intelligente Nutzung der Sonnenenergie, warum wir existieren und wo unser rechtmäßiger Platz im Universum ist. 2012 ist eine US-Raumsonde erstmals auf dem Mars gelandet. Sicher eine große technische Leistung. Aber schon lese ich, dass die Besiedlung des Mars eines Tages die Lösung unserer heutigen Probleme bringen könnte. Was sollen solche Wahnsinnspläne im Angesicht von – zum Beispiel – Hungerproblemen auf unserer Erde? Oder im Angesicht des Klimaproblems? Was um Himmels willen wollen wir denn auf dem menschenfeindlichen Mars, solange wir nicht einmal in der Lage sind, die nächstliegenden Probleme hier zu lösen? Die heute etablierte Wissenschaft gibt Milliarden Euro aus, um herauszufinden, ob es auf dem Mars einige Tropfen Wasser gibt, anstatt die Wasserprobleme Afrikas zu lösen. Mein Verdacht: Solche unreifen extraterrestrischen Kolonie-Spielchen sollen eher von den wahren Problemen der Menschheit ablenken. Sie scheinen mir der Phantasie von geistig Halbstarken und Größenwahnsinnigen zu entspringen. NASA-Ideologen träumen bereits davon, den unwirtlichen Mars zu begrünen, anstatt an realisierbaren Plänen für die Begrünung der Wüsten auf unserer Erde zu arbeiten. Unsere Zukunft wird nicht vom Mars und nicht von der Venus abhängen, sondern von einem neuen Verhältnis zur Sonne. Das Klimaproblem ist die Hauptursache für die weltweite Armut.

Die Lösung steht am Himmel
Wer auch nur einmal eine Sonnenfinsternis erlebt hat, der weiß, was wir an der Sonne haben.

11. August 1999: Um die Mittagszeit wird es dunkel über Deutschland. Der Himmel wird zunächst grau bis schwarz, ich beginne zu frieren, und ganz schnell bricht die Dunkel-

heit herein. Der Mond hat sich vor die Sonne geschoben und verfinstert Süddeutschland vollständig. Ich erlebe das Himmelsspektakel im Albtal bei Karlsruhe auf einer Wiese unter einem Baum. Die plötzliche Dunkelheit hat etwas Unheimliches. Die Vögel hören auf zu singen. Auch sie erspüren das Außergewöhnliche. Als ich diese totale Sonnenfinsternis in Süddeutschland erlebe, empfinde ich nicht nur eine gewisse Beklemmung und Unsicherheit, sondern erfahre auch ein spirituelles Erlebnis. Das ging vielen Menschen so, die wir damals im Südwestrundfunk nach ihren Erfahrungen gefragt haben.

Eine Stunde zuvor hatte ich noch einen Vortrag gehalten und den 300 Besuchern erklärt, dass die Lösung unserer Energieprobleme am Himmel stehe und wir in einer Zeit leben dürften, in der es darauf ankomme, mit unserem Leitstern ein neues Verhältnis einzugehen. »Warum stehen unsere Häuser und Dächer völlig umsonst in der Gegend herum? Warum holen wir Öl aus Arabien, Gas aus Sibirien und Uran aus Australien für teures Geld nach Deutschland, aber die kostenlosen Geschenke des Himmels wie Sonne und Wind nutzen wir noch kaum?«, hatte ich gefragt. Und: »Erneuerbare Energien sind doch zum Greifen nah: Die Sonne scheint auf jedes Dach, Wind weht häufig, und Biomasse wächst überall.« Der einladende Unternehmer war Alfred Ritter, bekannt als Ritter-Sport-Schokoladenhersteller.

Alfred Ritter hat nicht nur eine Schokoladenseite, sondern auch eine Sonnenseite. Seit 25 Jahren verkauft er über seine Firma Paradigma Pellet-Heizungen und Solarwärmesysteme. Der Unternehmer hat Volkswirtschaft und Psychologie studiert und betrieb zunächst in Heidelberg eine psychotherapeutische Praxis. Er ist in Deutschland wohl einer der wenigen Psychologen an der Spitze eines Unternehmens und seit Jahrzehnten engagierter Ökoinvestor. Um Ritters Weg und Werk zu verstehen, muss man weit zurückgehen. Er erzählt, wie die Katastrophe von Tschernobyl seinen Lebensweg bestimmte. Er hatte damals zwei kleine Kinder, um deren Gesundheit und Zukunft er sich Sorgen machte.

Für seine Schokoladenproduktion gab es plötzlich keine unverstrahlten Haselnüsse mehr auf dem Weltmarkt. »Ich musste feststellen, dass es im Fall einer Atomkatastrophe global kein Entrinnen gibt. Das hat mich sowohl privat wie auch beruflich betroffen.« Zur selben Zeit wollte er sein Haus energetisch sanieren und stellte fest, dass es keine in den Heizungsablauf eingepassten Sonnenkollektoren gab. Also wurde er selbst aktiv und gründete seine Firma Paradigma, die solche Kollektoren anbietet: ein standardisiertes Heizungssystem mit integrierten Kollektoren, auch in Kombination mit Gasbrennwerttechnik und Sägemehl-Pellets. »Das ist ein Komfort-System«, sagt er stolz, »mit Verzicht hat Ökologie nichts zu tun.«

Schokolade und Verzicht passen ja auch nicht zusammen. »Der Schutz der natürlichen Lebensgrundlagen«, sagt Alfred Ritter, »ist eine der vordringlichsten Aufgaben unserer Zeit. Das gilt natürlich auch für uns Unternehmer.« Bei der Produktion von Schokolade fängt das an mit dem wichtigsten Rohstoff, dem Kakao. Diesen bezieht er seit 1990 aus organischem Anbau in Nicaragua. Es geht weiter bei der Herstellung der Schokolade. Der notwendige Strombedarf ist zu 100 Prozent ökologisch vom eigenen Blockheizkraftwerk oder kommt von den Stromrebellen in Schönau. Und endet bei der Verpackung: Circa 1000 Tonnen Verpackungsmaterial spart Ritter-Sport jedes Jahr durch die Umstellung auf recyclingfähige Einstoffverpackung aus Polypropylen.

Der Schokoladen-Ritter hat sich auch großzügig als Ökosponsor engagiert. In Freiburg gleich in drei Vorzeigeprojekten: in der Solarsiedlung des Architekten Rolf Disch, in der Solarstrom AG und in der Solarfabrik des Ökopioniers Georg Salvamoser, der schon 1995 die erste Null-Emissions-Fabrik der Welt gebaut hat. Warum macht er das? »Eine sinnvolle Energieversorgung ist die große Herausforderung unserer Zeit. So etwas zieht mich als Unternehmer geradezu an.« Dass Freiburg den Ruf hat, Deutschlands Ökohauptstadt zu sein, hängt auch ganz wesentlich mit dem Engagement von Alfred Ritter zusammen. »Der Mensch hat ja auch das Bedürfnis nach Sinn im Leben. Geld managen allein befriedigt mich nicht. Ich möchte gern etwas Handfestes und Sinnvolles schaffen. Das ist sowieso meine Ansicht: Ein Unternehmen macht nur Sinn, wenn es Kundenbedürfnisse wirklich, also ohne Wenn und Aber, befriedigt.«

Das gelingt ihm sowohl bei seiner Schokolade, für die er ausschließlich Ökoprodukte verwendet, wie bei seiner Solartechnik. Seine Sonnenkollektoren sind zwar nicht quadratisch, aber praktisch und gut.

Für Alfred Ritter ist die Energiewende ein alter Hut, für Horst Seehofer dagegen etwas ganz Neues.

Horst Seehofer will die Energiewende – wirklich?
Jahrzehntelang lieferten Bayerns Atomkraftwerke die Hälfte des Strombedarfs in Bayern. Alle CSU-Ministerpräsidenten – von Franz Josef Strauß über Edmund Stoiber bis Horst Seehofer – hüteten sie wie ihren eigenen Augapfel. »Atomkraft ist sicher«, hieß ihr Mantra. Und: »Atomkraft ist billig.« Doch nur drei Wochen nach dem Fukushima-Unfall verkündete Horst Seehofer in einem Interview mit der *Süddeutschen Zeitung:* »Die Schutzziele und die Sicherheitsstandards, die wir bisher definiert haben, reichen nicht aus, das hat Fukushima bewiesen ... Ohne die Katastrophe von Fukushima hätte ich keinen Anlass gesehen, etwas zu ändern. Aber jetzt nach Japan kann es kein einfaches ›Weiter so‹ geben.« Bisher waren Atomkraftwerke für die Konservativen eine »Brückentechnologie« ins Solarzeitalter. Doch jetzt sagte Bayerns Ministerpräsident: »Wir müssen Energie sparen. Wir müssen viel Geld für die Sanierung der Gebäude in die Hand nehmen. Wir müssen an der Effizienz arbeiten, Kraftwerke sanieren und auf erneuerbare Energien umsteigen. Das wird nicht ohne Gaskraftwerke und Pumpspeicherkraftwerke gehen. Gaskraftwerke werden unsere Brückentechnologie werden. Wir müssen die Ener-

giewende in diesem Jahrzehnt schaffen. Bayern soll Modell für Deutschland werden.«

Also bis 2020 schon? Ist das ernst gemeint? Ein ehrgeizigeres Energiewende-Ziel wurde bisher in Deutschland noch von keinem Politiker definiert. Auch nicht von den Grünen. Oder haben wir es wieder einmal mit einer typisch Seehofer'schen Volte zu tun? Die Kollegen der *Süddeutschen Zeitung* fragten bei diesem überraschenden Interview mehrfach nach. »Die Energiewende«, so der Bayern-Boss, »ist die Nagelprobe. Sie muss gelingen. Ich kann nur allen, die anders denken, sagen: Mir ist das bitterernst ... Dieses Projekt ist wichtiger als alles andere, was im Koalitionsvertrag steht.«

Das ist eine atemberaubende politische Kehrtwendung. Welch ein Wandel gegenüber allem, was CDU und CSU Jahrzehnte zuvor verkündet und getan hatten. Auch hier gilt jedoch: Taten sind wichtiger als Ankündigungen. Neuerdings reden konservative Politiker oft grün daher, aber sie handeln immer noch schwarz-gelb.

Seehofers Hauptstadt München, an deren Spitze sein sozialdemokratischer Gegenspieler Christian Ude steht, scheint es ernst zu meinen. München ist die erste Millionenstadt der Welt, die in absehbarer Zeit zu 100 Prozent erneuerbar werden will – dazu später mehr.

RWE will die Energiewende – wirklich?

Der 14. August 2012 war für Peter Terium ein wichtiger Tag. Als neuer Chef des zweitgrößten deutschen Energiekonzerns, RWE (früher als Abkürzung für »Räuber, Wegelagerer und Erpresser« verspottet), trat der gebürtige Holländer vor die Presse und verkündete, dass das »Risiko der Atomtechnologie nicht mehr tragbar« sei – weder in Deutschland noch im Ausland. Noch kurz zuvor hatte sein Vorgänger Jürgen Großmann gegen den Atomausstieg der Bundesregierung gepoltert und den Untergang des Abendlandes prophezeit. Atomenergie sei auch nach Fukushima »verantwortbar«.

Und der Chef des Deutschen Atomforums, Ralf Güldner, hatte erst wenige Monate davor die Erkenntnis verbreitet, dass in Deutschland »ein Unfall wie in Fukushima unmöglich« sei. Doch Großmanns Nachfolger sagte nun: »Wir steigen aus Überzeugung aus der Kernenergie aus – und zwar nicht nur in Deutschland.« Man muss sich diesen Schwenk einmal ganz konkret vorstellen. Da wurde Zehntausenden von Mitarbeitern jahrzehntelang erzählt, Atomenergie sei vertretbar, sicher und preiswert. Die Mitarbeiter waren zu Demonstrationen für die Atomenergie aufgefordert worden, wo sie auch hingingen. Der alte Chef, 2,05 Meter groß und bullig, hatte Atomtechnik bis jetzt verteidigt und die Erneuerbaren verspottet. Und nun kam ein junger Nachfolger und verkündete 70 000 Mitarbeitern genau das Gegenteil. Für viele ein Kulturschock!

Ein Paukenschlag, der für Peter Terium mehr bedeutet als nur die Emanzipation vom Vorgänger. Ich weiß ja aufgrund meiner eigenen Vita, was es bedeutet, vom Atombefürworter zum Atomgegner zu werden. Was aber heißt dieselbe Umkehr erst für den neuen Chef eines bisherigen Atomkraftbetreibers! Erstmals hat damit einer der Bosse der vier deutschen Stromriesen das »atomare Restrisiko« realistisch eingeschätzt und als unverantwortlich bezeichnet.

Wer die Branche kennt, dem fällt dazu das Wort ein, das einst der Reformator Martin Luther zu hören bekam: »Mönchlein, du gehst einen schweren Gang.« Terium ist zugleich der erste deutsche Energiechef, der versichert, jetzt im großen Stil auf Wind- und Solarenergie umsteigen zu wollen: »Dass wir die Solartechnik lange komplett abgelehnt haben, war aus heutiger Sicht ein Fehler.« Um glaubwürdig zu sein, war es nötig, sich deutlich von der Atomtechnik zu distanzieren und deren Gefahren schonungslos zu benennen. Natürlich ist dieser Schwenk des Neuen gerade im eigenen Konzern heftigst umstritten. Seiner Ernennung ging ein selbst in dieser harten Branche beispielloser Machtkampf voraus, bei dem mehrere Vorstände mit Rücktritt gedroht hatten.

Auf die neue Strategie des Essener Konzerns mit über 50 Milliarden Jahresumsatz hatte der neue RWE-Chef seine 200 wichtigsten Manager zuvor im feinen Swiss-Hotel am Bosporus in Istanbul eingeschworen. Sein neuer Kurs – raus aus Atom im In- und Ausland und rein in die Erneuerbaren auch in Deutschland – wird eines Tages vielleicht als der eigentliche Atomausstieg oder als Beginn der wirklichen Energiewende bezeichnet werden.

Diese überraschende Umkehr des Peter Terium hat natürlich auch – wen wundert's – ökonomische Gründe. Die finanziellen Risiken atomarer Großprojekte werden immer größer und die Sicherheitsvorkehrungen immer teurer. Es gibt deshalb massive Verzögerungen beim geplanten Bau von AKWs in Finnland und Frankreich, bei denen RWE nun ausgestiegen ist. Wie auch E.ON hat RWE seine Pläne für den Bau von AKWs in England begraben.

Teriums Vorgänger Großmann hatte noch mit markigen Sprüchen gegen Solarenergie im angeblich sonnenarmen Deutschland gewettert. Doch nun kündigte sein Nachfolger eine regelrechte Solarkampagne in Deutschland an. Die Photovoltaik, so heißt es jetzt im Konzern, müsse neu bewertet werden. RWE werde selbst Solarkraftwerke bauen und dabei auch mit Stadtwerken und Privatkunden kooperieren.

Dieser Schwenk könnte auch finanziell für die RWE attraktiv werden. Denn Deutschland ist bereits Solarweltmeister und auch 2012 dabei, seinen Vorsprung noch weiter auszubauen. Zurzeit sind hierzulande pro Person 301 Watt Photovoltaik installiert. Zum Vergleich: Im Vatikan sind es pro Nase 267, in Italien 210, in Liechtenstein 195, in Tschechien 186, in Belgien 183 und in Spanien 93 Watt. Österreich kommt im Vergleich nur auf 24 und die Schweiz auf 27 Watt pro Einwohner. Noch 170 Länder liegen bei unter einem Watt pro Kopf. Welch eine Chance für alle Stromkonzerne dieser Welt.

Trotz Verunsicherung durch Wirtschaftsminister Rösler wurden in Deutschland im ersten Halbjahr 2012 mehr Photovoltaikanlagen installiert als je zuvor. Dieser solare Fortschritt hat somit alle apokalyptischen Panikmacher gegen die erneuerbaren Energien widerlegt. Seit 2011 stehen sieben deutsche AKWs still – und die Lichter gingen nicht aus. Auch das von der Atomwirtschaft verbreitete Schreckgespenst von Firmenpleiten und feindlichen Übernahmen von Zulieferbetrieben hat sich als lächerlich erwiesen. Die großen Energieversorger sind auch nicht pleitegegangen, sondern haben sich schon ein Jahr nach Fukushima vom ersten Schreck des Atomausstiegs wieder erholt und schreiben glänzende schwarze Zahlen. RWE und E.ON müssen zwar Jobs abbauen, aber viel mehr neue, zukunftsträchtige Arbeitsplätze sind in den Branchen der Erneuerbaren entstanden.

Ob sich Teriums neue Strategie überall durchsetzt, ist noch völlig offen. Eine Überzeugung ist eine Überzeugung, aber noch kein wirklicher Neuanfang. Doch die Chancen für den raschen Einstieg ins Solarzeitalter sind gestiegen. Die Photovoltaik ist nicht nur eine Zukunftstechnologie, sondern auch eine Gegenwartstechnologie mit riesigen Exportchancen.

In Beneixama geht die Sonne auf

Ende Juli 2007 landete ich nach einem kurzen Flug von Mallorca in der ostspanischen Stadt Valencia. Ein Bus voller fröhlicher Menschen holte mich am Flughafen ab. Alle hatten kleine Olivenbäumchen in der Hand. Wir fuhren noch 60 Kilometer südlich in das Städtchen Beneixama in der Provinz Alicante. Dort war in der Rekordzeit von nur einem Jahr das bis dahin größte Solarkraftwerk der Welt entstanden. Zusammen mit dem Ministerpräsidenten der Provinz Alicante sollte ich die Eröffnungsrede halten.

Ursprünglich war in Beneixama ein konventionelles Heizkraftwerk geplant gewesen, was jedoch am Widerstand der heimischen Bevölkerung scheiterte. Vom Bus aus sah ich zum ersten Mal das neue und eben erst fertiggestellte Solarkraftwerk. Es passte gut in die Landschaft. Von Weitem sah das blaue Solarfeld vor dem Hintergrund der rotbraunen Erde wie ein großer, tiefblauer See aus – umgeben von Mandel- und Olivenbäumen. Auf einer Fläche von 500 000 Quadratmetern – »71 Fußballfelder groß«, sagte später der Ministerpräsident stolz – wurden 100 000 Solarmodule aufgestellt, die ab sofort Strom für 12 000 spanische Familien lieferten. Nach 20 Jahren Aufklärung über Sonne, Wind, Biomasse und Co. und nachdem ich viele kleine und große Windparks und noch mehr kleine und mittelgroße Solaranlagen mit einweihen durfte, stand ich erstmals vor dem damals weltgrößten Solarkraftwerk, einer 20-Megawatt-Anlage, welche die Umwelt während ihrer Laufzeit um etwa 442 000 Tonnen CO_2 entlasten würde. »Dein Weg hat sich gelohnt«, ging mir durch den Kopf. Wenn die saubere Solarstromproduktion in solchen Dimensionen möglich ist, dann können wir auch große Firmen künftig mit Solarstrom versorgen, dann ist die 100-prozentige Energiewende wirklich denkbar.

Projektiert hatte die Anlage die damalige Firma City Solar aus Bad Kreuznach – das komplette Equipment des Parks stellte Siemens: von der Verkabelung bis zu den Wechselrichtern und den Transformatoren. Durch die erhöhte Lage sind die Bedingungen unter Spaniens Sonne geradezu perfekt für die Produktion von Solarstrom. Der ständige Wind, so erklärten uns Fachleute bei der Einweihung, kühlt die Module, was ihren Wirkungsgrad erhöht.

Die Wirtschaft seiner Provinz, erzählte der Ministerpräsident, lebe vom Tourismus, vom Wein-, Oliven- und Obstexport. Zur Zeit seiner Eltern sei hier alles grünes Land gewesen, heute sei ein Teil des einst sehr fruchtbaren Landes bereits verwüstet. »Nur mit grünen Energien können wir unsere Zukunft sichern. Zudem hat das Solarkraftwerk zehn neue dauerhafte Arbeitsplätz in der Region geschaffen, die wir für die Wartung und den Service der Anlage brauchen. Unsere Region hat große wirtschaftliche Probleme. Aber heute feiern wir einen Sonnenaufgang. Es ist ein Freudentag für die gesamte Region, dass wir in unserer Provinz das weltgrößte Solarkraftwerk einweihen können.«

In Spanien erhielten die Betreiber von Solarkraftwerken damals ähnlich hohe Einspeisevergütungen wie in Deutschland – aber die Provinz Alicante hat beinahe doppelt so viel Sonneneinstrahlung wie wir in Mitteleuropa.

Es gibt keine RWE-Sonne und keinen E.ON-Wind

Zum Solarzeitalter gibt es keine Alternative – außer der globalen Katastrophe der Verelendung der gesamten Menschheit. Mit einer globalen Sonnenenergiewirtschaft kann die Menschheit weltweit einen Friedensvertrag mit der Natur schließen. Einerseits stehen wir unter dramatischem Zeitdruck, andererseits ist der Durchbruch ins Solarzeitalter zum Greifen nahe. Was liegt näher, als auf Sonne, Wind und Biomasse direkt vor unserer Haustür umzusteigen, wie es die vielen bereits genannten Beispiele vorgemacht haben?

Die dafür notwendigen Technologien sind entwickelt. Die Instrumente in den Bereichen Solarenergie, Wind- und Wasserkraft, Bioenergie sowie bei Erdwärme und Wellenenergie stehen uns zur Verfügung. Es ist erwiesen, dass der Umstieg auf 100 Prozent erneuerbare Energie weltweit entschieden preiswerter ist als das bisherige Weiter-so. Ganz abgesehen davon, dass die Weiter-so-Philosophie bald an ihre Grenzen stößt.

Die Allgemeine Erklärung der Menschenrechte der UNO beginnt mit den Worten: »Alle Menschen sind gleich an Würde und Rechten geboren. Sie sind mit Vernunft und Gewissen begabt ...« Hier sind die grundlegendsten humanitären Verpflichtungen formuliert. Aber das herrschende Energiesystem widerspricht diesen Verpflichtungen elementar. Milliarden Menschen können mit nuklearen und fossilen Energien nicht versorgt werden und verharren deshalb im Elend. Mit dem bisherigen Energiesystem wird die wirtschaftliche, soziale, ökologische und kulturelle Entwicklungsvielfalt für die Mehrheit der heute lebenden Menschen grob verletzt. In Zukunft würde das heutige Energiesystem zur Verelendung der gesamten Menschheit führen.

Die Umstellung auf erneuerbare Energieträger bedeutet also erstmals und weltweit die Chance, alle Menschen am Reichtum unseres Planeten partizipieren zu lassen. Die erneuerbaren Energien gehören allen. Es gibt keine RWE-Sonne und keinen E.ON-Wind. Eine solare Weltwirtschaft mit ihrem riesigen Ressourcenreichtum ist die Voraussetzung einer gerechteren, freieren und friedlicheren Welt.

Ich kenne die berechtigten Einwände und die Skepsis gegen monokausale Lösungen und einfache Heilslehren. Sie werden mir oft entgegengehalten. Aber nicht die Thesen dieses Buches sind monokausal, sondern die Funktion der Sonne für das Leben auf diesem Planeten und seine Biosphäre ist einmalig und monokausal. Und dieses Grundgesetz unseres Seins wird oft übersehen.

»Die Technik allein wird uns nicht retten«, höre ich oft. Richtig. Die große Chance unserer Rettung ist nicht primär die Technik, sondern das Vertrauen in die Geschenke der Natur wie Sonne, Wind, Wasserkraft, Erdwärme und Bioenergie. In meiner letzten Fernsehsendung hatte ich den Dalai Lama zu Gast. Ich fragte, was für ihn heute Religion sei. Seine Antwort: »Religiös ist, wer mitarbeitet an der Bewahrung der Schöpfung.« Horst-Eberhard Richter wusste: »Denn nur die Vernunft des Herzens, von der Pascal sprach, liefert die letzten Maßstäbe für die Humanisierung des Zusammenlebens.«

Die Nutzung der Sonnenenergietechnologien ist gar nicht so einfach, sondern eher komplex. Simpel und monokausal ist es allerdings, weiterhin auf Rohstoffe zu vertrauen, die in absehbarer Zeit zu Ende gehen werden und deren negative Auswirkungen wir von Jahr zu Jahr mehr spüren.

Hauswirte werden Energiewirte

Bei wachsender Weltbevölkerung und gleichzeitig abnehmender Verfügbarkeit von Ressourcen wie Energie, Boden und Wasser wird Ressourcen- und Energieeffizienz zum technologischen Leitmotiv unserer Zeit. Ernst Ulrich von Weizsäcker hat in seinen Büchern *Faktor Vier* und *Faktor Fünf* eindrucksvoll und überzeugend darauf aufmerksam gemacht. Wir können mithilfe moderner Technologien durch weniger Ressourcenaufwand einen höheren Lebensstandard erzielen. Nicht der immer höhere Einsatz von Rohstoffen, sondern der effizientere und intelligentere Einsatz wird zu mehr Wohlstand führen.

Warum sollen wir zum Beispiel heutige Zehn-Liter-Autos nicht durch Zwei-Liter-Autos oder Elektroautos ersetzen? Schon im Jahr 2002 habe ich in der ARD das Ein-Liter-Auto von Volkswagen vorgestellt und zwei damalige VW-Bosse damit von Wolfsburg nach Hamburg fahren lassen. Technisch sei das gar kein Problem, erklärten die beiden VW-Manager. Aber wo steht dieses Auto heute, zehn Jahre später? Ich habe es kürzlich im VW-Museum wiedergesehen. Es sollte aber auf dem Weltmarkt sein. Die ganze Welt wartet darauf, dass die viel gepriesenen deutschen Autobauer endlich effizientere Autos bauen, 2013 soll das Ein-Liter-Auto laut VW endlich in Serie gehen.

Oder: In Deutschland stehen knapp 20 Millionen Gebäude, die meisten sind noch immer Energiefresser und damit Dreckschleudern. Der energetische Umbau eines Hauses beginnt vernünftigerweise damit, dass Energie eingespart und effizienter genutzt und der Rest erneuerbar produziert wird. Die Europäische Union hat beschlossen, dass ab 2020 in Europa kein Haus mehr genehmigt wird, wenn es sich nicht mit erneuerbarer Energie versorgt. Aber warum bitte erst ab 2020?

Oder: Wer Bahn fährt anstatt einen Pkw braucht etwa 80 Prozent weniger Energie. Nach meiner jahrzehntelangen Erfahrung mit dem Zugfahren weiß ich, dass dies kein Opfer oder eine Einschränkung ist, sondern zeitgewinnend, gesundheitsfördernd und nervenschonend. Und umweltfreundlich dazu. Wenn ich meine über 100 000 Kilometer pro Jahr allein in Mitteleuropa mit dem Auto zurücklegen müsste, würde ich wahrscheinlich gar nicht mehr leben. Aber ich lebe ganz gerne.

Oder: Das Bauministerium in Berlin fördert das »Energieeffizienzhaus Plus« – ähnlich intelligent gebaut wie die Solarplushäuser von Rolf Disch. Also Häuser, die mehr Energie produzieren, als sie selbst verbrauchen. Der Strom reicht auch noch für ein Elektroauto. Auch hier gilt: Wer ein solches Haus baut oder bewohnt, hat nicht weniger Wohlstand, sondern mehr, und ein gutes Gewissen oder zumindest ein gutes Gefühl – wie mir immer wieder bestätigt wird – dazu.

Die vielen positiven Beispiele, die wir heute schon weltweit kennen, beweisen, dass die Klimaschutzziele der Bundesregierung oder auch der EU, die für 2050 angepeilt sind, vernünftigerweise auch schon 2030 erreicht werden können. Doch alles hängt von mutigen politischen Rahmenbedingungen ab. In gut 20 Jahren könnten alle europäischen Gebäude auf die notwendigen Klimaschutzstandards, das heißt auf Klimaneutralität, umgestellt sein. Ernst Ulrich von Weizsäcker: »Entweder lernt die Menschheit, ihr Wissen und ihre Fähigkeiten dieser Begrenzung (der Ressourcen, F.A.) anzupassen und nachhaltig mit der Erde umzugehen, oder die ›Umwelt‹ schlägt zurück und lässt das Menschengeschlecht zugrunde gehen.«

Während ich dies schreibe, am 19. August 2012, zeigt das Thermometer in unserem Garten 43 Grad. Jahres-Hitzerekord!

Die Gegner der Solarenergie werden scheitern

Realistischerweise kann man heute schon sagen, dass nicht die Befürworter der Sonnenenergie, sondern deren Gegner grandios gescheitert sind oder scheitern werden. Allen voran jene Politiker, die noch allzu gerne die Handlanger des fossil-atomaren Energiekomplexes sind und den raschen Durchbruch der Erneuerbaren zu verhindern suchen. Ab 2016 sollen nach den Plänen von Wirtschaftsminister Rösler jedes Jahr nur noch 1000 Megawatt Photovoltaikstrom installiert werden. 2010, 2011 und wahrscheinlich auch 2012 wurden jedoch in Deutschland jeweils 7500 Megawatt installiert. Die derzeitige schwarz-gelbe Bundesregierung will die Größenordnung der 2012 installierten Photovoltaikanlagen noch mal in etwa verdoppeln – das sind dann etwa 52 Gigawatt –, aber danach die Einspeisevergütung einstellen. Die Bürger werden energiewirtschaftlich und umweltpolitisch aktiv, aber ausgerechnet ihre Regierung und allen voran der FDP-Wirtschaftsminister gemeinsam mit dem FDP-Fraktionsvorsitzenden Rainer Brüderle wollen künftig diese Aktivitäten beschränken und das erfolgreiche EEG ganz abschaffen. Wenn Leitungen, Netze und Speicher für den Solarstrom fehlen, dann hat ein Wirtschaftsminister die Aufgabe, die entsprechende Infrastruktur anzuschieben, aber nicht den Ausbau des Solarstroms zu behindern. Ausgerechnet der Wirtschaftsminister verhindert ökonomische Entwicklung und betreibt eine mittelstandsfeindliche und planwirtschaftliche Wirtschaftspolitik. Rösler und Brüderle schädigen damit die deutsche Wirtschaft in nie gekanntem Ausmaß. Dafür erhielten sie 2012 vom Bund der Energieverbraucher zu Recht die Auszeichnung »Trübe Funzel«. Das sind sie auch.

Trotz allem: Im ersten Halbjahr 2012 wurde wieder ein Rekord beim Zubau von Photovoltaikanlagen erreicht. Dank der Bürgerinnen und Bürger. Sie haben eindrucksvoll das von der Politik angelegte enge Korsett gesprengt.

Auch wenn Teile der deutschen Politik noch so rabiat zugunsten der chinesischen gegen die deutsche Solarbranche vorgehen, den Siegeszug der Solarenergie können sie nicht mehr stoppen. Dessen Ursache ist einfach zu erklären. Die Preise für Photovoltaikanlagen sind schneller gefallen, als es alle Fachleute vermutet hatten.

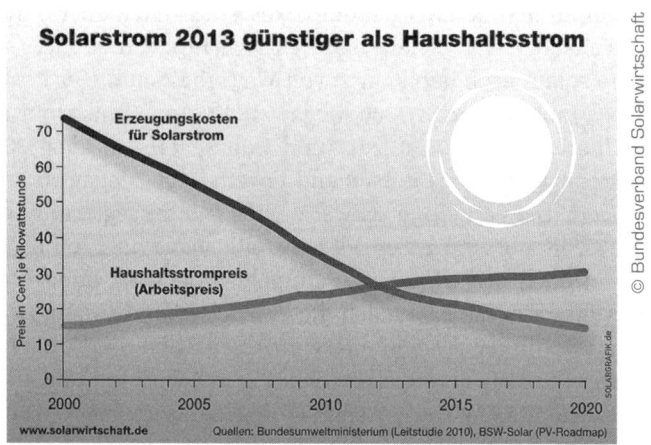

Zurzeit kann eine Kilowattstunde Solarstrom für 16 bis 18 Cent produziert werden. Für Atom- und Braunkohlestrom zahlen Privatkunden bereits 26 Cent. Realist ist, wer davon ausgeht, dass eine Kilowattstunde Solarstrom eines Tages für fünf Cent zu haben ist. Zur gleichen Zeit wird der Strompreis aus herkömmlichen Quellen ins Unendliche steigen. Wir sprechen hier von Gesetzen, die von der Natur bestimmt sind.

Vor diesem Hintergrund sind nicht die erneuerbaren Energien die Preistreiber und Armutsverursacher, sondern die herkömmlichen Energien. Die europäische Ölrechnung liegt mit 410 Milliarden Euro jährlich weit über dem europäischen Außenhandelsdefizit. Solange diese Summen wie ein unabwendbares Schicksal hingenommen werden, sind die Energie- und Umweltprobleme nicht lösbar.

Die unsägliche Diskussion um die Subventionierung der erneuerbaren Energien könnten wir uns ersparen, wenn die Politik endlich den Mut hätte, die Subventionen für umweltschädliche Technologien zur Diskussion zu stellen: etwa 300 Milliarden Euro in Deutschland für die Kohle in den letzten 40 Jahren, über 200 Milliarden Euro für Atomtechnik, allein 2012 belaufen sich die umweltschädlichen Subventionen im Bundeshaushalt auf 48 Milliarden Euro, nur für die Abwrackprämie zugunsten umweltschädlicher Autos wurden 2009 sechs Milliarden Euro aufgewendet. Demgegenüber sind die Einspeisevergütungen für Solarstrom ein Klacks.

Ein Tempolimit auf Autobahnen könnte Leben retten, die Umwelt schonen und die Autofahrer zum Umsteigen auf intelligentere Mobilitätsangebote veranlassen. Ein Pfand auf Elektrogeräte wäre ebenso hilfreich wie eine Abwrackprämie für Stromfresser. Ökosoziale Grundstandards für die gesamte produzierende Industrie könnten die Wirtschaft zukunftsfähig machen und unsere Lebensgrundlagen sichern. Das alles erfordert jedoch ein Denken über den nächsten Wahltag hinaus und eine Vision für das Leben unserer Kinder und Enkel.

Solarstrom – vor allem wenn er selbst genutzt wird – ist also bereits wirtschaftlich. Die Gegner der Photovoltaik haben die ökonomischen Gesetze der Sonne nie verstanden. Natürlich ist eine neue Technologie am Anfang immer teuer. Das war schon immer so. Aber durch Massenproduktion und Innovation werden Technologien preiswerter. Das war so beim Auto, beim Fernseher und beim PC. Warum soll es bei erneuerbaren Energien anders sein? Der große ökonomische Vorteil der Sonne und des Windes: Sonne und Wind schicken keine Rechnung. Diese Energie ist ein Geschenk der Natur. Den Stoff gibt es umsonst.

Wer dieses einfache Naturgesetz mit seinen ökonomischen Auswirkungen verstanden hat, wird rasch umsteigen oder zumindest umdenken. Auch ohne Subventionen und Einspeisevergütung wird Ökostrom auch ökonomisch immer attraktiver und bald unschlagbar preiswert. Schon in wenigen Jahren werden die heutigen Argumente gegen erneuerbare Energie nur noch peinlich sein.

Strom kostet an der Börse heute im Schnitt fünf Cent. Dieser Preis kommt aber hauptsächlich der Großindustrie zugute. Privatkunden müssen schon lange über 20 Cent für die Kilowattstunde bezahlen. Denn auch ohne Ökozuschlag wird der herkömmliche Strom wegen allgemeiner Preissteigerungen von Jahr zu Jahr teurer. Oder auch die Heizung: Im Jahr 2009 zahlten Hauseigentümer für ein Einfamilienhaus mit Ölheizung und 120 Quadratmetern Wohnfläche im Schnitt rund 830 Euro Heizkosten. 2012 sind es 1710 Euro jährlich. Damit sind die Heizkosten in drei Jahren um 882 Euro gestiegen, haben sich also mehr als verdoppelt.

Schon im Jahr 1931 meinte Thomas Edison, der Vater der Elektrizität, in einem Gespräch mit Henry Ford: »Ich würde mein Geld in die Sonne und in Sonnenenergie investieren. Was für eine Energiequelle! Ich hoffe, dass wir nicht warten müssen, bis Öl und Kohle ausgehen, bevor wir damit beginnen.«

Es wird immer unglaubwürdiger, Ökostrom als unrentabel zu diskreditieren. Solarhandwerker und Solarforscher beschäftigen sich immer weniger mit der Frage der Einspeisevergütung und staatlicher Förderung, sondern immer mehr mit den Chancen, per Speicher und Batterien die Selbstversorgung zu erhöhen und unabhängiger zu werden. Die eigentlichen Vorkämpfer der Energiewende sprechen von Energieautarkie und Energieautonomie. Zum Beispiel die Sladeks.

Die Stromrebellen aus dem Schwarzwald

So sehen also Stromrebellen im Schwarzwald aus: Er langhaarig, vollbärtig, fast immer lächelnd, Arzt und Stromer. Sie erfrischend normal, ein leicht verlegenes Lächeln, Mutter von fünf Kindern. Das überzeugt katholische Ehepaar Ursula und Michael Sladek habe ich Ende der 80er-Jahre an ihrem großen, runden Küchentisch kennengelernt. Wir hatten einen Drehtermin für meine »Report«-Sendung vereinbart. Nach Tschernobyl hatten die Sladeks in ihrem 2000-Seelen-Städtchen Schönau einen Strom-spar-Wettbewerb organisiert, ihre erste

Antwort auf die Atomkatastrophe. Aber inzwischen wollten sie mehr: Das Stromnetz in Schönau in eigene Regie übernehmen und dafür sorgen, dass dort nur noch Ökostrom fließt. Sie wollten damit den ganzen Ort versorgen.

Der damalige CDU-Bürgermeister war dagegen. Die Sladeks erreichten ihr Ziel erst, als sich in zwei Volksabstimmungen eine sehr knappe Mehrheit der Schönauer dafür ausgesprochen hatte. Heute haben sie ihre eigene Firma, die Elektrizitätswerke Schönau (EWS), und beliefern in ganz Deutschland 135 000 Kunden mit erneuerbarem, preiswertem Strom – ganz ohne Atomkraft. »Selbstbestimmung statt Fremdbestimmung« heißt ihr Motto, »Autonomie, Eigensinn, Ausdauer« ihr Erfolgsrezept.

Es sind Initiativen wie diese, die es nach jahrzehntelanger Vorarbeit möglich gemacht haben, dass das Ländle seit 2011 den ersten grünen Ministerpräsidenten in Deutschland stellt. Ganz schwäbisch sparsam und badisch clever bekommt Selbstversorgung Vorrang vor Abhängigkeit. »Eigener Strom hat mit Askese gar nichts zu tun«, sagt der wohlbeleibte Michael Sladek lachend, »wohl aber mit Bürgersinn und Teilhabe.« »Mitbürger können und sollen Miteigentümer von Stadtwerken werden«, propagieren vier Sladeks landauf, landab bei gut besuchten Vorträgen – inzwischen sind die beiden Söhne bei der EWS miteingestiegen. »Nur von unten kann es einen Ausweg aus der generellen Unmündigkeit gegenüber den Zwängen der Atomenergie geben«, meint Michael Sladek.

1998 wurde der deutsche Strommarkt liberalisiert. Seither kann jeder Stromkunde seinen Stromanbieter frei wählen. Aus anfangs 1700 Kunden der EWS wurden bis 2012 über 135 000. Allein die Fukushima-Katastrophe führte zu 25 Prozent Zuwachs. Darunter auch eine große Zahl kleiner und mittlerer Unternehmen, die überzeugt sind, dass sich Ökologie rechnet.

Ihren Wasserkraft-, Solar- und Kraft-Wärme-Kopplungsstrom beziehen die Schönauer ausschließlich von unabhängigen Erzeugern, die keine Kapitalbeteiligungen von AKW-Betreibern haben. Mit einem im Stromtarif enthaltenen »Sonnencent« werden deutschlandweit kleine ökologische

Kraftwerke gefördert. Die EWS ist Vorreiter einer demokratischen und regionalen Energieversorgung. Bis Mitte 2012 wurden damit circa 2000 Photovoltaik-, Wasserkraft-, Wind-, Biomasse- und Kraft-Wärme-Kopplungsanlagen gefördert. Ungewöhnlich für einen Energieversorger: Die Schönauer machen sich auch fürs Energiesparen stark.

»Für die Energiewende brauchen wir dezentrale, kommunale Versorgungsnetze und eine ebenso bürgernah organisierte Energieerzeugung«, doziert Doktor Michael Sladek im großen Stuttgarter Rathaus, der in seiner Artpraxis nur noch an wenigen Tagen anzutreffen ist. »Die Sonne steht als Stromlieferant nicht 8760 Stunden im Jahr zur Verfügung. Der Wind weht auch nicht immer. Deshalb muss die Energieerzeugung durch dezentrale Blockheizkraftwerke, die mit einem Wirkungsgrad von 90 Prozent Strom und Wärme produzieren, gesichert werden«, erklärt der Stromrebell.

Seine Schwarzwald-EWS kooperiert inzwischen mit den Stuttgarter Stadtwerken. Sie haben eine Vertriebs-GmbH für Ökostrom nach Schönauer Art gegründet, an der sich die EWS mit 40 Prozent beteiligte. »Unser neuer Stuttgarter Vertriebspartner hat die strengen Schönauer Kriterien für umweltfreundliche Elektrizität übernommen«, strahlt Sladek und fügt in der Daimler-Stadt stolz hinzu: »Wir sind der Daimler auf dem Markt für Ökostrom.«

Was 1986 im kleinen Schönau begonnen hat, strahlt inzwischen auf ganz Deutschland aus. Gute und erfolgreiche Beispiele machen Schule. In Washington hat sich Präsident Obama im Weißen Haus von Ursula Sladek das Erfolgsmodell erklären lassen. Dabei überreichte sie ihm die englische Fassung des Schönauer Büchleins 100 *gute Gründe gegen Atomkraft*.

Mit inzwischen 80 Mitarbeitern ist die EWS der größte Arbeitgeber vor Ort. 2011 haben die Schönauer eine Energiegenossenschaft gegründet. Es gibt Beteiligungen zwischen 100 und 100 000 Euro, und jeder hat eine Stimme. Zur Jahresmitte 2012 hatte die Genossenschaft zwölf Millionen Euro eingesammelt. Michael Sladek: »Das wächst jeden Tag. Wir machen das aber nicht, um immer mehr Geld zu verdienen, sondern wir wollen Mut machen und unterstützend tätig sein, damit neue Projekte vorangehen.« Die einst kleinen Stromrebellen haben 2011 über 100 Millionen Euro erwirtschaftet. Die 2000 Genossen rechnen mit einer jährlichen Ausschüttung von sechs Prozent auf ihre Anteile. Ursula Sladek:» Das ist auch die Obergrenze. Wir wollen ja nicht abheben. Aber wir wollen weiterwachsen.«

Elisabeth von Thadden meinte in der *Zeit*, der Erfolg der Schönauer finde nicht zufällig im deutschen Südwesten statt, in der Region der »Württemberger Philosophie«, womit sie an den legendären Gleichklang von Hegel, Schelling und Hölderlin erinnerte, der in den Jahren der Französischen Revolution vom Tübinger Stift aus seinen Anfang nahm: »Doch jenes seiner selbst bewusste Ich, das sich von nichts und niemandem den Schneid abkaufen lassen will, das hat, dank Hegel, Schelling und Hölderlin, seine Ursprünge im Südwesten.«

Die solare Revolution begann in Freiburg

Schon vor einigen Jahren lief ich mit meiner Frau und einem dieser Revolutionäre, dem Solararchitekten Rolf Disch, durch seine Solarsiedlung in Freiburgs Süden. Er erzählte uns, wie alles begonnen hatte. Früher war der Mann einmal Weltmeister im Solarautorennen in Australien geworden. Sein Fahrzeug baute er selbst, er verstand viel vom Handwerk. Schließlich hatte er drei Berufe gelernt, bevor er Architektur studierte. Er war Möbelschreiner, Maurer und Schlosser. Deshalb konnte er es sich auch leisten, Handwerkern zu widersprechen, wenn die ihm ihr beliebtes Motto entgegenhielten: »Das geht nicht, das haben wir noch nie so gemacht.«

Bei Rolf Disch geht vieles, was bisher anders lief. Er hat schon vor 30 Jahren eine Revolution der Baukultur ausgelöst. Während noch vor einigen Jahren Architekten, Planer und Ingenieure grundsätzlich bezweifelten, dass man Häuser bauen könne, die ihren Energieverbrauch – oder gar noch mehr, als sie verbrauchen – selbst produzieren, zeigte mir Rolf Disch voller Stolz seine ersten 60 Häuser, die genau dieses Kunststück schon seit 15 Jahren vollbringen. Kurz zuvor hatte ich nach einem Vortrag Bundesbauminister Peter Ramsauer in seiner bayerischen Heimat Ramsau auf diese Solarplushäuser angesprochen. »Solarplushäuser, das wird der Standard der Zukunft sein«, sagte zu meiner Überraschung der Bauminister mit strahlenden Augen. Rolf Disch erzählte mir jetzt, dass er in Berlin zusammen mit anderen Architekturbüros einen neuen Auftrag habe, 500 solcher Häuser wie die in Freiburg zu bauen.

Solarplushäuser verlangen zunächst einmal, dass ein Architekt weiß, wo Süden ist. Wenn ich in Deutschland neue Siedlungen sehe, dann habe ich oft den Eindruck, dass 90 Prozent unserer Planer und Architekten dies noch immer nicht wissen. Solarplushäuser sind nach Süden offen und nach Norden hin geschlossen gebaut und können mithilfe bester Dämmwerte und mit großen Solaranlagen auf dem Dach insgesamt mehr Energie gewinnen, als in ihnen selbst verbraucht wird. Das ist neu. Das erfordert ein Umdenken und eine veränderte Vorgehensweise. Rolf Disch: »Man muss zunächst das nutzen, was nichts kostet. Das heißt Energie sparen, die Sonnenkraft nutzen und dabei viel Lebensqualität haben.«

Wir gingen mit dem Solarpionier durch seine heitere und vielfarbige Plus-Energie-Siedlung. Die Wohnungen waren ausnahmslos lichtdurchflutet. Autos mussten hier draußen bleiben, aber dafür sahen wir eine Menge Kinderspielplätze. Die Freiburger Solarsiedlung ist inzwischen das, was man hier »eine gute Adresse« nennt. Beste Lage, die Straßenbahn direkt vor der Haustür, ans Radwegenetz angeschlossen, jedes Haus hat einen Dachgarten. Der Freizeitwert ist hoch, die Siedlung hat den Schwarzwald vor der Nase. Askese, Verzicht und Opfer – Begriffe, mit denen Ökologie oft identifiziert wird – sehen anders aus. Lebensqualität – der Begriff passt hier.

Die Gretchenfrage nach dem Preis beantwortete Rolf Disch

so: »Meine Solarplushäuser kosten etwa zehn Prozent mehr als vergleichbare Häuser, die konventionell gebaut sind. Sie sind also kurzfristig teurer. Aber mittel- und langfristig sind sie preiswerter, weil so gut wie keine Energiekosten anfallen. Und diese werden für herkömmliche Häuser von Jahr zu Jahr teurer.« Die Häuser verbrauchen umgerechnet in Erdöl etwa einen Liter pro Quadratmeter pro Jahr. Etwa ein Zehntel bis ein Zwanzigstel dessen, was herkömmliche Häuser zum Heizen verbrennen. Die Wärme wird über ein Fernwärmenetz in einem Holzhackschnitzel-Kraftwerk erzeugt.

»Wir sollten nicht schimpfen und jammern über die Zustände«, sagte der Solarpionier, »jede und jeder kann doch selbst aktiv werden.« Nachdem hier bewiesen wurde, dass es grundsätzlich anders geht – also mit der Natur und nicht mehr gegen die Natur –, würde sich dieses gute Beispiel auch anderswo durchsetzten, davon war Disch überzeugt: »Wir werden künftig auf der ganzen Welt anders bauen als bisher – hier ist bewiesen, dass es geht und wie es geht.« In 20 Jahren, so schätzte Rolf Disch, würde in Deutschland der gesamte Baubestand energetisch und ökologisch nachgerüstet sein. Das aber bedeute, dass jedes Jahr fünf Prozent der deutschen Gebäude energetisch effizienter gestaltet werden müssten. Zurzeit seien dies aber pro Jahr nur ein Prozent. »Das Haus der Zukunft muss eine Antenne zur Sonne haben«, meinte Rolf Disch und lud uns in sein Privathaus ganz in der Nähe seiner Siedlung ein.

»Heliotrop« – das ist griechisch und bedeutet: der Sonne zugewandt – hat er sein Haus genannt, in dem er mit seiner Frau Hanna Lehmann seit Anfang der 90er-Jahre lebt. Es dreht sich einmal am Tag mit der Sonne um die eigene Holzachse und bietet jede Stunde einen anderen Ausblick auf die sanft hügelige grüne Landschaft des Südschwarzwaldes. Das Heliotrop wendet mal die verglaste und mit Sonnenkollektoren bestückte Hälfte der Sonne zu und mal die dick isolierte Rückseite mit kleinen Fenstern. Mal Sonnenschutz, mal Sonnennutzen – je nach Jahreszeit, ganz nach Belieben. Auf dem

Dach dreht sich ein 55 Quadratmeter großes Solarsegel, das etwa fünfmal mehr Strom erzeugt, als in dem Haus verbraucht wird. Auch in Dischs Privaträumen geht es nicht um Verzicht. Es gibt wie in jedem modernen Haushalt Fernseher, PCs, Wasch- und Geschirrspülmaschine. Mit Verzicht haben diese Häuser so wenig zu tun wie Windräder mit der Atomkraft.

Schon 2002 wurden Dischs Häuser zum »Haus des Jahres« gekürt. »Dieser Mann setzt neue Maßstäbe für zukünftiges Bauen«, schrieb die Fachzeitschrift *Bauen mit Holz*. Holz ist Dischs hauptsächlicher Baustoff. Holz ist gespeicherte Sonnenenergie und wächst immer wieder nach. Disch holt es sich aus regionaler, nachhaltiger Waldbewirtschaftung. Als Baustoff verbraucht Holz bei seiner Produktion im Vergleich zu Stahl etwa ein Zehntel der Energie und im Vergleich zu Aluminium sogar nur ein 128-zigstel.

Kommt die Sonne nicht ins Haus, kommt der Doktor

Die Bewohner von Dischs Solarplushäusern berichteten uns von positiven gesundheitlichen Erfahrungen. Die Sonne bietet nicht nur Wärme und Strom, sondern als zusätzliches Geschenk gute Luft, Vitalität und Lebensenergie. Die natürliche Sonnenenergie unterstützt den inneren Stoffwechsel und regt die Selbstheilungskräfte des Körpers an. Eine alte Feng-Shui-Weisheit aus China besagt: »Kommt die Sonne nicht ins Haus, kommt der Doktor.« In der konventionellen Architektur wurde jahrhundertelang übersehen, dass Licht ein existenzielles Grundnahrungsmittel ist. Jedes Solarhaus ist ein Kurort. Ein Rentner, der schon einige Jahre in der Solarsiedlung lebt, erzählte uns: »Die Einnahmen vom Solarstrom sind eine zusätzliche Rente für mich.« Solarstrom ist Sozialstrom. »Das ist sinnvoller«, sagte Rolf Disch zum Abschied, »als wenn wir unser Geld wie bisher zu den Ölscheichs in Arabien oder zu den Gasoligarchen in Sibirien schieben.« Unsere Energieversorgung kann auch ohne gefährliche und teure Rohstofftransporte über viele Tausend Kilometer auskommen.

Gute Beispiele stecken an. Zurzeit baut Rolf Disch eine zweite Siedlung mit Solarplushäusern bei Basel, es soll die weltgrößte Siedlung dieser Art werden. Der Clou: Entlang der Bahngleise wird eine Lärmschutzwand erstellt, die nicht nur Bahngeräusche abmildert, sondern gleichzeitig als Energie erzeugendes Gebäude fungiert. Die Lärmschutzwand wird über ihre gesamte Länge mit einem Solardach ausgestattet, das sämtliche Auto- und Fahrradgaragen, aber auch die Abstellplätze überdeckt. Das zudem geplante Carsharing wird zur Entlastung der Bewohner dieser Siedlung für reduzierten Autoverkehr sorgen.

Die Stadt München hatte sich für 2018 als Olympiastadt beworben. Ein Wahrzeichen dieser Olympiade sollte die »Solar-Plusenergie-Olympiastadt« sein. Vielleicht klappt es damit ja 2022.

Ein ähnliches Projekt ist bei Göttingen geplant und ein noch viel größeres mit über 500 Häusern in Berlin. In dieser Siedlung soll der erzeugte Solarstrom erstmals nicht eingespeist und verkauft, sondern gespeichert und weitgehend auch selbst verbraucht werden. Damit kann man schon heute unabhängig vom Stromanbieter und von Preiserhöhungen werden. Den meisten Leserinnen und Lesern wird nicht bekannt sein, dass eine Photovoltaikanlage für einen Vierpersonenhaushalt schon für etwa 8000 Euro zu haben ist und für etwa genauso viel Geld ein entsprechender Batteriespeicher, der nur wenig Platz im Keller braucht. Ein Speicher arbeitet wie eine Art Hauskraftwerk. Mit modernen Speichersystemen, so groß wie eine Waschmaschine im Keller, können wir jetzt auch Solarstrom nutzen, wenn die Sonne nicht scheint. Das Modell Eigenverbrauch wird sich in den nächsten Jahren immer mehr durchsetzen. Einige Pioniere, die mit der Speicherung von Solarstrom erste Erfahrungen gemacht haben, wissen: »Es funktioniert.« Spätestens jetzt ist der Solarstrom vom Dach preiswerter als der Strom aus der Steckdose. Und die Preisschere wird immer weiter auseinandergehen, zugunsten des erneuerbaren Stroms.

Es ist schlichtweg unnötig, sich durch die aktuelle Diskussion um Einspeisevergütung und die Kosten der Energiewende verunsichern zu lassen. Selbst verbrauchter Sonnenstrom benötigt keine Netze, spart Kosten, ist nachhaltig vorhanden und sorgt für ein besseres Klima. Viel mehr Menschen würden sich Solaranlagen aufs Dach montieren lassen, wenn sie richtig informiert wären und nicht durch die Vertreter der alten und noch immer mächtigen Interessen ständig verunsichert würden. Bewohner von Solarsiedlungen fragen mich immer wieder: »Wieso lassen sich die Leute noch immer ein X für ein U vormachen?« Wir sehen doch jeden Tag, dass es Alternativen gibt. Solche Verunsicherungen und Angstkampagnen, dass die Lichter ausgehen, werden natürlich mit voller Absicht organisiert.

Die geplante Siedlung mit Solarplushäusern in Berlin kann pro Jahr circa 700 000 Kilowattstunden Solarstrom produzieren. Das entspricht einer Einsparung von 190 000 Litern Heizöl. Im Nahwärmenetz der Siedlung wird ausschließlich Biogas verbrannt.

Das verwendete Baumaterial in Rolf Dischs Häusern ist überwiegend Holz aus heimischen Wäldern. Als Dämmstoffe kommen ebenfalls nachwachsende Rohstoffe wie Flachs und Cellulose zum Einsatz. Die Baustoffe können recycelt werden und erzeugen ein angenehmes, schadstofffreies Innenraumklima. Disch zitiert gerne Federico Fellini: »Der einzig wahre Realist ist der Visionär.« Rolf Dischs nächste Vision, die er mit Hermann Scheer teilte: Photovoltaikanlagen über Autobahnen und Windräder entlang den Autobahnen. Allein damit könnten wir 20 Prozent des Stromverbrauchs in Deutschland abdecken.

Was im Kleinen geht, funktioniert im Großen erst recht
Eines der vielen Vorurteile gegenüber erneuerbarer Energie besagt, dass die Umstellung auf Ökoenergie vielleicht in Wohnhäusern möglich sei, aber schon bei größeren Gebäuden unmöglich. Das ist falsch. Dazu vier herausragende Beispiele:

Beispiel Nr. 1: Es war ein schöner Herbsttag 2010 in Mainz am Rhein. Mit dem damaligen Bundesumweltminister Norbert Röttgen, der Professorin Angelika Zahrnt vom Rat für Nachhaltigkeit und dem Vorsitzenden der Geschäftsführung der Firma Werner & Mertz, Reinhard Schneider, stand ich auf dem neuen Hauptverwaltungsgebäude des Familienunternehmens, das bekannt ist für seine Marken Frosch und Erdal. Nach 17 Monaten Bauzeit wurde das neue Firmengebäude eingeweiht. Ich spürte bei meiner Moderation, dass hier etwas Neues passierte.

Der stolze Vorstandschef sagte: »Unsere neue emissionsneutrale Hauptverwaltung ist das erste Verwaltungsgebäude in Deutschland, für das Windräder kombiniert mit einer Photovoltaikanlage mehr als den kompletten Energiebedarf für Heizung und Kühlung erzeugen. Damit erfüllt das neue Verwaltungsgebäude unsere Anforderungen an Nachhaltigkeit in herausragender Art und Weise.« Reinhard Schneider betonte: »Wir nutzen die einzigartigen geologischen und klimatischen Bedingungen am Rheinufer und setzen die Energieträger Geothermie, Wind und Sonne mittels moderner Umwelttechnologien optimal ein. Damit schaffen wir für unsere Mitarbeiter auf rund 9000 Quadratmetern angenehme Arbeitsbedingungen und setzen gleichzeitig ein in jeder Hinsicht vorbildliches Energiekonzept um.«

Norbert Röttgen, damals noch Umweltminister im Kabinett Merkel, lobte diese Unternehmensphilosophie mit den Worten, diese »betriebswirtschaftlich wie volkswirtschaftlich, ökologisch wie ökonomisch überzeugende Tradition ...« sei vorbildlich. »Wer Innovationen vorantreibt und ressourceneffiziente Produkte und Dienstleistungen anbietet, wer umweltfreundliche Lösungen im Kerngeschäft und entlang der Wertschöpfungskette umsetzt, stellt sich langfristig für die Zukunft gut auf.«

Der auch architektonisch ansprechende und auffallende Neubau verfügt über 16 neuartige Windkraftanlagen auf dem Dach, die aufgrund der günstigen Windsituation in Rheinnähe pro Jahr rund 132 Megawattstunden (MW) Strom erzeugen. Eine Windgeschwindigkeit von nur zwei Metern pro Sekunde reicht überraschenderweise bereits für das Anlaufen der Windkraftanlagen aus. Die klassischen großen Windräder benötigen mindestens vier Meter Windgeschwindigkeit pro Sekunde. Zusätzlich produziert eine 350 Quadratmeter große Photovoltaikanlage auf dem Dach jährlich etwa 45 MW Strom. Insgesamt erzeugen die beiden regenerativen Energiequellen in Kombination 177 MW. Der jährliche Strombedarf der Hauptverwaltung liegt bei rund 156 MW, was einen jährlichen Überschuss von 21 MW ergibt. Der überschüssige Strom wird ins öffentliche Netz eingespeist.

Ich lernte an diesem Tag weiter: Geothermische Grundwassernutzung sorgt in diesem Plus-Energie-Haus zu jeder Jahreszeit für angenehme Temperaturen. Dazu wird zwölf Grad kaltes Wasser aus fünf Metern Tiefe in das Gebäude befördert. Dort wird es im Winter mit einer Wärmepumpe auf 35 Grad erwärmt. Über ein in den Fußboden integriertes Heizsystem gibt das Wasser seine Wärme in die Büros ab. Die Wärmezufuhr kann dabei in jedem Raum individuell reguliert werden. Im Sommer wird das zwölf Grad kalte Grundwasser genutzt, um über das in den Fußböden liegende Kühlungssystem eine angenehme Raumtemperatur zu schaffen. Auf diese Weise spart das Unternehmen über die Kombination von drei Umwelttechnologien jedes Jahr 160 Tonnen Kohlendioxid ein.

Der Neubau verfügte auf sieben Etagen über 105 Büros. Hier waren 250 Mitarbeiter beschäftigt. Das Zusammenspiel von Photovoltaik, Wind und Geothermie faszinierte mich besonders. Ich stellte mir vor, dass diese Kombination künftig in Millionen Gebäuden Realität würde. Das wäre ein großer Schritt zur Energieautonomie. Im Sommer erzeugt das Gebäude in Mainz mehr Solarstrom, im Winter mehr Windstrom. Das ergänzt sich hervorragend, das hat die Natur gut gemacht. Mit dem Solarstrom vom Dach des Verwaltungsgebäudes werden zwei Elektroautos betankt.

Auch die Innenausstattung des Gebäudes berücksichtigt die Nachhaltigkeitsphilosophie der Firma. So verfügt das Foyer im Erdgeschoss über eine »Grüne Wand«, die mit über 2000 Pflanzen bestückt ist, und über ein Wasserbecken. Die Pflanzen werden über ein automatisches, unterirdisches Bewässerungssystem mit Wasser und Nährstoffen versorgt. Die »Grüne Wand« erhöht zusammen mit dem Wasserbecken die Luftfeuchtigkeit. Dadurch kann eine angenehme Raumtemperatur mit geringem Heizaufwand umgesetzt werden. Die raumhohen, getönten Fenster sorgen für einen optimalen Tageslichteinfall und verringern den Bedarf an künstlicher Beleuchtung. Die Bürostühle sind zu 95 Prozent recyclingfähig.

Beispiel Nr. 2: Der erste CO_2-neutrale Supermarkt der Welt wurde 2009 von REWE in Berlin eingeweiht. Das imposante und optisch ansprechende Holzgebäude ist so effizient isoliert, dass es gegenüber früheren Gebäuden nur noch die Hälfte der Heizenergie verbraucht. Dieser REWE-Markt mit einer Fläche von 1830 Quadratmetern wurde von der Deutschen Gesellschaft für nachhaltiges Bauen als erster Supermarkt mit dem Prädikat Gold ausgezeichnet.

Insgesamt wird das Gebäude CO_2-neutral betrieben, 40 Prozent seines Energiebedarfs produziert es selbst erneuerbar. Dafür wurden mehrere Photovoltaikanlagen auf dem Dach mit Erdwärmepumpen kombiniert. Eine Regenwassernutzungsanlage ist ebenfalls integriert. Das Vordach mit einer glasintegrierten Photovoltaikanlage dient zugleich als natürliche Verschattung der großen Fensterflächen. Diese wiederum sorgen dafür, dass weitgehend das Tageslicht genutzt werden kann. Bisher wurde bei deutschen Supermärkten das simple Prinzip der Tageslichtnutzung kaum berücksichtigt. In Berlin wird diese Idee durch ein 280 Meter langes Fassaden-Fensterbrett und 18 auffallende Dachlichtkuppeln umgesetzt.

Als Baumaterial für das gesamte Gebäude wurde neben Glas hauptsächlich Holz benutzt. Dieser REWE-Markt an der Groß-Ziethener Chaussee verfügt über zwei Elektrotankstellen, an denen sowohl Elektroautos als auch Elektrofahrräder während des Einkaufs kostenlos tanken können. Hier wird schon heute praktiziert, was morgen überall selbstverständlich sein wird: kostenfreies Tanken elektrisch.

Zumindest an dieser Stelle scheint bei REWE Nachhaltigkeit kein vorübergehender Modetrend zu sein, sondern eine grundsätzliche Haltung von unternehmerischer Vernunft und Verantwortung gegenüber der Gesellschaft. Alle REWE-Märkte in Deutschland nutzen inzwischen zertifizierten Ökostrom. Immerhin ein glaubwürdiger Anfang. Alain Caparros, Vorstandsvorsitzender der REWE Group, fordert ein generelles Umdenken in der Wirtschaft. Ziel des Unternehmens sei es, möglichst viele Verbraucher für einen bewussten Konsum zu gewinnen. Als einer der ersten Handelskonzerne in Europa hat REWE das Thema Nachhaltigkeit in seinem Prozessmanagement eingeführt. Für Caparros steht fest: Nur nachhaltig denkende und handelnde Unternehmen werden eine Zukunft haben. Er ist einer der profiliertesten Vertreter einer »Green Economy«. Nachhaltigkeit geht nicht auf Kosten des Wohlstands. Im Gegenteil: Nachhaltigkeit ist die Voraussetzung für den Wohlstand der künftigen Generationen.

Beispiel Nr. 3: Werder Bremen und seine Fans stehen bei jedem Heimspiel unter Strom. Die in das Fußballstadion integrierte Photovoltaikanlage ist die größte gebäudeintegrierte Solarinstallation in Deutschland und liefert jedes Jahr eine Million Kilowattstunden Solarstrom – das ist etwa der Stromverbrauch von 300 Familien. Ab 2012 können sich die Fußballfans sogar grünweißen Strom nach Hause holen. Grünweißer Strom in Bremen ist 100-prozentiger Ökostrom mit einem Prozent Solarstrom vom Weserstadion.

Die Anlage auf dem Dach des Stadions und an der Außenfassade der Arena fängt die Sonne ein und wandelt sie in elektrischen Strom um. Der ostfriesische Energieversorger EWE verkauft den Strom und bietet bei jedem Heimsieg der Bremer Fußballer und für Titelgewinne finanzielle Sonderprämien. Je erfolgreicher die Kicker spielen, desto höher fällt die Prämie aus. Wenn Werder jubelt, freut sich auch der Geldbeutel der Fans. Und das Beste: Das Klima jubelt mit. Der Werder-Strom ist also nicht nur klimafreundlich, sondern bietet auch einen Mehrwert für die Fans. Diese haben die Solaranlage auch mitfinanziert und ersparen der Umwelt nun Jahr für Jahr 600 Tonnen CO_2.

Beispiel Nr. 4: Im Jahr 2006 entstand in München in unmittelbarer Nähe zum Olympiapark, dem markanten BMW-Hochhaus und dem BMW-Museum die neue BMW-Welt. Der auffallendste Bereich des Neubaus ist der Doppelkegel aus Glas und Stahl. Er bildet mit seiner exponierten Lage das architektonisch-kommunikative Zentrum des Gebäudes, das 450 Personen Platz bietet. Eine Besonderheit ist die 8000-Quadratmeter-Photovoltaikanlage. Mit hohem Aufwand und modernen Designansprüchen wurden die 3660 PV-Module in die wellige Dachkonstruktion integriert. Die Anlage produziert pro Jahr 800 000 Kilowattstunden Ökostrom. Das entspricht einer Einsparung von 500 Tonnen CO_2 jedes Jahr.

Solarstrom ist Sozialstrom

Niederbergkirchen ist ein schmucker Ort mit etwa 1200 Einwohnern 60 Kilometer östlich von München. Solche Orte gibt es viele in Bayern. Aber Niederbergkirchen hat etwas ganz Besonderes. Vor dem herrlichen Alpenpanorama glänzen viele blaue Solarzellen auf den Bauernhäusern und auf der Mehrzweckhalle. Hier wird bereits mehr Solarstrom erzeugt, als alle Einwohner verbrauchen. 2012 erreichte der Ort den sechsten Platz in der Solarbundesliga. Die örtliche Solar-Bürgerinitiative hatte mich zu einem Vortrag eingeladen. Das Thema: Solarstrom ist Sozialstrom.

Bislang herrschte das Vorurteil, dass Solarstromanlagen etwas für Reichere seien. Hunderte Bürger sind in Niederbergkirchen an Bürgersolaranlagen beteiligt, das Außergewöhnliche aber ist: Zu ihnen gehören nicht nur die Begüterten, sondern auch die sozial Schwachen wie Bauern, Hartz-IV-Empfänger, alleinerziehende Mütter.

Viele von ihnen haben keinen Euro eigenes Geld einbezahlt. Die örtliche Sparkasse hat ihre Beteiligung durch Kredite zwischen 3000 und 30 000 Euro finanziert, sodass auch sie mit der Sonne Geld verdienen können. Und die Gemeinde hat ein gutes Gewerbesteuereinkommen. Hans Holz, einer der Antreiber der Bürgersolaranlagen, sagt: »Unser Konzept verhilft jedem Bürger dauerhaft zu einem Einkommen, ohne jegliche Eigenmittel und ohne Berücksichtigung seiner persönlichen Finanzsituation.« Das Projekt ist somit ökologisch, aber auch sozial. Auch die finanziell Schwächeren helfen, den Atomausstieg abzusichern.

Holz erläutert: »Wir nutzen einen lokalen Rohstoff, stärken die regionale Wirtschaft und sorgen dafür, dass die sozial Schwachen ein Zusatzeinkommen haben. Jeder kann sich mit einem Anteil von bis zu 30 000 Euro beteiligen.« Nach zwölf Jahren ist der Kredit mithilfe der Einspeisevergütung getilgt, danach erhält jeder Beteiligte im Schnitt zwischen 100 und 150 Euro pro Monat – bis zu 30 Jahre lang. Für eine vierköpfige Familie immerhin 400 bis 600 Euro. Niederbergkirchen – ein Vorbild mit einer engagierten Sonnen-Sparkasse.

Das Argument, die Energiewende sei unsozial, ist falsch. Unsozial ist nur die Art, wie die Bundesregierung versucht, die Großkonzerne von ihrem Beitrag zu diesem nationalen Projekt der Energiewende zu entbinden. Stahlkonzerne zahlen für Strom weniger als Hartz-IV-Empfänger. Wem heute in der Energiewende die Richtung nicht passt, entdeckt plötzlich sein soziales Herz, wie der CDU-Wirtschaftsrat, der vor der »staatlich verordneten Energiearmut« warnt, oder auch SPD-Politiker, die jetzt erzählen, dass die »Energiefrage nicht zur sozialen Frage des 21. Jahrhunderts werden darf«. Keine Sorge, das muss sie auch nicht. Niederbergkirchen beweist es.

Ist aber, was in einem kleinen bayerischen Dorf möglich ist, auch in Großstädten denkbar?

München, Frankfurt und das Ruhrgebiet
werden erneuerbar

Die erste Meldung auf der Internetseite der Stadtwerke München (SWM) heißt: »Bis 2025 wollen die SWM so viel grünen Strom in eigenen Anlagen produzieren, dass sie damit den Verbrauch ganz Münchens (...) decken können.« Das ist bis heute das ehrgeizigste Ziel einer Millionenstadt auf der ganzen Welt. Die zweite Meldung der SWM: »Bis 2040 soll München die erste deutsche Großstadt werden, deren Fernwärme zu 100 Prozent aus erneuerbarer Energie gewonnen wird.« Zum Thema Elektromobilität lese ich: »Strom kann einen Beitrag für die individuelle Mobilität leisten. Ein Elektrofahrzeug, das rein mit Strom aus erneuerbaren Energien fährt, produziert kein CO_2 und ist damit ein Nullemissionsfahrzeug. So kann jeder seine eigene Mobilität umweltfreundlich gestalten und gleichzeitig die Lärmbelästigung verringern. Zudem machen Elektrofahrzeuge unabhängig vom Erdöl. Das ist notwendig: Derzeit verbraucht Deutschland rund 30 Prozent seiner Primärenergie im Verkehrsbereich.«

Der grüne Sprit der Zukunft kommt also aus der Steckdose. Eurosolar hat errechnet: Wenn alle 44 Millionen Benzin-Pkws, die heute in Deutschland fahren, künftig Elektroautos wären, dann würden wir etwa 15 Prozent mehr Strom dafür brauchen. Das ist technisch machbar, wenn auch verkehrspolitisch und ökologisch nicht wünschenswert. Eine vernünftige zukunftsfähige Mobilität wird sich weit eher auf öffentliche Verkehrssysteme stützen, aber es wird dennoch Millionen Elektroautos, vor allem im Stadtverkehr, geben und Millionen Autos, die im Fernverkehr mit Wasserstoff bewegt werden. Der grüne Strom für E-Autos wird künftig an jedem Kaufhaus und an jedem Supermarkt kostenlos angeboten werden. Das gehört dann einfach zum Service. Das Elektroauto wird einer der Treibriemen der Energiewende.

Auch die Nahziele der Münchner Stadtwerke stehen im Dienst der Erneuerbaren: Bis 2025 wollen sie ihren Privatkunden ausschließlich Ökostrom anbieten. Auch das Oktoberfest in München ist grüner geworden. Zu diesem größten Volksfest der Welt strömen jedes Jahr mehrere Millionen Besucher. Sie benötigen so viel Strom wie eine Stadt mit 21 000 Einwohnern. Seit 2012 wird auf dem Oktoberfest ausschließlich zu Ökostrom und Ökogas geschunkelt.

Energie kann am sinnvollsten dort erzeugt werden, wo sie gebraucht wird. Das ist der zentrale Gedanke der dezentralen Energieerzeugung. Können aber Großstädte wie München oder Frankfurt oder auch das Ruhrgebiet sich auf eigenem Gelände selbst versorgen?

Eine wissenschaftlich fundierte Antwort auf diese Fragen gibt die Leiterin des Forschungsprojekts ERNEUERBAR KOMM! an der Universität Frankfurt/Main, Professorin Martina Klärle. Sie hat einen Leitfaden für Kommunen entwickelt, der das Potenzial der erneuerbaren Energien aufzeigt. Klärles Fragestellungen:

* Wie viel Strom kann mithilfe von Sonne, Wind, Biomasse und Wasser in Ihrer Kommune erzeugt werden?
* Durch welche Form der erneuerbaren Energien kann der Strombedarf Ihrer Gemeinde am ehesten gedeckt werden?
* Wie viel Fläche wird hierfür benötigt?

Die Internetseite ErneuerbarKomm.de kann das in der Fläche steckende Potenzial jeder erfassten Gemeinde, unabhängig von den politischen und rechtlichen Rahmenbedingungen, errechnen. Durch einen sogenannten Mobilisierungsfaktor kann so jede Kommune am Online-Rechner ihren gewünschten Energiemix selbst zusammenstellen und auswählen, welchen Anteil des Potenzials sie tatsächlich nutzen will. Beispielhaft hat die Professorin zusammen mit ihren Studenten die notwendigen Daten für die 75 Mitgliedsgemeinden des Ballungsraums Frankfurt/Rhein-Main errechnet. Wichtigstes Ergebnis: Bis 2030 kann Frankfurt mit seinen circa 600 000 Einwohnern seinen

Strombedarf komplett ökologisch produzieren – allerdings nicht allein auf seiner Gemarkung, sondern nur im Verbund mit den 75 Mitgliedsgemeinden des Planungsverbandes. So ähnlich, vermutet Martina Klärle, wird die Situation der meisten deutschen Großstädte sein. Dieses künftige Zusammenspiel zwischen Stadt und Umland bietet dem ländlichen Raum ganz neue Zukunftschancen.

Abendessen auf dem Windrad –
Kletterwand an der Bioanlage
Peter Feldmann, Frankfurts neuer Oberbürgermeister, hatte Martina Klärle und mich während seines Wahlkampfs zu einer Pressekonferenz eingeladen. Er stellte sein Ziel vor, im Fall seiner Wahl Frankfurt zur »solaren Hauptstadt Deutschlands« zu machen. Ob wir ihn dabei unterstützen würden, wollte er wissen. Unser Eindruck war und ist: Der Mann meint es ernst. Schon wenige Wochen nach seinem Amtsantritt ließ er erste Pläne zum Erreichen dieses Ziels erarbeiten.

Wie also kann eine Großstadt wie Frankfurt in einigen Jahrzehnten erneuerbar werden?

Flächen sind im Umfeld von Frankfurt genügend vorhanden. Aber die notwendigen neuen Netze benötigen noch Zeit. Der Deutsche Wetterdienst erstellt exzellente Wetterprognosen, die im Minutentakt voraussagen, wann wo wie viel Wind weht und mit wie vielen Sonnenstunden zu rechnen ist. Virtuelle Kraftwerke nehmen diese Daten auf und regeln den Stromverbrauch. Intelligente Netze sagen dann: »Hallo Biogasanlage und hallo Wasserkraft: Stoppt mal. Jetzt nehmen wir Sonne und Wind auf.« So kann auch ein Ausgleich zwischen den Regionen stattfinden und Angebot und Nachfrage von Strom geregelt werden. Das heißt: Frankfurt braucht neben dem Umland auch einen Mix von erneuerbaren Energien. Dabei wird die von Natur aus gespeicherte Geothermie – wie in allen Großstädten – eine wichtige Rolle spielen. Der Frankfurter Flughafen erhält seine Wärme schon heute aus der Tiefe. In der Mainmetropole wird heute kein Hochhaus mehr geplant ohne geothermische Anlagen. Der Boden ist der ideale Wärmespeicher.

Martina Klärle: »Wenn man an der Dezentralisierung der Netze arbeitet, die zur Verfügung stehenden Flächen nutzt und Investoren für die Anlagen zulässt – die gibt es genügend am Markt –, könnte man in zehn bis 30 Jahren auf 100 Prozent erneuerbare Energie in Frankfurt und Umgebung kommen.« Neben Solaranlagen, Windrädern, Bioenergie und Geothermie braucht die Region auch Pumpspeicherkraftwerke oder Druckluftspeicherkraftwerke, um gespeicherten Strom dann nutzen zu können, wenn weder Wind noch Sonne zur Verfügung stehen.

Es geht ja bei der Energiewende nicht nur um Strom, sondern ebenso um Wärme, Kälte und Fahrzeugsprit. Der Energieverbrauchskuchen setzt sich für ganz Deutschland etwa so zusammen: 21 Prozent sind Strom, 50 Prozent Wärme und Kälte und die restlichen 29 Prozent Kraftstoffe für die Mobilität. Wenn in einer Großstadt wie Frankfurt/Main die Gebäude besser gedämmt werden als bisher, dann können bis zu 85 Prozent Wärmeenergie eingespart werden. Ein gutes Beispiel sind die beiden Türme der Deutschen Bank. Hier arbeiten etwa 1500 Menschen, aber das gesamte Gebäude ist nach seiner energetischen Sanierung komplett CO_2-frei. Die Energiewende lässt sich also an drei großen Es festmachen: Energiesparen, Energieeffizienz und erneuerbare Energien.

Die Professorin aus Frankfurt erarbeitet mit ihren Studenten auch Konzepte für eine höhere Akzeptanz der erneuerbaren Energietechnologien und fragt: »Warum kein Abendessen auf einem Windrad im Restaurant einer Aussichtsplattform? Warum keine Kletterwand an einer großen Biogasanlage? Warum kein Tretbootverleih von solarbetriebenen Booten auf dem Wasser mitten in einem Solarlabyrinth aus schwimmenden Photovoltaik-Modulen?« Erneuerbar muss schick und trendy werden! Die Umweltbewegung und die -politik haben bisher den Charme des Schicks und die Macht der Schönheit und Ästhetik der neuen Technologien vernachlässigt.

Wenn es möglich ist, unsere Millionenstädte mit Lebensmitteln aus der ganzen Welt zu versorgen, warum soll es dann nicht möglich sein, sie mit Energie aus ihrem Umland und aus ihren eigenen Flächen energieautonom zu machen? Die Vorarbeit ist bereits geleistet: In und um Frankfurt kann jede und jeder in 75 Kommunen auf Knopfdruck das Potenzial erneuerbarer Energien in Erfahrung bringen: durch ERNEUERBAR KOMM!

Die Anbindung an das Stromnetz war bisher selbstverständlich. Doch mit der Energiewende werden neue Konzepte notwendig. Wie kann ein ganzes Wohnviertel energieautark werden? Das kann man in der Nähe Frankfurts, in Kelsterbach, ab 2013 besichtigen. Auf einem ehemaligen Industrieareal entsteht zeitgleich mit diesem Buch ein neues Wohngebiet mit 180 Wohneinheiten. Die neue Energieversorgung soll so gewährleistet werden: Eine Kombination aus Blockheizkraftwerken, Photovoltaikanlagen sowie Strom- und Wärmespeichern soll die Siedlung unabhängig von außen machen. »Wir zeigen, wie Energieautarkie in der Praxis funktioniert – und wir zeigen, wie man den exorbitanten Anforderungen an den Netzausbau durch lokale Projekte entgegentreten kann«, sagt der Vorstandsvorsitzende des Energieversorgers Süwag, Knut Zschiedrich. Der Vorstandsvorsitzende der Deutsche Reihenhaus AG, Daniel Arnold, ergänzt: »Wir haben dadurch geringere Investitionskosten.« Der Süwag-Chef will hier das Experiment wagen, vom Energieanbieter zum Energiedienstleister zu werden. In einer Übergangszeit soll es noch – bis zum Abschluss der Experimentierphase – einen Zugang zum allgemeinen Stromnetz geben. Die Süwag will sich so auch einen Erfahrungsvorsprung vor der Konkurrenz sichern. Dieser Stromanschluss der neuen Art wird Auskunft darüber geben, wie die Energiewende konkret und praktisch gelingen kann.

Kann auch das jahrzehntelang von der Kohle dominierte Ruhrgebiet erneuerbar werden?

Die Energiewende macht Brachflächen und Kohlehalden für die Erneuerbaren attraktiv. Windenergie auf Müllkippen, Solaranlagen auf Industriebrachen, Biomasseparks auf ehemaligem Bergwerksgelände, all das ist im Kommen. Einstige Problemflächen erhalten jetzt eine neue Perspektive. Mit den erneuerbaren Energien kommt neuer Schwung in das Geschäft mit Halden und Industriebrachen.

In Hamm wird auf der Halde Sundern ein Pilotprojekt geprüft, das eine Kombination aus Pumpspeicherkraftwerk und einem Windpark ist. In Gelsenkirchen legt die Ruhrkohle AG (RAG) gemeinsam mit dem Landesbetrieb Wald und Holz auf einem 22 Hektar großen Gelände eines ehemaligen Bergwerks einen Biomassepark an. RAG Montan und der Photovoltaikspezialist Wirsol bauen zusammen sechs Solarparks im Ruhrgebiet auf ehemaligen Bergbaustandorten. Die Energiewende macht Brachflächen interessant. Vielleicht braucht aber das Ruhrgebiet auch Offshore-Windstrom aus der Nord- oder Ostsee.

Steinfurt: Ein Landkreis wird erneuerbar

Am Eingang empfangen mich gleich vier Elektroautos. Der Preis liegt zwischen 20 000 und 26 000 Euro. Ich bin eingeladen, am frühen Mittag des 24. August 2012 auf dem 6. Grevener Unternehmertag zu sprechen. Mein Thema: »Energiewende – Chancen für die Region.«

Hier an der holländischen Grenze in Landkreis Steinfurt leben 444 000 Menschen in 24 Städten und Gemeinden, viel Mittelstand, mit fünf Prozent relativ wenig Arbeitslose, 67 Prozent landwirtschaftliche Fläche, 14 Prozent Waldfläche.

»Zukunftsfähiges Steinfurt« steht auf dem roten Banner an der Wand. Einer der Kreise in Deutschland, die schon 2030 ihren Strom zu 100 Prozent erneuerbar und in Eigenregie gewinnen wollen und bis 2050 ihre Gesamtenergie komplett nachhaltig erzeugen möchten – also auch die für Wärme, Kälte und Mobilität.

Der Diplom-Ingenieur Ulrich Ahlke, Leiter des Agenda-21-Büros im Landkreis Steinfurt, zeigt in eindrucksvollen Bildern und Grafiken, dass sein Landkreis, der jedes Jahr 1,2 Milliarden Euro für Energieimporte ausgeben muss, auch ein großes ökonomisches Interesse hat, dieses Geld in Zukunft in der eigenen Region zu behalten. Bis jetzt bleibt etwa nur ein Zehntel dieser Kosten im Landkreis. 90 Prozent des Geldes fließen noch zu den arabischen Ölscheichs, den russischen Gasoligarchen oder den australischen Kohlebaronen.

Die 200 Kommunalpolitiker, Unternehmer und Mittelständler horchen auf. »So haben wir dieses Problem bisher gar nicht gesehen«, erzählt mir ein Besucher im Anschluss. Bisher habe er immer nur gefragt: »Was kostet die Energiewende? Regionale Wertschöpfung und Arbeitsplätze hier vor Ort – das sind doch lauter Vorteile für uns. Und unabhängiger werden wir auch noch. Das stärkt die heimische Wirtschaft.«

Ingenieur Ahlke macht in seinem Vortrag auch deutlich, dass die Energiewende umso schneller kommt, je mehr Energie durch Effizienz eingespart wird. Wer sein Haus besser dämmt, spart Geld und entlastet die Umwelt. »Für die Energiewende brauchen wir ein regionales Energie-Management. Dafür müssen Bürger, Politiker, Landwirte, die Kirchen, das Handwerk, die Kommunen, die Wissenschaft, die Schulen und die Banken zusammenarbeiten.«

Der Energieverbrauch im Landkreis Steinfurt setzt sich heute so zusammen: 32 Prozent Kraftstoffe, 21 Prozent Strom und 47 Prozent Wärme – das ergibt pro Jahr 13 Terawattstunden Energieverbrauch. 2012 sind zehn Prozent erneuerbar. Das ist unter dem deutschen Durchschnitt von etwa 13 Prozent. In Steinfurt erzeugt die Photovoltaik heute sechs Prozent des Stroms, die Windkraft 16 Prozent, die Bioenergie acht Prozent, das Gruben-, Deponie- und Klärgas sieben Prozent und 63 Prozent die fossile und nukleare Energie.

Bis 2030 sollen 100 Prozent des Stroms erneuerbar und ausschließlich im Landkreis gewonnen werden. Der Ingenieur sieht die Chance, dass gegenüber heute der Stromverbrauch um 20 Prozent reduziert werden kann und der Strommix bis dahin so aussieht: 14 Prozent Photovoltaik, 58 Prozent Wind, 19 Prozent Bioenergie, neun Prozent Gruben-, Deponie- und Klärgas. »Vor dem Aufstellen von Windparks arbeiten wir intensiv mit Naturschützern zusammen. Dabei gibt es Konflikte. Aber sie sind lösbar.«

Was die Mittelständler und Kommunalpolitiker am meisten überzeugt: »Die Demokratisierung der Energiewirtschaft führt zu regionaler Wertschöpfung und zu vielen zukunftstauglichen Arbeitsplätzen.« Ulrich Ahlke zeigt sein letztes Bild in Anlehnung an Hermann Scheers Vermächtnis: »Der energethische Imperativ: regional – dezentral – CO_2-neutral.« Er bekommt viel zustimmenden Beifall.

Nach diesem Vortrag kommt der Bürgermeister der Gemeinde Saerbeck, Wilfried Roos, zu Wort. Seine Kommune will nicht erst 2050, sondern bereits 2030 zu 100 Prozent erneuerbar sein. »Bei uns in Saerbeck gehen die Uhren anders«, sagt er über seine Gemeinde, die eingebettet in die Parklandschaft des Münsterlandes mitten im Landkreis Steinfurt liegt. Noch vor 60 Jahren dominierte hier die Landwirtschaft – heute ist die 7500-Einwohner-Gemeinde eine Mischgemeinde aus Gewerbe, Industrie und Landwirtschaft. Der Bürgermeister sagt voller Stolz: »Wir sind Klimakommune in Nordrheinwestfalen.«

Die Gemeindeverwaltung geht mit gutem Beispiel voran. Schon bis 2018 wird sie »klimaneutral« sein. Das heißt: Ihre Gebäude sind dann zu 100 Prozent auf erneuerbare Energien umgestellt. Zuvor wurden oder werden die gemeindeeigenen Gebäude energetisch saniert. Bereits seit 1989 – also schon drei Jahre vor der großen ersten Weltklimakonferenz in Rio – arbeitete die Gemeinde am Klimaschutz. Auf öffentlichen Gebäuden wurden Bürgersolaranlagen installiert, ein kommunales Energie-Management eingerichtet, in Abstimmung mit Wissenschaftlern und Forschung Maßnahmen zur Anpassung an den Klimawandel entwickelt, Biogasanlagen und Windparks errichtet und umweltpädagogische Bildungsarbeit an den Schulen geleistet.

Weil die Gemeinde Saerbeck nachweisen konnte, dass ihr Klimaschutzkonzept bis 2030 in der Kommune eine positive Klimabilanz vorweisen kann, wurde sie Klimakommune des Landes. »Das Geheimnis unseres Erfolgs«, sagt der Bürgermeister, »ist, dass wir seit Jahren unsere Bürgerinnen und Bürger in die Klimapolitik einbinden. Ohne Öffentlichkeitsarbeit wären wir nicht Modell-Kommune.« In Saerbeck gibt es ein ganzheitliches Konzept zur Bekämpfung des Klimawandels. Dazu gehören:

- ❋ Kommunale Energieberatung
- ❋ Aktive Bildungsarbeit: Leben lernen mit der Sonne, ein Schulprojekt
- ❋ Aufbau eines Gesundheitsnetzwerks zur Behandlung der Folgewirkungen des Klimawandels
- ❋ Studien zur Klimafolgenabschätzung in Saerbeck
- ❋ Neue Pflanzenanbaustrategien für die Landwirtschaft
- ❋ Regionales Biomasse-Management
- ❋ Ein Energie-Erlebnispfad

Vom AKW-Standort zur Sonnenstadt

Am Abend desselben Tages halte ich einen Vortrag in Geesthacht, 25 Kilometer nördlich von Hamburg. Von meinem Hotel aus habe ich einen Blick auf das stillgelegte Atomkraftwerk Krümmel. Die Atomstadt Geesthacht will jetzt Ökomodellstadt werden und richtet die erste Energiewende-Messe in Norddeutschland aus. Die Stadt hat 36 000 Einwohner und war noch vor Kurzem der größte Energiestandort im Norden.

In Geesthacht hatte der schwedische Chemiker Alfred Nobel 1865 »Auf dem Krümmel« die erste Dynamitfabrik der

Welt gebaut. Im November 2011 wurde an der Elbe ein Pumpspeicherkraftwerk im Geesthachter Stadtteil Krümmel in Betrieb genommen. Sonnenstrom pumpt tagsüber das Wasser nach oben, und nachts, wenn die Sonne nicht zur Verfügung steht, wird die Wasserkraft genutzt. Pumpspeicherkraftwerke sind wichtig, um das Speicherproblem bei der Energiewende zu lösen.

Die »Großen Vier« – also RWE, E.ON, Vattenfall und EnBW – wurden zur Energiewende-Messe gar nicht eingeladen. »Hier geht es um Zukunft, aber die Großen haben ihre Zukunft hinter sich. Wir brauchen sie nicht mehr«, meint William Boehart, der Sprecher des Forums Kultur und Umwelt, welches die Messe organisiert hat. »Wir wollen eine andere Energiekultur, eine Kultur, in der Bürger die Verantwortung für ihre Energieerzeugung selbst übernehmen.«

48 überwiegend mittelständische Aussteller zeigen hier über drei Tage, wie die Energiewende funktionieren könnte. Der Stadtrat, sagt der parteilose Bürgermeister Volker Manow bei der Begrüßung zu meinem Vortrag, habe sofort nach Stilllegung des AKWs Krümmel mit der Energiewende begonnen. Als der örtliche CDU-Vorsitzende an der Atomkraft festhalten wollte, haben ihn seine Parteifreunde einfach abgewählt. Die Energiewende in Geesthacht wird jetzt parteiübergreifend organisiert. Der Bürgermeister rechnet vor, dass die Abschaltung des AKWs seiner Stadt jedes Jahr Millionen Euro weniger Steuereinnahmen bescherte. »Also mussten wir etwas tun.«

Während der Messe wurde eine Bürgerenergiegenossenschaft mit dem Ziel gegründet, bis 2030 ganz Geesthacht zu 100 Prozent mit grünem, selbst erzeugtem Strom zu versorgen. »Wir werden«, so der Bürgermeister, »mit gutem Beispiel vorangehen und auf 164 Dächern von Schulen und öffentlichen Gebäuden Photovoltaikanlagen errichten.«

30 Jahre lang hatten sich Bürger von Geesthacht wöchentlich zu Mahnwachen gegen das AKW Krümmel getroffen. Einer, der oft dabei war, sagt mir zum Abschied: »Es hat sich

gelohnt. Ohne unseren Kampf hätte es keinen Atomausstieg in Deutschland gegeben. Jetzt freue ich mich darauf, das Ergrünen meiner Stadt noch erleben zu dürfen.«

© Bigi Alt

Pumpspeicherkraftwerk in Geesthacht

Es geht mir hier in Geesthacht wie überall auf der Welt: Ich fühle zu den Besuchern meiner Vorträge und den Leserinnen und Lesern meiner Bücher eine tiefe innere Verbindung, eine Art Seelenverwandtschaft. Sie sind die Pioniere einer neuen Zeit. Dank ihnen fühle ich mich weniger fremd in Peking und Shanghai, in Tokio und Kyoto, in Neu-Delhi und Taipeh, in Sofia und Thessaloniki, in Rio und Melbourne, aber auch in München und Hamburg, in Saerbeck und Geesthacht. Durch meine Aufklärungsarbeit als Journalist und Autor finde ich auf der ganzen Welt Suchende und Freunde, Menschen mit ähnlichen Zielen und ökologischen Idealen, Werteverwandte. In Seoul traf ich einen jungen Mann, der 600 Kilometer mit der Bahn gefahren war, um meinen Vortrag zu hören. Das verbindet und schenkt Energie. Oft fühle ich mich wie der Inspirator einer weltweiten solaren Energie-Leser- und Energie-Hörer-Genossenschaft.

Speichern ist möglich

Umweltminister Altmaier will den Ausbau der erneuerbaren Energien mit dem Argument bremsen, dass wir noch nicht genügend Speicher und Leitungen haben. Richtig ist, dass durch den Ausbau von Wind- und Photovoltaikanlagen, aber auch durch Biogasanlagen immer mehr erneuerbare Energie produziert werden kann und dass die Speicherung ein wichtiger Punkt ist, da die Einspeiseleistung von Wind- und Sonnenstrom schwankt. Also müssen wir das Energiesystem so umgestalten, dass auch bei 100-prozentiger Versorgung durch erneuerbare Energien die Verbraucher jederzeit Strom haben.

Mal gibt es Überschüsse, mal Mangel. Die Überschüsse müssen genutzt werden, um für Mangelzeiten erneuerbares Gas zu produzieren. Speichertechnologien werden zu Schlüsseltechnologien der Energiewende. Da im Stromnetz Energie nicht gespeichert werden kann, müssen Speicherkapazitäten installiert werden:

* Pumpspeicherkraftwerke sind schon im Betrieb. Aber ihre Kapazität ist in Deutschland begrenzt. Innerhalb weniger Stunden sind ihre Möglichkeiten erschöpft. Mehr Kapazität bieten skandinavische und alpine Pumpspeicher. Doch sie erfordern lange Stromleitungen nach Deutschland.

* Druckluftspeicher werden technologisch gerade entwickelt. Sie bieten sich für die kurzfristige Speicherung im Tagesbereich an und sind an bestimmte geologische Voraussetzungen gebunden.

* Hochleistungsbatterien werden in Elektroautos und

Privathäusern eine Speicherfunktion übernehmen. Aber auch stationäre Batterien sind überwiegend kurzfristige Speicher.

* Wasserstoff kann eine gute Langzeitspeicherung bieten. Doch für reinen Wasserstoff fehlt uns noch die Infrastruktur.

* Die Power-to-Gas-Technologie ist die wohl aussichtsreichste Langzeitspeichertechnik. Überschüssiger Wind- und Sonnenstrom kann hier über Wochen und Monate in großen Mengen gespeichert werden. Der erneuerbare Strom wird durch Elektrolyse in Wasserstoff und Methanisierung in Methan umgewandelt. Das dafür notwendige CO_2 kann aus Biogasanlagen oder aus industriellen Prozessen gewonnen werden.

Das Zentrum für Sonnenenergie und Wasserstoffforschung Baden-Württemberg (ZSW) in Stuttgart sieht Vorteile hauptsächlich bei der Power-to-Gas-Technik:

* Methan ist verlustfrei über Monate lagerfähig.

* Im vorhandenen deutschen Erdgasnetz können über 220 Terawattstunden thermische Energie gespeichert werden. Das ist der deutsche Erdgasverbrauch von mehreren Monaten. Professor Frithjof Staiß vom ZSW: »Die damit produzierte Strommenge ist größer als bei allen anderen Ökostrom-Speichertechniken zusammen.«

* Das Gas-Netz kann ohne relevante Investitionen genutzt werden und ist gesellschaftlich akzeptiert.

* Durch die Nutzung von erneuerbarem Methan zur Stromproduktion kann bei Windflaute oder beim Fehlen von Sonnenstrom gesicherte Leistung aus erneuerbaren Energien bereitgestellt werden.

* Das Methan kann in modernen Gas- und Dampfkraftwerken oder in Blockheizkraftwerken bei Bedarf rückverstromt und in der Industrie oder als Kraftstoff verwendet werden – zum Beispiel für Erdgasautos.

＊ Strom aus dem Norden kann im Süden als Gas dem Erdgasnetz entnommen werden – ohne zusätzliche Leitungen.

Ende Oktober 2012 wurde im ZSW die erste Power-to-Gas-
Demonstrationsanlage erfolgreich in Betrieb genommen. Die
AUDI AG steigt 2013 in die Großtechnik ein und baut die weltweit erste Anlage im industriellen Maßstab. Ab 2015 soll die
neue Technik marktreif und global einsetzbar sein.

Auch schwarze Kohle kann grün werden – mithilfe von
Pumpspeicherkraftwerken. »Aber wo sind die Löcher zum
Speichern?«, ist dabei eine zentrale Frage. Es gibt sie zum
Beispiel im Ruhrgebiet. Hier haben Bergleute schließlich
150 Jahre lang den Untergrund ausgehöhlt, aber im Jahr 2018
ist Schluss mit dem Bergbau. Das passt gut für die Speicher
von morgen. Die alten Schächte kann man als Pumpspeicherkraftwerke unter Tage nutzen. Der wachsende Konflikt der
immer mehr werdenden grünen Energie und der noch fehlenden Speicher ist lösbar. Für Ökostromspeicher müssen
bisher oft ganze Bergkuppen gesprengt werden, was häufig
verständlichen Bürgerwiderstand hervorruft. Untertagespei-
cher verschandeln aber keine Naturlandschaften, sondern
lassen sich nach dem Ende der fossilen Energieversorgung
als brachliegende Infrastruktur für grünen Strom gebrauchen.

Also: Windräder im Ruhrgebiet kombiniert mit Wasserkraft, die in die Bergwerke hinabstürzt und dann mit Windkraft wieder hochgepumpt wird. Grüner Strom – künftig auf
Halden produziert und speicherbar. Fritz Vahrenholt, Chef
der RWE-Ökosparte Innogy, meint: »20 solcher Kombikraftwerke sind künftig denkbar.« Die Halde Sundern bei Hamm
soll den Anfang machen.

Dass das Speicherproblem lösbar ist, beweist E.ON schon
heute in Bayern. Der größte deutsche Stromkonzern hat in
den letzten Jahren viel Geld in Verteilnetze investiert und
gibt dafür allein 2012 260 Millionen Euro aus. Deshalb liegt im

bayerischen E.ON-Netz der Anteil des erneuerbaren Stroms bereits bei 40 Prozent. Dieser relativ hohe Anteil gelingt ohne Stromausfälle und mit gleichzeitiger Netzintegration – allen Unkenrufen der großen Energiemonopole zum Trotz. Die oft vertretene These, dass erst mit dem Ausbau der großen Hochspannungsnetze von Nord nach Süd der weitere schnelle Anstieg der neuerbaren Energien möglich sei, ist damit vom größten deutschen Energiekonzern selbst widerlegt.

Die Bundesregierung kann also ihre bisher schwachen Ausbauziele von 35 Prozent Ökostrom bis 2020 erhöhen. Denn was in Bayern möglich ist, geht auch in anderen Bundesländern und insgesamt im Bund. Bayerns Umweltminister Marcel Huber hat mir bestätigt, dass sein Land bis 2020 mindestens 50 Prozent Ökostrom erzeugen will.

Die wichtigsten Stichworte für die künftigen Speicher sind: Batterien, Wasserstoff, Power-to-Gas-Technologie, Blockheizkraftwerke, Pumpspeicherkraftwerke, Druckluftspeicherkraftwerke, Elektroautos. Und am wichtigsten: Energiemix, also auch Bioenergie.

Je mehr Anteile des Stroms künftig erneuerbar produziert werden, desto mehr Speicherkapazitäten werden allerdings gebraucht. Bald wird das Energiesystem nicht mehr ohne Zwischenspeicher auskommen. An windigen und sonnigen Tagen liefern Wind und Sonne manchmal schon heute mehr Strom, als aktuell gebraucht wird. In der bereits genannten »Power to Gas«-Speicherung sieht die Bundeskanzlerin eine »verheißungsvolle Option für die Zukunft«. 2011 gingen in Deutschland 74 Millionen Kilowattstunden Windstrom verloren, weil die Netze sie wegen Überlastung nicht aufnehmen konnten. Ein widersinniger Zustand, der aber umso häufiger auftreten wird, je mehr Windräder sich im Land drehen. Die Umwandlung überschüssigen Ökostroms in Gas wird das Speicherproblem lösen helfen. Wir benötigen Speicher, die so groß sind, dass sie die Republik einige Wochen mit Strom versorgen können. Deutschlands größter Speicher ist das

Erdgasnetz. Hier können an grauen, windstillen Tagen bis zu 20 Prozent des deutschen Strombedarfs gespeichert werden, sagen Fachleute.

Biogasanlagen stellen flexible Kapazitäten in der Stromversorgung dar und ergänzen damit die schwankende Stromerzeugung aus Wind- und Solarenergie. Deutschland hat mit natürlichen Speichern unter der Erdoberfläche, den sogenannten Gaskavernen, die größten Speicherkapazitäten in der EU.

Dr. Ulrich Zuberbühler und seine Kollegen vom Zentrum für Sonnenenergie- und Wasserstoff-Forschung in Stuttgart schwärmen geradezu von ihren positiven Erfahrungen mit ihrem »Gas to Power«-Verfahren. Der Wirkungsgrad bei der Umwandlung von Strom zu Erdgas betrage 60 Prozent. 40 Prozent der Energie werden bei diesem Prozess als Wärme freigesetzt. Wird auch sie noch als Wärmeenergie genutzt, dann erhöht sich der Wirkungsgrad noch einmal. Die Stuttgarter Forscher hoffen, dass mit ihrem Verfahren »die langfristige Speicherung von großen Strommengen möglich wird«.

Die Kraft des Windes

Zwischen 1990 und 2008 war Deutschland der weltweite Schrittmacher in Sachen Windkraftnutzung. Inzwischen haben uns China und die USA überholt. Aber noch immer hat Deutschland die technologisch profilierteste Industrie für Windkraftanlagen. Sie ist damit – neben der Solartechnik – der Leuchtturm für eine ökologische Industriepolitik.

Deutschland ist ein Sonnenland – die Bundesrepublik kann aber auch zur Windrepublik werden. Wind ist genug da und die Technik ebenso.

Die Stromerzeugung aus Windkraft verursacht keinerlei Brennstoffkosten, hinterlässt keine Treibhausgase, keine Umweltgifte und braucht kein Wasser. Ergänzt von den anderen erneuerbaren Energien und dem Einsatz von Speichermöglichkeiten zeigt sie den *Wind des Wandels* – ein Buch, das ich zusammen mit Hermann Scheer 2008 herausgab – hin zu einem Energiemix ausschließlich aus erneuerbaren Energien. Viele Widerstände gegen Windkraft sind ebenso zukunftslos wie verantwortungslos.

Im Juni 2012 hielt ich einen Vortrag auf der Weltwindkonferenz in Bonn. Selten habe ich in den letzten Jahrzehnten bei Veranstaltungen der Erneuerbaren-Energien-Branchen eine größere Aufbruchsstimmung erlebt. Die Branchen glauben fest an ihre Zukunft. »Die Energiezukunft gehört den Erneuerbaren, denn sie bieten nicht nur ökologisch, sondern auch ökonomisch Vorteile. Und sie sind ethisch vertretbar – im Gegensatz zu Kohle, Gas, Öl und Atomenergie –, das ist unser entscheidender Vorteil«, sagte einer der Hauptredner auf der Bonner Konferenz vor Vertretern aus über 40 Ländern.

Dieser Optimismus ist rational begründet. Windkraft an Land – Onshore-Windkraft – ist unschlagbar preisgünstig. Weltweit setzen Staaten deshalb auf die saubere Stromproduktion im Binnenland. Doch was macht die Bundesregierung in Berlin? Sie privilegiert maritime Großprojekte in Nord- und Ostsee. Das treibt die Kosten für die Energiewende unnötig nach oben. Es ginge deutlich preisgünstiger. Neue Anlagen erzeugen schon bei einer frischen Brise von fünf Metern Windgeschwindigkeit pro Sekunde ihre volle Leistung und können im Binnenland statt 2000 dann 4000 Volllaststunden leisten. Das sind Werte, die auch auf dem Meer nicht wesentlich übertroffen werden. Doch der Vorteil an Land ist eindeutig: Es kostet nur die Hälfte. Offshore-Windtechnologie dagegen ist komplex, die Wartung ist den Unbilden des Meeres ausgesetzt, und eigene Hubschrauberlandeplätze werden dafür gebraucht. Hinzu kommen lange Leitungen – vom Meer an Land und dann noch mal quer durch Deutschland. Das alles kostet viel Geld.

»Wir können Windenergie im Binnenland schon heute günstiger als mit neuen Kohle- und Gaskraftwerken erzeugen«, erläutert der Vorstand des erneuerbaren Energieunternehmens juwi, Matthias Willenbacher, vor Journalisten auf der Windenergie-Messe in Husum. »Voraussetzung dafür ist, dass wir weitere gute Standorte erschließen und auf die richtige Technik setzen. Höhere Türme und größere Rotoren sorgen ... auch fernab der Küsten dafür, dass Windräder im Jahr mehr als 4000 Volllaststunden erreichen. Das sind Werte, die auch auf dem Meer nicht wesentlich übertroffen werden.« Windstrom aus dem Binnenland macht die Energiewende unschlagbar preisgünstig. Doch der viel zu teure Offshore-Windstrom könnte Merkels Blackout bei der Energiewende werden. Ökonomisch der reine Irrsinn! 37 Milliarden Euro werden ohne jeden Sinn und Verstand im Meer versenkt.

Solarenergie ist die populärste erneuerbare Energiequelle in Deutschland. Aber in den letzten 15 Jahren war die Windkraft an Land die dynamischste aller Energieträger überhaupt – sie hat sich weltweit verzehnfacht, in Deutschland seit 1990 sogar mehr als verhundertfacht! Wir können hierzulande auf nur zwei Prozent der Fläche mit modernen Windrädern 65 Prozent unseres Stroms gewinnen. Die Effizienz der Windmühlen wurde enorm gesteigert. Und auf der Bonner Weltwindkonferenz 2012 wurden völlig neuartige Technologien vorgestellt, welche die Effizienz der klassischen Windräder künftig nochmals um ein Vielfaches steigern können – wie zum Beispiel die Konzentrator-Windtechnik WINGA, die in Kanada entwickelt wurde. Sie konzentriert den Wind in einem Trichter und arbeitet nach dem Prinzip einer Windhose. Weltweit werden auch immer mehr kleine Windräder auf Dächern installiert – fast völlig geräuschlos und Strom produzierend ab zwei Metern Windgeschwindigkeit pro Sekunde.

In China hat in den letzten fünf Jahren die Produktion von Strom über Windräder um über 1000 Prozent zugenommen. Bis 2020 will das Reich der Mitte seinen Windstrom gegenüber heute nochmals verfünffachen. »Vorbild ist die Entwicklung in Deutschland«, sagten mir chinesische Gesprächspartner in Peking. Nach Fukushima überdenkt auch die chinesische Regierung ihre bisherigen Atompläne. »Die Zukunft gehört auch in China den Erneuerbaren«, hörte ich schon 2006 vom damaligen chinesischen Umweltminister. Heute produziert China mehr Windräder als alle anderen Länder und sechsmal mehr Sonnenkollektoren als alle 27 Staaten der Europäischen Union zusammen.

Auch Indien und Spanien wachsen beim Ausbau des Windstroms zurzeit schneller als Deutschland. Vor allem in Süddeutschland haben bürokratische Hürden sowie der Protest von ideologisierten Bürgerinitiativen und atomkraftabhängigen CDU/CSU-Landesregierungen über viele Jahre den zügigen Ausbau der umweltfreundlichen Windkraft verhindert. Wer auf Atomkraft setzt, behindert die Windenergie. Aber seit Fukushima soll sich ja vieles ändern in Bayern und in Baden-Württemberg, und auch im konservativ regierten Hessen.

Windkraft ist wie die Sonne ein kostenloses Geschenk des Himmels, das uns für alle Zeit zur Verfügung steht – ohne Dieselruß und ohne atomare Abfälle zu hinterlassen. Allein hierzulande erspart sie der Umwelt jedes Jahr schon heute 40 Millionen Tonnen Treibhausgase. Um Öl werden Kriege geführt, aber die Windkraft wird – wie die Sonnenenergie – nie ein Kriegsgrund sein. Jedes Windrad ist ein Zeichen des Friedens.

Auch Terroristen werden nie einen Anschlag auf ein Windrad verüben, denn da passiert ja nichts – die Burschen müssten sich dafür nur schämen. Terroristen könnten jedoch relativ leicht mit einem Flugzeug wie am 11. September 2001 oder gar mithilfe von Atomwaffen – wie Wolfgang Schäuble zu Recht fürchtet – einen schrecklichen Anschlag auf ein Atomkraftwerk organisieren. Deshalb ist jedes Jahr, in dem wir früher aus der Atomkraft aussteigen, ein Stück mehr Sicherheit. Und es fällt weniger Atommüll an, von dem niemand weiß, wie er je entsorgt werden kann. Wir wissen nur eins: Atommüll strahlt bis zu eine Million Jahre.

Die Produktion von Windrädern hat in Deutschland bereits über 100 000 Arbeitsplätze geschaffen (in Atomkraftwerken sind noch 22 000 Menschen beschäftigt). 80 Prozent der hier produzierten Windräder gehen ins Ausland – auch in die USA, nach Frankreich, China und Osteuropa. In den letzten Jahren habe ich in Australien und Neuseeland, in Indien und China, in Taiwan und Südkorea, in Brasilien und Argentinien deutsche Windräder gesehen. Endlich hat Deutschland wieder einen Exportschlager.

Auf der Ostseeinsel Fehmarn drehen sich 150 Windräder und bringen viermal mehr Strom, als alle 12 000 Einwohner der Insel und die drei Millionen Übernachtungsgäste zusammen verbrauchen. Ein Bürgermeister auf Fehmarn berichtete mir von anfänglichem Widerstand gegen die Windmühlen, der jedoch abebbte, als sich die Bewohner von den realen Vorteilen einer umwelt- und klimafreundlichen Energiegewinnung vor Ort überzeugen konnten.

Windiger Protest

Die vier gängigsten Einwände gegen Windkraft sind leicht zu widerlegen:

Erster Einwand: Windräder bedrohen Vögel und Wild
Meine Erfahrungen mit Windrädern in der ganzen Welt und viele Studien belegen, dass Windenergieanlagen Vögel und Großwild nur wenig beeinträchtigen. Vögel kommen hauptsächlich durch die Oberleitungen und durch die Straßeninfrastruktur zu Schaden. Im Gegensatz zu den Befürchtungen mancher Vogelschützer sind Vögel nicht blind, und die meisten Arten halten sich oberhalb der Rotoren auf, während der Brutzeit unterhalb der Rotoren. Vernünftigerweise dürfen in Naturschutz- und EU-Vogelschutzgebieten Windräder nur in Ausnahmenfällen errichtet werden.

Zweiter Einwand: Windräder sind laut
Sie sind nicht völlig geräuschlos. Aber oft ist der Wind lauter als das Windrad. Im Gegensatz zu den ersten modernen Windmühlen in den Achtzigern sind die heutigen Anlagen – oft getriebelos – geräuscharm. Die Grenzwerte für die Lärmbelästigung liegen zwischen 35 Dezibel in Wohngebieten und 45 im sogenannten Mischgebiet. Betreiber müssen in vielen Gutachten penibel nachweisen, dass der Lärmschutz beachtet wird.

Dritter Einwand: Der Wind weht nicht immer, und Windstrom lässt sich nicht speichern
Inzwischen lässt sich Windstrom auch speichern. Dazu sind Technologien erforscht und entwickelt und werden allmählich auch in den Markt eingeführt. Stichwort Hybridkraftwerk, es produziert Wasserstoff aus Windstrom, der als uni-

verselles Speichermedium für Verkehr, Wärme und erneute Stromproduktion geeignet ist. Batterien, stationär oder in Elektrofahrzeugen, Schwungräder, Superkondensatoren oder Druckluftspeicher und die bereits beschriebene Power-to-Gas-Technologie sind weitere Möglichkeiten, mit denen sich Windenergie über kürzere Zeiträume speichern lässt.

Vierter Einwand: Windenergie verteuert den Strompreis
Das war vor 20 Jahren noch richtig. Am Anfang ist jede neue Technologie teuer. Doch inzwischen arbeiten moderne Anlagen immer effizienter. So kann Windstrom preislich heute bereits mit Kohlekraftwerken konkurrieren. Wenn viel Windstrom ins Stromnetz eingespeist wird, sinkt der Strompreis an der Leipziger Strombörse sogar. Nimmt die Windenergie ab, steigen die Preise. Die Vergütung für Windstrom ist ständig gesunken und sinkt weiter, während die Kosten für fossilen Strom steigen.

Wer eine Energiepolitik ohne fossil-atomare Energieträger verfolgen will, kann auf Windkraft nicht verzichten. Auch Bayern und Baden-Württemberg können künftig bis zu 25 Prozent ihres Stroms über Windräder gewinnen. Vor 100 Jahren drehten sich in Deutschland 80 000 Windräder – heute wieder etwas mehr als 22 000.

Es gibt inzwischen auch viele Beispiele dafür, dass Windkraftbetreiber, Vogelschützer, Naturschützer und Touristen nach fruchtbaren Dialogen Kompromisse schließen.

Höher, effizienter, bunter: Windräder können auch künstlerisch schön gestaltet werden. Autofahrer an der A 61 können sie schon aus weiter Ferne sehen: Windrad-Türme der besonderen Art. Nicht rund, sondern eckig. Nicht grau, sondern in Pastelltönen bemalt. Doch ungewöhnliche Form, Farbgebung und hohe Stromausbeute sind nicht die einzigen Besonderheiten dieser Mühlen. Zwei davon sorgen als Bürgerwindräder dafür, dass sich die Energiewende für die Bürger in der Region auch bezahlt macht.

Mastershausen hat den Masterplan

Bei einer Podiumsdiskussion in Dreieich bei Frankfurt treffe ich den Bürgermeister von Mastershausen. Toni Christ hat für seinen 1050-Einwohner-Ort im Vorderhunsrück eine einmalige und beispielhafte Erfolgs-, aber auch Leidensgeschichte zu erzählen. Er zitiert Mahatma Gandhi: »Zuerst ignorieren sie dich, dann lachen sie über dich, dann bekämpfen sie dich, dann gewinnst du.«

Das passt. Toni Christ hat für seine Gemeinde über fünf Jahre lang, zwischen 2002 und 2007, sieben gerichtliche Auseinandersetzungen geführt, bis es möglich war, in Mastershausen einen Windpark zu errichten. Aber heute produzieren 14 Windräder 16-mal mehr Strom, als im Ort selbst verbraucht wird.

Sein eigener Gemeinderat und die Einwohner des Ortes standen immer hinter ihm. Doch die Vertreter der übergeordneten Verbandsgemeinde bekämpften ihn. Keine einzige Stimme erhob sich in einer hitzigen Bürgerversammlung für ihn, auch die Grünen auf Kreisebene unterstützten ihn nicht. Toni Christ heute: »Ich war sprachlos. Mein Gemeinderat war schockiert.« Seine Gegner benutzten die bekannten Argumente gegen Windkraft: Schattenwurf, Lautstärke, Landschaftsverschandelung.

Teure wissenschaftliche Gutachten hatten alle Einwände widerlegt. Aber Fakten beruhigten die Windradgegner immer noch nicht. Sie blieben bei ihren ideologischen Vorbehalten. Dem tapferen Bürgermeister blieb nur der Rechtsweg. »Ich bin von Natur aus alles andere als ein Prozesshansel.« Siebenmal gewann er vor Gericht. Er sagt jetzt: »Unter der Mastershausener Bevölkerung machten sich Wut und Misstrauen gegen die Akteure der übergeordneten Verbandsgemeinde breit.«

Heute erzeugen die Windräder Strom für 16 000 Menschen und ersparen der Umwelt jedes Jahr 28 000 Tonnen Treibhausgase. Und sie bringen vielen Bürgern einen guten Gewinn. Warum muss das Geld für Energie immer zu den

Großkonzernen? Das Erfolgsgeheimnis: Viele Bürger in Mastershausen sind an »ihrem Windpark« über eine Bürgerwindgenossenschaft beteiligt.

Die Verbandsgemeinde musste um die 200 000 Euro Gerichts- und Anwaltskosten bezahlen. Keine drei Monate nach dem letzten Urteil des Oberverwaltungsgerichts Koblenz für den Windpark in Mastershausen stellte der Ortsbürgermeister der Nachbargemeinde Alterkülz, der zuvor vehement gegen die Windräder in seiner Nachbarschaft gekämpft hatte, einen Antrag für drei Windräder in seinem eigenen Ort. Der Verbandsgemeinderat hatte diesmal nicht die geringsten Bedenken: Kein Schatten, kein Schall störte, und kein Landschaftsbild wurde verschandelt.

Toni Christ: »Der Kampf war zu Ende. Es war ein bitterer Sieg. Das Misstrauen blieb.« Ich fragte ihn noch, wie er es geschafft hatte, über all die Jahre der Prozesse seinen eigenen Gemeinderat über alle Parteien hinweg und 95 Prozent seiner Bürger hinter sich zu halten. Seine Antwort: »Bei uns gibt es keine Parteien. Alle Ratsmitglieder sind parteilos.« Keine Parteien – wahrscheinlich das entscheidende Erfolgsrezept! Das funktioniert freilich nur auf lokaler Ebene.

In Rheinland-Pfalz, so weiß Toni Christ, gibt es 1500 Orte ähnlicher Größe mit ähnlichen Voraussetzungen für erneuerbare Energien wie in Mastershausen. In seinem Dorf ist für 2013 ein Fernwärmenetz geplant, welches drei Viertel der Einwohner mit Wärme versorgen kann, die über Strohabfälle und Holzhackschnitzel aus dem eigenen Ort gewonnen wird. Viele Dorfbewohner betreiben auch eigene Solarzellen. Sie sagen sich: »Eine Solaranlage auf dem Dach ist ökonomisch attraktiver als in der Wirtschaftskrise die Aktien im Keller.«

Mastershauen hat sich klar für die Sonnenseite entschieden. Der Bürgermeister betont immer wieder: »Uns geht es in erster Linie um Unabhängigkeit.«

Windkraft statt Atom

Für den Aufbau einer erneuerbaren Energiewirtschaft ist es höchste Zeit. Der Klimawandel vollzieht sich so dramatisch schnell, dass wir das Denken in den alten Energiestrukturen rasch überwinden müssen.

Das heißt: In Süddeutschland, in Österreich und in der Schweiz müssen willkürliche Planungshemmnisse gegen Windräder rasch abgebaut werden. Die Alternative heißt: Windkraft statt Atom. In Österreich: Windkraft statt Gas.

Das von einem CDU-Ministerpräsidenten geführte Bundesland Sachsen-Anhalt hat in wenigen Jahren seinen Windkraftanteil verzehnfacht. Wenn alle Bundesländer, auch die süddeutschen, diesem Beispiel gefolgt wären, hätten wir in ganz Deutschland bereits dreimal so viel Windstrom als heute. Da sieht man, was möglich ist, wenn die Politik die Weichen in Richtung Zukunft stellt.

Das positive Beispiel des Binnenlandes Sachsen-Anhalt (gewinnt heute 52 Prozent seines Stroms aus Wind!) beweist, dass es keine wirtschaftlichen oder technischen Hindernisse beim weiteren Ausbau der Windenergie gibt, sondern ausschließlich politisch-bürokratisch-willkürliche. Bayern braucht keinen Windstrom aus der Nordsee, der über teure und lange Leitungen dorthin gebracht werden müsste.

In Deutschland drehen sich im Herbst 2012 genau 22 664 Windräder mit einer Gesamtleistung von 30 016 Megawatt. Doch inzwischen werden bereits Windräder von bis zu sechs Megawatt Leistung aufgestellt, und die alten kleinen Windräder können mit der Zeit durch entschieden größere Anlagen ersetzt werden. Eine moderne Sechs-Megawatt-Anlage kann Strom für 17 000 Menschen produzieren. Allein durch dieses sogenannte Repowering kann der Anteil des Windstroms in den nächsten zehn Jahren etwa verdreifacht werden. Schon 2020 kann in Deutschland 40 Prozent des Stroms über Windräder produziert werden.

Wenn wir bis 2030 durch Energieeffizienz pro Jahr auch nur ein Prozent des Stroms einsparen, dann können wir in dieser Zeit sogar mehr als zwei Drittel des Stroms über Windräder organisieren.

Unsere Energieprobleme sind umweltfreundlich lösbar. Deutschland kann vom Kohle- und Atom-Land zum Sonnen- und Wind-Land werden. Eigentlich geht das ganz einfach: Man muss nur die Buchstaben umstellen: WKA (Windkraftanlagen) statt AKW (Atomkraftanlagen)!

Auch die Guttenbergs brauchen Strom im Schloss

Die Energiewende bringt häufig Naturschützer gegen Klimaschützer auf. So ist in Bayern der langjährig engagierte Naturschützer Enoch zu Guttenberg, prominenter Dirigent, Schlossbesitzer und Vater von Karl-Theodor zu Guttenberg, aus Protest gegen die »Verspargelung der Landschaft durch Windräder« aus dem Bund Naturschutz (BN) ausgetreten. Der BN ist die bayerische Sektion des BUND. Guttenbergs Begründung: »Der Enthusiasmus des BUND für die Windkraft.«

Verkehrte Welt: Ökos gegen öko! Die Naturschützer, die Angst um ihre schöne Heimat haben, übersehen oft eines: Es gibt keinen Naturschutz und keinen Heimatschutz ohne Klimaschutz. Ohne Klimaschutz – also auch ohne Windräder – können wir unsere noch schöne Heimat bald vergessen. Für die einen bedroht die Energiewende ihre Brieftasche und für die anderen ihre Heimatseele. Konservativ sein heißt auch für mich: Die Schöpfung bewahren. Aber genau dazu brauchen wir das effiziente Instrument der Windkrafttechnologie. Häufig werden diese Diskussionen um die Windräder nicht emotional, sondern sentimental geführt – ohne Bezug zur Realität. Wenn ich auf einem Hektar Acker Bioenergie anbaue, gewinne ich etwa ein Zweihundertstel der Energie gegenüber einem Windrad auf derselben Fläche.

Für Bayern gilt, dass weniger als ein Prozent der Landesfläche ausreicht, um die vielleicht 2000 für den Energiemix benötigten Windräder aufzustellen. Die Alternative wäre, Offshore-Windstrom aus der Nord- oder Ostsee über tausend Kilometer lange Hochspannungsleitungen durch ganz Deutschland zu transportieren und dafür unnötig Fläche zu verbrauchen. Eine Studie des Bundesverbandes Windenergie ergab, dass Bayern deutschlandweit die größten Windenergiepotenziale hat. Die Anlagen müssen nur 20 Meter höher als im Norden gebaut werden.

Wir können nicht gegen alles sein: erst gegen Atom und dann auch noch gegen Windkraft. Das ist nicht sachgerecht und nicht seriös. Wenn die 2000 Windräder, die Bayern künftig braucht, an den richtigen windhäufigen Stellen aufgestellt werden, ist das Argument »ganz Bayern wird zugepflastert« schlicht Unsinn.

Ein bisschen Augenmaß kann nicht schaden. Ein Industrieland wie Deutschland funktioniert nun mal nicht ohne Strom – auch im Schloss der Guttenbergs wird Strom benötigt. Meine persönliche Erfahrung, nachdem ich in den letzten 20 Jahren 300 Windparks und Windräder mit eingeweiht habe: Entscheidend ist, dass die örtliche Bevölkerung finanziell beteiligt ist. Man kann schlecht gegen sich selbst protestieren. »Energiewende ja – aber« ist nur ein halbes Ja. Und das reicht nicht. Die Märkte der Zukunft können nur denen gehören, die sie auch sehen, und nicht denen, die sich blind stellen.

Ich bin sicher: Die Zahl der Menschen, die sich künftig an Anlagen erneuerbarer und umweltfreundlicher Windenergie erfreuen und daraus Zukunftshoffnung gewinnen werden, ist weitaus größer als die Zahl derer, die mit sehr windigen Argumenten viel Wind gegen die Windkraft erzeugen – seien es »Naturschützer« oder Energiemonopolisten und von ihnen abhängige Politiker. Dogmatisierter Naturschutz stellt sich selbst infrage. Ohne Tausende zusätzlicher Windenergieanlagen in Deutschland und in vielen Ländern der Welt wird es kein Entrinnen aus der Klimakatastrophe geben. Strom aus Wind ist ein unverzichtbarer Beitrag zur ökologischen, natürlichen Energieproduktion. Der frühere rheinland-pfälzische Ministerpräsident Kurt Beck sagte mir in einer Podiumsdiskussion, dass 1,5 Prozent der Fläche seines Landes ausreichen, um 50 Prozent des Stroms zu produzieren.

Bei dieser Angabe in Prozent der Landesfläche ist jedoch zu berücksichtigen, dass es sich dabei um die gesamte Fläche aller Windparks handelt – einschließlich der Abstände zwischen den einzelnen Windrädern. Die Fläche dazwischen kann natürlich weiter forst- und landwirtschaftlich genutzt werden. Der eigentliche Flächenbedarf für Fundamente und Wege zu den Windmühlen entspricht nur etwa einem Hundertstel einer Windparkfläche.

Der an manchen Orten noch heftige Kampf gegen die Windmühlen hierzulande erinnert mich an den irrationalen Widerstand gegen die ersten Eisenbahnen vor 170 Jahren in Deutschland. Damals war auf Flugblättern zu lesen, Eisenbahnen seien unverantwortlich, weil bei den »hohen Geschwindigkeiten von 28 Kilometern pro Stunde die Kühe entlang der Bahnlinien vor Schreck tot umfallen« würden. An diesem Diskussionsniveau hat sich nichts geändert.

Häufig höre ich auch das Argument, Wind- und Sonnenkraft seien unsicher. Ist Öl aus Libyen oder Erdgas aus Sibirien etwa sicher? Sicher ist, dass Erdöl und Erdgas in den nächsten Jahrzehnten zu Ende gehen und schon viel früher unbezahlbar werden. Und sicher ist auch, dass morgen früh die Sonne wieder aufgeht und immer wieder Wind weht.

In Deutschland ist heute kein Argument zu doof, um nicht gegen erneuerbare Energien ins Feld geführt zu werden – wie früher gegen die Eisenbahnen. Der Einwand, Windräder verschandelten die Landschaft, ist besonders peinlich. Windräder finde ich schöner als Atomkraftwerke oder Braunkohle-Landschaften.

Windstrom an Land kostet die Hälfte dessen, was Offshore-Strom kosten wird. Ein bemerkenswerter Widerspruch innerhalb der Argumentation der alten Energieversorger, die auf Meereswindstrom setzen, weil nur sie die notwendigen Milliardensummen dafür aufbringen können, aber zugleich den »teuren Ökostrom« beklagen.

Deutsche Richter erklärten noch zu Beginn des 21. Jahrhunderts Windräder zu einer »Gefahr für Leib und Leben von Menschen«. Warum werden nach derselben juristischen Logik nicht sofort 44 Millionen Pkws in Deutschland zu einer Gefahr für Leib und Leben erklärt? Mit ihnen werden jedes Jahr etwa 4000 Menschen getötet und Zehntausende für den Rest ihres Lebens gesundheitlich beeinträchtigt.

Aber der Widerstand schwindet. Dort, wo die lokale Bevölkerung an den Windparks beteiligt wird, ist er ganz rasch vorbei. Das hat zum Beispiel Michael Diestel, der Kreisgeschäftsführer des Bayerischen Bauernverbandes in der Rhön, erfahren. Er hat 23 Genossenschaften mit 2300 Mitgliedern gegründet, die vor ihrer eigenen Haustür ihre Solar-, Biogas- und Windanlagen aufstellen. Die Leute sind stolz auf ihre Windräder. Diestel sagt: »Wenn die Bürger selbst bestimmen, werden sie nicht protestieren.« Er zitiert einen Spruch aus der Landwirtschaft: »Nur die eigenen Schweine stinken nicht.«

Die erneuerbare Energiewende kann nur durch dezentrale Strukturen zu 100 Prozent organisiert werden. Das aber heißt: Überall auf der Welt wird der Strom in den jeweiligen Regionen produziert. Am besten und effizientesten über Energiegenossenschaften, an denen möglichst viele Menschen beteiligt sind. Friedrich Wilhelm Raiffeisen hatte mit seiner Genossenschaftsidee Erfolg, weil er damit in der Mitte des 19. Jahrhunderts die Armut und den Hunger überwinden half. Sein Motto hieß: Das Geld des Dorfes bleibt im Dorf! Das Motto für erfolgreiche Energiegenossenschaften heißt: Die Energie für die Region kommt aus der Region!

Zusammen sind sie stark:
Die Kombination der Erneuerbaren

Die größte Energiequelle ist die Sonne. Aber auch der Wind ist ein kostenloses Geschenk des Himmels und stellt uns theoretisch 308-mal mehr Energie zur Verfügung, als wir verbrauchen. Zwar weht der Wind nicht immer, und die Sonne scheint nicht überall. Aber die beiden großen erneuerbaren Energiequellen ergänzen sich. Oft weht der Wind, wenn die Sonne nicht scheint, und häufig scheint die Sonne, wenn der Wind nicht weht. Sonne und Wind ergänzen sich in den verschiedenen Jahreszeiten. Zudem haben wir in Deutschland einen doppelten Ausgleich bei Wind und Sonne: einmal den zwischen den Jahreszeiten und dann noch den zwischen Nord und Süd.

* Es gibt auch viel Windkraft im Süden und viel Sonne im Norden. Wir brauchen also keinen teuren Offshore-Windstrom aus dem Norden für Baden-Württemberg, Bayern, Rheinland-Pfalz oder Hessen, wenn die Windräder auch im Süden nahe am Verbraucher und an den industriellen Zentren aufgestellt werden.

* Das klimatisch unterschiedliche Potenzial sorgt dafür, dass innerhalb kurzer Zeit nie gleichzeitig Windstille und Verschattung durch Wolken auftreten.

* Über die letzten zehn Jahre gab es auf ganz Deutschland bezogen zu fast jedem Zeitpunkt einen Ausgleich zwischen starkem und schwachem Wind sowie zwischen hoher und niedriger Sonneneinstrahlung.

* Das zeigt, dass – gemessen am gesamten Bundesge-

biet – eine sichere Grundlastversorgung durch erneuerbare Energie gewährleistet ist.

Zur 100-prozentigen Energiewende brauchen wir eben alle erneuerbaren Quellen: Neben den unsteten wie Wind und Sonne die speicherbaren wie Wasserkraft, Erdwärme, Biomasse und Wellenenergie der Ozeane. Ein intelligenter Energiemix und kurze Leitungen sind entscheidend für eine sichere und bezahlbare Energiewende.

Die notwendige Umkehr zu einer 100-prozentigen Selbstversorgung mit erneuerbaren Energien wird uns nur Schritt um Schritt gelingen. So wie bei jener Frau, die mir nach dem vierten Besuch meiner Vorträge in sechs Jahren die Geschichte ihrer Umkehr lächelnd so erzählte: »Nach dem ersten Vortrag von Ihnen haben wir eine thermische Solaranlage aufs Dach gesetzt. Nach dem zweiten Vortrag eine Photovoltaikanlage. Nach Ihrem dritten Vortrag installierten wir eine Pellet-Heizung im Keller und jetzt, nach Ihrem vierten Vortrag, werden wir uns an einem Windpark finanziell beteiligen.«

Dardesheim kombiniert Wind-, Solarstrom und Wasserkraft

In der Gemeinde Dardesheim in Sachsen-Anhalt durfte ich schon vor einigen Jahren einen Windpark mit 16 Windrädern einweihen – in der Zwischenzeit kamen weitere 20 dazu, und 2006 wurde hier der damals leistungsstärkste Windradtyp der Welt errichtet, eine Sechs-Megawatt-Anlage. Die kleine Gemeinde mit etwa 1000 Einwohnern produziert jetzt sauberen Strom für 40 000 Menschen. Viele Einwohner der Gemeinde sind finanziell am Windpark beteiligt. Hier ist die Energiewende eine demokratische Veranstaltung.

Dieser Windpark erspart der Umwelt jedes Jahr 120 000 Tonnen Treibhausgase. Und der Bürgermeister freut sich über gute Gewerbesteuereinnahmen.

Die dem Dorf nächsten Windräder haben vielleicht einen Abstand von 600 Metern zu den ersten Häusern. Ich frage Bürgermeister Rolf-Dieter Künne, ob es Widerstand gegen die vielen Windmühlen gegeben habe, ob sie zum Beispiel nicht zu laut seien. Er selbst ist ein großer Windradfan und erzählt mir: »Wenn ich aus meinem Badezimmer schaue, sehe ich 17 Windräder, aber ich höre kein einziges. So geht es auch meinen Mitbürgern.« Dardesheim nennt sich »Stadt der erneuerbaren Energien«.

Als ich im Herbst 2012 wieder einmal hier bin, treffe ich mit einer japanischen Wissenschaftlerdelegation zusammen. Ihre Regierung in Tokio hat gerade den Atomausstieg beschlossen. Darüber freuen sich die Wissenschaftler und sagen mir übereinstimmend: »Von Projekten wie diesem in Dardesheim wollen wir jetzt lernen.« Tokio lernt von Dardesheim! Bürgermeister Künne, dessen Kommune es vor der Energiewende gar nicht gut ging, zitiert lachend eine alte Bauernweisheit: »Jammern füllt keine Kammern.« Seine Bauern verstehen die Energiewende auch als Chance. Landwirte werden jetzt Energiewirte.

Vor den Toren des Städtchens drehen sich nicht nur 36 Windräder. Biogasanlagen, Solarzellen auf den Dächern von Schulen, Kindergärten, Betrieben und Privathäusern, ein mit Pflanzenöl versorgtes Blockheizkraftwerk mit einer Gesamtleistung von fünf Megawatt und eine regenerative Stromtankstelle geben einen Vorgeschmack auf die Energiestadt der Zukunft.

Der Geschäftsführer des Windparks ist Heinrich Bartelt, ein Urgestein der deutschen Windenergieszene und Mitbegründer des mächtigen Bundesverbandes Windenergie. Er beschäftigt sich mit der Kraft des Windes, seit 1973 ein Sturm Gebäude seines elterlichen Hofes beschädigte. Der damals 24-Jährige fragte sich: »Ob man die destruktive Kraft des Windes nicht auch konstruktiv nutzen kann?« Seine neueste Vision: Ein großes Kombikraftwerk, das die 230 000 Einwohner im Harz komplett mit erneuerbaren Energien versorgen kann. Mit vielen Partnern arbeitet er daran, seinen Windpark mit dem 30 Kilometer entfernten Pumpspeicherkraftwerk Wendefurth zu kombinieren. Er will den Pumpspeicher als »Riesenbatterie« benutzen. Und das funktioniert so: Gerade nicht benötigter Windstrom pumpt Wasser in das Oberbecken des Wasserkraftwerks. Wie eine riesige wiederaufladbare Batterie (Akku) kann das Talsperren-Oberbecken so überschüssigen regenerativen Strom speichern. Wird wieder Strom gebraucht, weil zum Beispiel gerade Windstille herrscht, kann dieses Wasser zurück ins Tal fließen und treibt dort zwei 40-Megawatt-Pumpturbinen an.

Hybridkraftwerke wie das von Heinrich Bartelt geplante im Harz werden die Energiewende entscheidend nach vorne bringen. Das Zusammenspiel von Wind- und Wasserkraft, Photovoltaik und Biomasse ermöglicht eine regenerative Stromversorgung rund um die Uhr.

Die Zukunft beginnt im Harz

Der Windpark von Dardesheim ist auch das Zentrum der Regenerativen Modellregion Harz. Hier wurde im Auftrag und mit Unterstützung des Bundeswirtschafts- und des Bundesumweltministeriums von Wissenschaftlern des Fraunhofer-Instituts in Kassel und regionalen Partnern, aber auch E.ON, erforscht, wie die hier lebenden 230 000 Menschen schon demnächst zu 100 Prozent erneuerbar versorgt werden können.

Über ein Drittel der verbrauchten Elektrizität wird schon heute regenerativ gewonnen. In Spitzenzeiten der ökologischen Energieerzeugung wurden bereits mehr als 100 Prozent der regionalen Last gedeckt. Unterstützung kann dabei die Speicherung elektrischer Energie leisten – zum Beispiel künftig in Elektroautos. In der Region Harz, so haben die Wissenschaftler errechnet, könnte etwa ein Viertel der vorhandenen 100 000 Pkws künftig als Elektroautos das Pumpspeicherkraftwerk Wendefurth komplett ersetzen.

Das Herzstück dieser Regenerativen Modellregion ist das virtuelle Kombikraftwerk, dessen Leitwarte im Dardesheimer Rathaus zu besichtigen ist. Es verknüpft die erneuerbaren Energieerzeuger, steuerbaren Verbrauchsgeräte, Netze und Energiespeicher in der Region miteinander zu einem »Smart Grid«, zu einem »intelligenten Netz«. Durch die aufeinander abgestimmte Kombination von Erzeugung, Verbrauch, Netzen und Speichern will die Harzregion zeigen, dass mit einem maximalen Anteil erneuerbarer Energieträger eine stabile, zuverlässige und verbrauchernahe Komplettversorgung mit heimischen regenerativen Energien jederzeit möglich ist. Künftig sollen nicht nur alle Einwohner im Landkreis Harz mit Ökostrom versorgt, sondern auch ein Export in benachbarte städtische Regionen möglich werden. Potenziale dafür sind vorhanden – das haben die Wissenschaftler nachgewiesen.

Dieses innovative Online-Netzwerk ermöglicht den beteiligten Erzeugern, Händlern, Netzbetreibern und Kunden eine ökologisch und ökonomisch optimierte Energieversorgung. Die zentrale Steuerungseinheit koordiniert das neue Energiesystem so, dass bedarfsgerecht Strom erzeugt wird. Die japanischen Gäste sind beeindruckt, wie hier die 100-prozentige Energiewende schon mal durchgespielt und erprobt wird. »Wenn die Deutschen das können, dann können wir das auch«, sagt mir schmunzelnd der Dolmetscher.

In dieser Modellregion soll es einmal variable Stromtarife geben. Durch steuerbare Lasten wird eine zunehmende Anpassung des Verbrauchs an das Angebot möglich sein. Bei stürmischem Wind oder strahlendem Sonnenschein wird viel Energie erzeugt – und der Strompreis sinkt. Über einen »intelligenten« Stromzähler erhält der Kunde Informationen über den derzeit günstigsten Strompreis. Künftig kann er also selbst entscheiden, ob er Haushaltsgeräte mit hohem Verbrauch zu preiswerten Zeiten laufen lässt. Den automatischen Start der Geräte übernimmt das BEMI (Bidirektionales Energiemanagement Interface) – ein Minicomputer, so groß wie dieses Buch, das Sie gerade lesen. Das hilft, die Schwankungen in der Stromproduktion der vielen kleinen Ökoanlagen mit den Verbrauchsschwankungen der vielen Verbraucher auszugleichen. BEMI und das dahinter arbeitende Leitsystem fungieren als Schnittstellen zwischen Kunde, Netzbetreiber und Stromlieferant und garantieren eine ökologisch wie ökonomisch optimierte Energieversorgung. So können Tausende kleiner Ökoanlagen in Zukunft die Funktion der alten Großkraftwerke übernehmen und die Grundlast der Elektrizität liefern, aber auch für Heizung, Kühlung und Mobilität sorgen.

Hier im Harz erlebe ich die Zukunft des Energie-Internets. Die künftige dezentrale Struktur hat gegenüber der heutigen zentralisierten fünf wesentliche Vorteile:

* Millionen kleine Anlagen ersetzen wenige große, erhöhen damit die Systemsicherheit und reduzieren die Energieunabhängigkeit von außen.
* Pausenlose Kommunikation über das Energie-Internet schafft den Ausgleich zwischen Angebot und Nachfrage.
* Die Stromversorgung wird demokratisch. Das heißt: Viele Teilnehmer sind zugleich Produzenten und Verbraucher und schaffen damit mehr Kapital in der Region.
* Es entstehen bis zu zehnmal mehr Arbeitsplätze als in der alten zentralisierten Energiewirtschaft.
* Es gibt keine internationalen Konflikte mehr um Energierohstoffe.

Damit das alles funktioniert, braucht man zum Teil andere Netze. Diese Smart Grids müssen ähnlich intelligent sein wie das heutige Internet. Sie können helfen, Angebot und Verbrauch von Strom in Balance zu halten.

»Müssen meine Bürger jetzt nachts um drei Uhr aufstehen, wenn sie günstigen Strom für ihre Waschmaschine angeboten bekommen?«, wollte der Oberbürgermeister von Quedlinburg bei der Vorstellung des Projekts wissen. Ich konnte ihn als Moderator der Veranstaltung beruhigen. »Nein, der Computer macht das für sie.«

Was Energieeffizienz in den nächsten Jahren noch alles zu leisten vermag, haben die Haushaltsgeräte in den letzten Jahren bereits bewiesen: Wasch- und Geschirrspülmaschinen, Kühlschränke und Öfen verbrauchen heute im Durchschnitt 50 bis 70 Prozent weniger Energie als noch vor 15 Jahren. Ähnlich verläuft die Kurve beim Wasserverbrauch von Waschmaschinen und Geschirrspülern. Selbst Staubsaugern und Toastern wurde der Energiehunger abgewöhnt.

Die neuen Ziele sind noch ehrgeiziger: Es gibt erste Waschmaschinen und Trockner, die erkennen, wann der Strom am wenigsten kostet, um dann automatisch zu starten. In Pilotprojekten mit Energieversorgern wird derzeit ermittelt, wie diese »Smart Grid«-Anwendungen mit Staffeltarifen und Stromzählern unterstützt werden können. Verbraucher können also künftig das energie- und kosteneffiziente Denken an ihre Haushaltsgeräte delegieren. Bereits auf der letzten Internationalen Funkausstellung wurde deutlich: Der Fernseher wird künftig zur schicken Schaltzentrale für die gesamte Haustechnik.

Die Frage bleibt: Machen die Verbraucher mit? Dies hat die Professorin für Umweltpsychologie an der Universität des Saarlandes, Petra Schweizer-Ries, untersucht. Sie wollte herausfinden, wie die Bevölkerung zu erneuerbaren Energien, zur Elektromobilität und zu Fragen des Lastmanagements steht. Lastmanagement bedeutet, möglichst dann Strom zu verbrauchen, wenn viel davon zur Verfügung steht, sowie den Stromverbrauch in Spitzenzeiten zu reduzieren. Dazu gehört zum Beispiel die Verschiebung von Startzeiten der Geräte, die nicht sofort genutzt werden müssen. So können Stromverbrauchsspitzen abgebaut und der Verbrauch besser an das Angebot angepasst werden. Die Ergebnisse: 72 Prozent der Verbraucher sind bereit, die Startzeit für ihre Waschmaschinen zu verschieben, 67 Prozent könnten sich das beim Wäschetrockner vorstellen und 76 Prozent bei der Spülmaschine.

Die Botschaft der Modellregion ist klar: Hier wurde vier Jahre lang getestet, ob und wie der komplette Umstieg auf erneuerbare Energie möglich ist. Das Ergebnis, das die über 20 Projektpartner an diesem Herbstabend im romantischen Wasserschloss Westerburg vorstellen, ist eindeutig: Ja, es geht! Die Modellregion kann sogar noch Elektrizität exportieren, auch wenn sie zusätzlich zum Strombedarf auch noch den gesamten Wärmebedarf und die Treibstoffe regenerativ abdeckt.

Auch Elektromobilität ist hier schon weitgehend akzeptiert. 59,4 Prozent der Befragten sagen Ja zum Elektromobil, und nur 16 Prozent lehnen es ab. Doch es herrscht noch viel Aufklärungsbedarf. Viele der Befragten befürchten, dass die Reichweite eines E-Kfz zu gering für den Alltag sei, sind aber überrascht, wenn man ihnen erklärt, dass der durchschnittliche Arbeitsweg mit einem Pkw pro Tag nur 38 Kilometer beträgt. Die Reichweite eines Elektrofahrzeugs beträgt aber bis zu 150 Kilometer – schon heute.

**Kann das Modell der Harz-Region
überall verwirklicht werden?**
Die Regenerative Modellregion Harz nimmt eine Vorreiterrolle ein. Die beteiligten Wissenschaftler halten es jedoch für möglich, dass die zitierten Ergebnisse exemplarisch für ganz Deutschland sind. Was im Harz schon heute für 230 000 Menschen funktionieren kann, ist morgen auch im ganzen Land möglich. Obwohl nicht alle Regionen gleich sind, ist die Kombination Windenergie, Wasserkraft, Biogas, intelligente Netze, Speichertechnologien, Solarautos und internetgestützte Energie-Leitstelle in den meisten bei unterschiedlichem Mix möglich.

Zum Beispiel gibt es nicht überall Wasserkraft, oder der Wind weht weniger, aber dafür scheint anderswo mehr

Sonne. Trotz einer vorhandenen Geothermietiefenbohrung aus DDR-Zeiten spielt die tiefe Erdwärme im Harz bisher kaum eine Rolle, aber in anderen Gegenden sehr wohl. Süddeutschland hat mehr Wasserkraft, der Norden mehr Wind. Die Regionen in Deutschland unterscheiden sich geografisch, klimatisch und strukturell. Ballungsgebiete wie Berlin oder das Ruhrgebiet haben unabhängig von ihrer geografischen Lage aus Platzgründen weniger Möglichkeiten, Windräder aufzustellen oder Biomasse zu nutzen. Deshalb werden sie intensiv mit ihrem Umland kooperieren müssen, wie dies ja auch bei den Nahrungsmitteln schon immer der Fall ist.

Die wichtigste Erkenntnis der Erfahrungen in der Modellregion Harz: Die komplette Umstellung des Energiemarkts, die 100-prozentige Energiewende, ist möglich.

Die Windenergie sorgt heute in Deutschland bereits für etwa neun Prozent des Stroms – Voraussetzung für diesen Erfolg war eine Volksbewegung von unten. Etwa 250 000 Menschen haben ihr Geld in Windräder investiert – es geht weiter stürmisch aufwärts, sozusagen in Windeseile. Ostfriesland mit 400 000 Menschen gewinnt bereits über 100 Prozent seines Stroms aus Wind. Neueste Umfragen belegen diesen erfreulichen Aufwärtstrend: 77 Prozent der Deutschen wollen einen persönlichen Beitrag zur Energiewende leisten, auch wenn diese zunächst etwas mehr kostet.

Mit Erzeugungskosten zwischen sieben bis neun Cent pro Kilowattstunde ist Windstrom bereits die preiswerteste aller erneuerbaren Energien. Klar ist: Wer Windparks ablehnt, nimmt mit dieser Haltung den Bau von Kohlekraftwerken oder Atomkraftwerken in Kauf. Die Deutschen sind jetzt zu 80 Prozent gegen Atomkraft. Dann kann man jedoch seriöserweise nicht auch noch gegen Windkraft sein. Denn irgendwo muss der Strom ja herkommen. Ich kenne niemanden in Deutschland, der keinen Strom verbraucht. Nach dem Motto »Wir sind einfach gegen alles – gegen Atomkraft und gegen Windkraft« wird das Land mit Sicherheit nicht zukunftsfähig.

Die Kraft vom Acker und vom Wald

Alles Leben verdankt sich der Sonne. Vielleicht sollten wir uns einmal am Tag vor ihr verbeugen – so wie das viele Indianer heute noch tun. Aber nach der Sonne verdanken wir unser Leben dem Boden, der Luft und den Pflanzen. Wir leben von einer dünnen Humusschicht von circa 25 bis 30 Zentimetern rund um den Globus. Früchte, Bäume, Gräser und Blumen können nur gedeihen, weil sie den Trick der Photosynthese beherrschen, also Sonnenlicht in Zucker oder Öle zu verwandeln.

Direkt oder indirekt ist jede Lebensform von der Sonne und von Pflanzen abhängig. Durch Sonnenlicht entsteht pflanzliche Nahrung für Tier und Mensch. Die Photosynthese produziert über das Zusammenspiel von Sonne und Pflanzen jährlich 160 Milliarden Tonnen Trockenbiomasse aus Blättern, Blüten, Stängeln und Stämmen allein an Land. Hinzu kommt die Biomasse in den Meeren. Die Organismen, die über Photosynthese wachsen, sammeln so jedes Jahr 1350 Terawatt Energie ein. Zum Vergleich: Die Menschheit braucht 16 Terawatt an Energie pro Jahr. Das amerikanische Militär investiert Hunderte Millionen Dollar in die Erforschung von alternativen Biotreibstoffen für Flugzeuge, Panzer und Schiffe. Erste Testflüge gibt es bereits mit Biokerosin in den USA und mit Bioethanol in Brasilien.

Britisch Airways hat angekündigt, dass Inlandflüge ab 2015 mit Biogas absolviert werden. Bis 2025 soll das französische Übersee-Departement La Reunion im Indischen Ozean völlig energieautark werden: mithilfe von Biogas, das aus Meeresalgen gewonnen wird.

Wie aber können wir schon heute ganz konkret und praktisch aus dieser Biomasse Energie für uns gewinnen?

Am 22. Juni 2012 lud Europas größter Biogasanlagenbetreiber agri.capital zum Sommerfest nach Quedlinburg ein. Diese Stadt bedeutet: Weltkulturerbe, 600 Jahre alte Fachwerkhäuser, Kopfsteinpflaster, malerische Gassen, romanische Kirchen, einladende Straßencafés. Die Kaiserstadt der Ottonen warb für die Ausstellung »Otto und die Liebe – kaiserliche Hochzeit in Quedlinburg«, in der es um den Zusammenhang von Ehe, Hochzeit, Liebe, Recht und Politik im Mittelalter ging. Aber an diesem Tag sollte es um etwas so Prosaisches wie die Nachhaltigkeit von Biogasanlagen gehen.

Ich versuchte, die etwa 100 Mitarbeiter der Firma trotz der starken Verunsicherung der Biogasbranche für ihre wichtige Arbeit zu motivieren. Die Branche war verunsichert, weil schon die große Koalition die ursprüngliche Steuerbefreiung für Biosprit aufgehoben hatte. Die Energiewende könne nur mit dem Alleskönner Bioenergie gelingen, sagte ich. Sowohl Strom und Wärme wie auch Treibstoffe könnten aus fester, flüssiger und gasförmiger Biomasse gewonnen werden.

Umgeben von der einmalig schönen Atmosphäre dieser mittelalterlichen Stadt sprach ich über die sechs Vorurteile, mit denen diese Branche zu kämpfen hat.

Erstes Vorurteil: Durch Bioenergie entsteht Hunger. Also voller Tank und leerer Magen?
Die Fakten: Der Preis für Getreide macht nur 4,4 Prozent des Brotpreises aus. Die Lohnkosten betragen 30 Prozent. Für Handel, Energie und Steuern fallen 65 Prozent an. Was für die temporär zu beobachtenden Preissteigerungen bei Getreide und Ölsaaten jedoch viel stärker ins Gewicht fällt, ist eine andere Entwicklung. Denn immer mehr Menschen in den asiatischen Wachstumsregionen wollen Fleisch- und Milchprodukte konsumieren. Das führt zu einem überproportional starken Verbrauch von Getreide und Ölsaaten für Futtermittel.

Hinzu kommen steigende Erdölpreise, die für einen Kostenanstieg bei Dünger oder Kraftstoffen in der Landwirtschaft verantwortlich sind. Auch das erhöht die Lebensmittelpreise.

Hinzu kommt in Deutschland: Wir werfen nahezu die Hälfte unserer Lebensmittel weg. Ein wenig mehr Achtsamkeit gegenüber Lebensmitteln würde das Problem bereits entschärfen und ein Bewusstsein schaffen.

Zweites Vorurteil: Energiepflanzen nehmen der Landwirtschaft die Flächen weg.

Die Fakten: Nur ein Bruchteil der Weltgetreideernte wird für Biokraftstoffe benutzt. In Europa werden lediglich zwei Prozent der Fläche für Energie vom Acker gebraucht, nur 3,4 Prozent des gesamten Getreides werden zu Bioethanol verarbeitet, aber 63 Prozent der Anbaufläche werden für Tierfutter genutzt. Der hohe Fleischkonsum ist das Hauptproblem, nicht die Gewinnung von Biosprit. Biosprit heißt wörtlich: Lebensgeist! Der vermeintliche Konflikt »Teller oder Tank?« ist in Wirklichkeit ein Konflikt »Teller oder Trog?«. Wenn wir in erster Linie land- oder forstwirtschaftliche Reststoffe für Bioenergie nutzen, können wir bis 2030 in Europa ein Viertel unserer Energie durch Abfallprodukte vom Acker, von der Wiese oder vom Wald gewinnen – ohne in Konflikt mit der Nahrungsmittelproduktion zu kommen. Abfälle sind Rohstoffe an der falschen Stelle. Trotzdem: Durch begrenzte Flächen wird die Nutzung nachwachsender Rohstoffe zur Energiegewinnung immer eingeschränkt bleiben. Die Konkurrenz zwischen Teller, Trog, Tank, Strom, Wärme und Grundstoffen wird in der Landwirtschaft immer bestehen. Lebensmittelproduktion sollte immer Vorrang haben, vor allem in den armen Ländern des Südens, wo Hunger herrscht.

Manchmal möchte ich den Ökofundis zurufen: Legt eure Naivität ab, aber behaltet euren Idealismus. Lernt zu differenzieren!

Drittes Vorurteil: Unser Biodiesel zerstört den Regenwald.
Die Fakten: Biokraftstoffe werden in Deutschland hauptsächlich aus heimischer Biomasse erzeugt und importierte Biomasse muss Nachhaltigkeitskriterien entsprechen, die 2009 in der Biokraftstoff-Nachhaltigkeitsverordnung vom Gesetzgeber festgelegt wurden. Weltweit sind 3,5 Milliarden Hektar Fläche degradiert, also ausgelaugt oder verwüstet. Ein angepasster Anbau von Energiepflanzen auf diesen Flächen kann dazu beitragen, die Böden zu rekultivieren und Erosion zu vermeiden. Der Regenwald in Brasilien, so erfahre ich dort während einer Vortragsreise, wird in erster Linie für Sojaanbau abgeholzt, und das heißt für die Fleischproduktion in den USA und in Europa, nicht für Bioenergie.

Viertes Vorurteil: Biogas stinkt.
Die Fakten: Gülle stinkt, Biogasanlagen nicht. Vor allem Städter müssen noch lernen: Eine Landwirtschaft, die überhaupt nicht stinkt, wird es wohl nie geben. Die Biogasproduktion ist eine Chance für regionale Wertschöpfung. Das in der Gülle enthaltene Methan wird in der Biogasanlage zur Strom- und Wärmeerzeugung genutzt. Deshalb kann dieses extrem klimaschädliche Gas beim Ausbringen der Gärreste nicht mehr in die Atmosphäre entweichen.

Fünftes Vorurteil: Biodiesel verursacht mehr CO_2, als er einspart.
Die Fakten: Das beim Verbrennen der Biomasse freigesetzte CO_2 entspricht der Menge, welche die Pflanze oder der Baum im nächsten Jahr wieder zum Wachsen braucht. Wir haben somit einen geschlossenen CO_2-Kreislauf. Biomasse ist also nicht CO_2-frei wie Sonnenenergie, Wind- und Wasserkraft oder auch Geothermie, aber CO_2-neutral. Tatsache ist deshalb, dass Biomasse gegenüber fossilen Rohstoffen bis zu 66 Prozent CO_2 einspart. Bioenergie kommt meist aus der Region beziehungsweise muss, wie oben erklärt, strengen Nachhaltigkeitskriterien entsprechen, während Kohle, Gas und Öl über Tausende Kilometer herangekarrt werden müs-

sen. Biomasse wächst fast überall vor der Haustür. Dennoch sollte im Zweifel der Lebensmittelanbau immer Vorrang vor der Bioenergie haben. Deshalb steht Bioenergie immer nur begrenzt zur Verfügung – im Gegensatz zu Sonne, Wind und Geothermie.

Sechstes Vorurteil: Bioenergie verursacht Monokulturen.
Die Fakten: Dieser Vorwurf stimmt an manchen Orten. Wo überwiegend Mais angebaut wird, ist der Vorwurf der »Vermaisung der Landschaft« berechtigt. Aber es geht auch anders. Bei Raps sind Monokulturen ohnehin ausgeschlossen. Er kann nur in drei- bis vierjährigem Abstand angebaut werden.

Richtig ist vielmehr, dass Pflanzenvielfalt auch den Ertrag steigert. So hat die Firma agri.capital ihre ursprüngliche Strategie geändert und setzt jetzt auf Diversifizierung der Rohstoffe. Der Einsatz von Mais wurde zurückgefahren. Dafür verwendet das Unternehmen zunehmend alternative Rohstoffe wie Hirse, Wildpflanzenmischungen, Gras und Rüben oder auch tierische Abfallprodukte. Dieses Modell trägt vor allem in Regionen mit überwiegend Nutztierhaltung dazu bei, die Nährstoffproblematik zu verringern. Bioenergie muss sinnvoller Teil der Fruchtfolge werden. Dann ist sie nachhaltig und eine wichtige Säule der Energiewende. Energiepflanzen – in Vielfalt angebaut – können die Agrarlandschaft ökologisch bereichern.

Hoffenheim spielt in der Schilfgras-Bundesliga

Über 20 Jahre lang – seit 1992 mein Buch *Schilfgras statt Atom* erschienen war – habe ich davon geträumt. Ende März 2012 wurde die Vision Realität.

In Hoffenheim, 26 Kilometer südöstlich von Heidelberg, steht ein Leuchtturm der modernen, dezentralen Energiewirtschaft: die bundesweit größte, mit Schilfgras betriebene Nahwärmeheizanlage. Die Familie Heß, Bauern in der dritten Generation, betreibt das Schilfgrasheizkraftwerk in der Region Kraichgau. Etwa 700 Personen beziehen von hier ihre Wärme. Damit steht Hoffenheim auf Platz eins in der Schilfgras-Bundesliga, so wie der TSG Hoffenheim als einziger Dorfverein seit 2008 in der Fußball-Bundesliga spielt. Zwei Hauptsponsoren des Fußball-Bundesligisten sind übrigens Solarfirmen aus der Region. Sie spenden für jeden Heimsieg der Hoffenheimer Kicker eine komplette Solaranlage an eine soziale Einrichtung.

Der wissenschaftliche Begriff für Schilfgras ist Miscanthus giganteus. Gerade mal 100 Meter ist das Biomasse-Heizzentrum vom Kirchturm und damit von der Dorfmitte in Hoffenheim entfernt. Die zentrale Lage garantiert kurze Leitungswege und relativ wenige Rohre zu den etwa 70 Privathäusern, die von hier aus mit Wärme versorgt werden. Hinzu kommen aber auch noch der Kindergarten, die Schule, das Heimatmuseum sowie Gewerbebetriebe wie Metzgerei, Gärtnerei und Bäckerei in dem 3200-Seelen-Dorf. Insgesamt beziehen 2012 bereits etwa 700 Personen ihre Wärme aus dem Schilfgraskraftwerk. Manche im Dorf reden auch vom Elefantengras, das aber in Ostafrika wächst. Deshalb titelte die regionale *Rhein-Neckar-Zeitung*: »Elefantengras bringt kuschelige Wärme in den Ortskern.« Das Hoffenheimer Schilfgras kommt ursprünglich aus Ostasien, hauptsächlich aus China und Japan. In Japan werden im Herbst sogar Schilfgrasfeste gefeiert – eine Art Erntedank mit Essen und Trinken, Musik und Tanz.

In Asien wird Schilfgras bislang vor allem als Baumaterial genutzt. Hauptsächlich im erdbebengefährdeten Japan hat sich das biegsame und zugleich robuste Schilfgras als Baumaterial hervorragend bewährt.

»Unsere Energiequelle ist die Sonne, gespeichert in Energiepflanzen im Umfeld von fünf Kilometern in Hoffenheim«, sagte Markus Heß von der Bioenergie Hoffenheim GmbH, als er Ende März 2012 etwa 100 Bauern, Wissenschaftler und Bürgermeister auf seinem Hof begrüßte. Ein Zelt musste extra aufgestellt werden, weil der Besucherraum im Nahwärmezentrum viel zu klein war. »Unsere Anlage«, erklärte Jungbauer Markus Heß in grünem Pullover und blauen Jeans seinen Gästen, »kann vielfältige Brennstoffe verarbeiten. Neben Schilfgras auch noch Stroh und Holzhackschnitzel, aber gelegentlich auch Heu, Pferdeäpfel oder Gärreste.«

Auf circa 30 Hektar hat die Familie Heß im klimatisch milden Kraichgauer Hügelland Schilfgras angebaut – rund ums Dorf. Die anspruchslosen Gräser sind perennierend, das heißt sie wachsen jahrzehntelang, alle Jahre wieder, ohne dass neu gepflanzt werden muss. Pro Hektar werden jedes Jahr 15 bis 20 Tonnen Trocken-Biomasse geerntet. Das sind etwa fünfmal mehr als bei Raps. Deshalb ist Schilfgrasanbau ökonomisch weil effizienter als Raps oder Flachs. Im Gegensatz zu den heimischen C3-Gräsern ist China-Schilf eine C4-Pflanze. Das heißt: Es entstehen nach der Photosynthese vier Kohlenstoffatome pro Molekül. Deshalb kann die Pflanze auch nachts wachsen, weil sie sogar in der Dunkelheit CO_2 verarbeiten kann. Andere C4-Gräser sind Mais, Hirse und Zuckerrohr. C3-Pflanzen haben nur drei Kohlenstoffatome in ihrem ersten Zwischenprodukt nach der Photosynthese.

Schilfgräser brauchen eine durchschnittliche Menge Wasser, aber viel Sonne und Wärme, und wachsen deshalb auf Höhen über 400 bis 500 Meter auch weit weniger schnell als in den milden Kraichgau-Höhen zwischen 150 und 250 Metern über dem Meer.

Voller Stolz erklärte Markus Heß seinen Gästen, dass er seinen Kunden 2012 die Wärme gegenüber Erdöl oder Erdgas um 25 Prozent preisgünstiger anbieten könne. »Und unser Angebot ist im Gegensatz zu Erdöl oder Gas noch umweltfreundlich.« Die Bioenergie Hoffenheim GmbH erspart dem Dorf pro Jahr 350 000 Liter Heizöl und damit mehrere Tausend Tonnen Treibhausgase. Selbst die Asche, die beim Verbrennen im Kraftwerk anfällt, geht als natürlicher Dünger auf dem Acker der Landwirte wieder in den Kreislauf der Natur zurück.

Die Miscanthus-Pflanze, davon konnten sich Heß' Gäste bei der Ernte mit einem Maishäcksler überzeugen, wird ab dem zweiten Erntejahr zwischen drei und vier Meter hoch. Da Schilfgras bis zu fünfmal mehr Biomasse ergibt als Raps, fragte der Chef der Landesanstalt für Pflanzenbau in Baden-Württemberg, Klaus Mastel, in Hoffenheim: »Warum bauen unsere Bauern in Deutschland erst 3000 Hektar Schilfgras an, aber bis zu einer Million Hektar Raps?« Diese Frage stelle ich mir seit 20 Jahren. Vielleicht hilft der Erfolg von Hoffenheim beim Durchbruch von Schilfgras. Und vielleicht brauchen konservative Bauern etwas länger, bis sie sich auf etwas Neues einlassen. Aber nach dem Durchbruch sind Konservative oft auch beständiger.

Wenn Landwirte wirklich Energiewirte werden wollen, müssen sie lernen, energieeffizient zu arbeiten und anzupflanzen. »Schilfgras statt Raps« und weg von der Monokultur Mais könnte eine Lehre aus den letzten Jahren sein. Die Natur meint immer Vielfalt und nicht Einfalt.

Der Ertrag von Schilfgras ist sehr hoch. Sie ist die schnellstwachsende Pflanze der Welt. In den USA werden Schilfgräser bereits auf 200 000 Hektar angebaut. In Japan sind es noch mehr. Die Pflanze ist langlebig und pflegeleicht, sie wird im März oder Mai nahezu trocken geerntet, sie erfordert bei jahrzehntelanger Ernte nur einmaligen Anbau, sie garantiert konstante Biomasse-Kosten über viele Jahre, ist umweltfreundlich, erfordert lediglich im ersten Jahr nach der Anpflanzung minimale Pflanzenschutzmittel. Alles andere regelt die Natur, die Lösungen für alle unsere heutigen Energie- und Klimaprobleme vorgesehen hat. Wir müssen wieder lernen, der Natur über die Schulter zu schauen und mit ihr anstatt gegen sie zu arbeiten. Schilfgras in den Tank! So ersparen wir dem einzelnen Kunden wie der gesamten Volkswirtschaft jedes Jahr enorme Kosten.

»Unser Grundsatz«, sagte Markus Heß zum Abschied, »ist, dass wir im Kreislauf der Natur arbeiten. Dann brauchen wir in Hoffenheim weder Öl aus Arabien noch Gas aus Sibirien.

Alles wächst direkt vor unserer Haustür. Und die Schaffung von Arbeitsplätzen und die ökonomische Wertschöpfung finden ebenfalls in der Region statt.«

Am selben Tag hatte die Bundesregierung bekannt gegeben, dass Deutschland im Jahr 2011 für Öl- und Gasimporte 85 Milliarden Euro ausgegeben hat. Welch ein ökonomischer und ökologischer Unsinn! Und der potenziert sich in den nächsten Jahren durch steigende Ölpreise noch.

Es gibt viel zu tun – beginnen wir mit dem Anbau der richtigen Rohstoffe

Nachwachsende Rohstoffe werden künftig nicht nur zur umweltfreundlichen Energiegewinnung verwendet werden, sondern auch als Rohstoffquelle in der chemischen Industrie, in der Bauindustrie und in der Autoindustrie: für Häuser und Autos, Fernsehgeräte und Dämmstoffe sowie als Verpackungsmaterial für Geräte aller Art, zum Fahrradbau und zunehmend für Produkte der Grünen Chemie und des ökologischen Bauens.

© Bigi Alt

So sieht Schilfgras aus

Aus Schilfgras Benzin und Wärme, aus Hanf Baumaterial und Textilien, aus Sonnenblumen Schmierstoffe und Autositze – das alles ist keine Utopie, sondern eine realisierbare Vision, die zum Teil heute schon umgesetzt wird. 1992 wurden in Deutschland auf etwa 75 000 Hektar nachwachsende Rohstoffe für Industrieprodukte angebaut. 2003 waren es schon über 750 000 Hektar und 2012 zwei Millionen Hektar. Allein mit Biogas, so eine Studie der Stadtwerke Leipzig und der Universität Leipzig, lässt sich das gesamte Erdgas, das Deutschland heute von Putins Gnaden aus Russland importiert, ersetzen. Biogas boomt in Deutschland und in Österreich, es ist Energie vom Land und aus dem eigenen Land.

Biogasanlagen arbeiten simpel: Die Pflanzen landen in Anlagen, die ähnlich funktionieren wie der Magen einer Kuh. Es entsteht Biogas mithilfe von Mikroorganismen.

Für Landwirte sind Bioenergien ein gutes Geschäft. Landet ihr Mais im Tiertrog, gibt es rund 400 Euro pro Hektar, geht er aber in die Biogasanlage, bekommt der Bauer bis zu 1000 Euro. Endlich haben Landwirte eine attraktive alternative Einnahmequelle. Endlich werden sie für ihre wertvolle Arbeit anständig bezahlt. Die bisherigen Preise, die Bauern für ihre Lebensmittelproduktion erhielten, waren einfach unanständig niedrig. Der Milchpreiskrieg in den letzten Jahren hat viele Bauern in den Ruin getrieben. Die Preise lagen oft unter den Produktionskosten. Natürlich freut sich kein Verbraucher über höhere Lebensmittelpreise. Aber höhere Preise bewirken, dass wir Bürger den Wert von Lebensmitteln endlich wieder höher schätzen.

Was Biogasanlagen leisten können, zeigt Bayern. Hier werden heute bereits eine Million Menschen mit Strom aus Biogas versorgt. Deutschlandweit bezogen 2011 über zehn Millionen Menschen Strom aus Biogas. Die Biogasbranche hat inzwischen über 50 000 Arbeitsplätze geschaffen – zumeist im ländlichen, oft strukturschwachen Raum.

Meine Heimatstadt Baden-Baden hat 2008 im Gemeinderat einstimmig ein neuartiges und weltweit einmaliges Biomassekonzept verabschiedet. Der engagierte Diplom-Ingenieur Bernhard Schäfer – ein ruhiger Typ, badisch, bärtig, technisch kompetent – erklärt mir, was er sich von den Bürgern der Stadt alles bringen lässt: Laub und Gras, Grünschnitt und Heu, Stroh und Heckenschnitt, Holzabfälle und Speisereste, Äste und Wurzeln. Allein aus diesen Abfällen werden jedes Jahr 12000 Tonnen Biomasse zusammengetragen. Durch pressen, mahlen und mischen wird die Biomasse zu Silageballen gepresst und luftdicht in Folien verpackt zwischengelagert. Nach einer Reifezeit werden die Ballen in Kläranlagen in warmem Wasser aufgelöst. Es fällt ein energiereicher Presssaft an, der in einer Biogasanlage zur Produktion von Biogas eingesetzt wird. Das Biogas wird im Blockheizkraftwerk zu Strom und Wärme umgewandelt. Aus dem getrockneten Pressgut werden Briketts und bald auch Pellets produziert. Die verholzten Grünabfälle werden zu Holzhackschnitzeln veredelt. So werden umweltfreundlich fünf Millionen Kilowattstunden Strom und zehn Millionen Kilowattstunden Wärme gewonnen – das ist Energie für etwa 4000 Menschen. Schäfer will den Anteil in den nächsten Jahren verdoppeln. Er empfängt Besucher aus der ganzen Welt und erklärt ihnen: »Wir lassen einfach die Natur für uns arbeiten. Das können Sie auch machen.« Und er versichert glaubwürdig: »Wir arbeiten wirtschaftlich.« Sein »integriertes Biomassekonzept« verarbeitet nicht nur Teile einer Pflanze, sondern die Pflanzen als Ganzes.

Es wird bei diesem intelligenten Konzept nur verwertet, was ohnehin abfällt. Die Diskussion Teller oder Tank erübrigt sich. Aus Grünabfällen, die bisher teuer entsorgt werden mussten, werden jetzt umweltfreundliche Energie und wertvoller Dünger. Dadurch werden Stoffkreisläufe regional geschlossen, und es entsteht lokale Wertschöpfung.

Tschüss Öl und Gas – es gibt jetzt eine nachwachsende Alternative.

Das Potenzial ist gewaltig, wenn sich die richtigen Technologien durchsetzen. Es gibt viel zu tun – packen wir's an. Etwa ein Viertel der Weltackerfläche liegt zurzeit brach.

Wälder sind Klimaschützer

Eine weltweite Waldaufforstung wäre der effizienteste, schnellste, preiswerteste und ökologischste Beitrag zum globalen Klimaschutz. Wälder sind natürliche Klimaschützer, Wasserspeicher, Schutzräume für Tiere und Pflanzen und Erholungsgebiete für Menschen. Indien hat soeben angekündigt, zehn Millionen Hektar Wald neu aufforsten zu wollen – für ein »grünes Indien«.

Alles, was das Erdöl kann, können Pflanzen auch. Erdöl ist ebenso wie Kohle gespeichertes Pflanzenmaterial – gespeichert in Jahrmillionen Jahren. Wie erfolgreich die Biogasproduktion für Landwirte und den ländlichen Raum sein kann, durfte ich in Wolpertshausen, einem 1000-Einwohner-Dorf bei Schwäbisch Hall, erleben. Vor 20 Jahren hatte der junge Landwirt Gottfried Gronbach mit vier Mitarbeitern die Firma Novatech gegründet. Er begann mit dem Bau von Biogasanlagen und später mit der Installation von Solaranlagen. Heute beschäftigt Gronbach 90 Mitarbeiterinnen und Mitarbeiter. Der Bürgermeister des Ortes erzählte mir bei der 20-Jahr-Feier: »Wir sind stolz auf diese innovative Firma. Mit ihrer Hilfe haben wir bereits 70 Prozent Ökostrom im Dorf.«

In unseren Dörfern steckt viel Energiepotenzial. Doch noch viel mehr Energie haben wir direkt unter uns.

Die Kraft aus der Erde

In diesem Buch wurden bisher die Sonnenenergie, die Windkraft und die Bioenergie beschrieben. Jetzt geht es um eine vierte riesige nachhaltige Energiequelle – die Geothermie oder Erdwärme. 99 Prozent unserer Erdmasse sind mindestens 1000 Grad heiß. Unter der Erde ist viel Energie gespeichert. Je tiefer, desto mehr.

In Paris werden seit 25 Jahren etwa 250 000 Wohnungen mit Wärme aus der Tiefe versorgt. San Francisco erzeugt seinen Strom zu fast 100 Prozent über Erdwärme. In Gegenden vulkanischen Ursprungs wird über Erdwärmekraftwerke der gesamte Stromverbrauch organisiert: zum Beispiel auf den Azoren, in Nicaragua und El Salvador. Auf den Philippinen liefert Erdwärme bereits 23 Prozent des gesamten Energieverbrauchs.

Im Elsass fressen sich Bohrer bereits 5000 Meter tief in die Erde. Seit 2004 erzeugt in Soultz-sous-Forêts das europäische Geothermieprojekt 20 Megawatt elektrische Leistung. Das ist Strom für eine Stadt mit 50 000 Einwohnern.

Schon seit Jahren setzen viele Bürgermeister auf beiden Seiten des Rheins ihre Energiehoffnungen auf dieses Projekt. Badische und elsässische Kommunen wollen künftig Heizenergie aus Erdwärme gewinnen. Viele Städte und Dörfer können komplett damit beheizt werden, wenn die unterirdischen Wärmevoraussetzungen gegeben sind. Seit 2009 ist in der 40 000-Einwohner-Stadt Bruchsal ein großes Geothermiekraftwerk in Betrieb. Bei der Einweihung sagte mir der damalige Bruchsaler Oberbürgermeister Bernd Doll: »Dafür habe ich 15 Jahre lang in meinem Gemeinderat kämpfen müssen. Jetzt sind auch diejenigen dafür, die lange dagegen waren.« In Bruchsal beziehen bereits 1200 Familien ihren Strom aus der Tiefe. Später soll in einem zweiten Schritt auch die Abwärme genutzt werden.

Bei Temperaturen über 100 Grad Celsius lässt sich aus Erdwärme auch Strom gewinnen. Kühles Wasser wird über ein Loch in 5000 Meter Tiefe geführt, wo es sich im Granit aufheizt und über ein anderes Loch wieder hochgepumpt wird. Oben treibt eine Turbine damit einen Generator an, der Strom erzeugt.

Die Geothermische Vereinigung schätzt, dass mit Erdwärme ein Viertel des deutschen Strombedarfs gedeckt werden könnte – viele Tausend Jahre lang. In der Schweiz wird schon heute fast kein Neubau mehr errichtet ohne Oberflächen-Erdwärmenutzung.

In Deutschlands Erdkruste schlummern enorme Potenziale für geothermischen Strom. Das jedenfalls ist das wesentliche Fazit einer Studie des Büros für Technikfolgenabschätzung (TAB) des Deutschen Bundestags. Der Sachstandsbericht »Möglichkeiten geothermischer Stromerzeugung in Deutschland« des Autorentrios Herbert Paschen, Dagmar Oertel und Reinhard Grünwald setzt sich neben einer Abschätzung und Bewertung der Potenziale auch mit dem Stand der Technik, der Wirtschaftlichkeit und den Umweltfolgen eines breiten Einsatzes dieser Technologie auseinander.

Die Kernaussagen sind eindeutig: Die bis in sieben Kilometer Tiefe vorhandene Erdwärme reicht theoretisch aus, um mehr als das 600-Fache des deutschen Jahresstrombedarfs zu decken. Nur ein sehr geringer Teil davon würde tatsächlich benötigt, selbst wenn sämtliche Wärme und sämtlicher Strom in unserem Land aus erneuerbaren Energiequellen gedeckt würden.

In einem solchen Energiemix stellt die Geothermie als Grundlast-Energieträger die ideale Ergänzung zu Wind, Sonne, Wasserkraft und Biomasse dar. Geothermische Kraftwerke lassen sich wie herkömmliche gas-, öl- oder kohlebefeuerte

Anlagen ohne großen regelungstechnischen Aufwand in das Stromverbundnetz eingliedern. Die dafür notwendigen Technologien stehen zur Verfügung oder befinden sich unmittelbar vor der Einsatzreife.

Geothermie hat viele Vorteile gegenüber den klassischen Energieträgern Erdöl oder Erdgas. Sie ist in nahezu unendlicher Menge vorhanden, und die CO_2-Emissionen werden verringert. Doch auch gegenüber den anderen erneuerbaren Energien wie Sonne oder Windkraft bietet die Erdwärme einen entscheidenden Vorteil: Sie ist unabhängig von Sonnenschein, Niederschlägen, Wind und Wetter. Sie ist also beständig verfügbar. Das Problem der Energiespeicherung entfällt, weil die Natur auf wundersame Weise seit Milliarden Jahren und noch für weitere Milliarden Jahre diese Energie speichert.

Seit 2007 bekommen in München-Unterhaching 20 000 Menschen ihren Strom umweltfreundlich über die Wärme aus der Erde. Das Thermalwasser, aus dem hier Strom und Wärme gewonnen werden, ist 140 Millionen Jahre alt. Es kommt die innovative Kalina-Technologie zum Einsatz, mit deren Hilfe das Wasser schon ab etwa 100 Grad Wärme in Strom umgewandelt werden kann. Somit ist eine hohe Versorgungssicherheit gewährleistet.

Dies alles macht Geothermie zu einer zukunftsweisenden Quelle einer ökologischen und nachhaltigen Strom- und Wärmeversorgung. Sie muss nicht wie Öl oder Gas rund um den Planeten verschifft werden, sondern ist Energie vor Ort. Bei Basel und in Staufen bei Freiburg wurden in den letzten Jahren einige technische Fehler bei Geothermie-Bohrungen gemacht, sodass es zu kleinen Erdbeben und Schäden an vielen Häusern kam. Aus diesen Anfangsfehlern muss die Branche lernen.

Die Bedeutung der gespeicherten Geothermie nimmt von Jahr zu Jahr zu. Für die Zukunft geben Experten der Erdwärme im kommenden Energiemix eine zentrale Rolle. Nach einer Prognose des Bundesverbandes Erneuerbare Energie wird die Stromerzeugung durch Geothermie in Deutschland bis 2020 auf jährlich 3750 Gigawatt ansteigen. Im Jahr 2011 waren es erst 19 Gigawatt, was einem jährlichen Stromverbrauch von etwa 6300 Haushalten entspricht. Eine ähnlich stürmische Entwicklung ist im Wärmebereich absehbar. 2011, zum zehnjährigen Bestehen des Geothermiekraftwerks in Unterhaching, kamen Investoren, Politiker und Interessenvertreter aus 22 Ländern zu Besuch. Der erste Bürgermeister, Wolfgang Panzer: »Wir nutzen bayerische Energie. Wenn du etwas über Geothermie lernen willst, dann komm nach Unterhaching.« Um München sind weitere 15 Großprojekte geplant.

Warmes Wasser für ganz Reykjavik

An der Weltspitze der Geothermienutzung steht die Vulkaninsel Island. Seit vielen Jahren beschäftigen sich isländische Wissenschaftler mit den Zusammenhängen zwischen geologischen Gegebenheiten, der Erdwärme, der Wasserwirtschaft und der Energieforschung. Durch diese Forschungen können die 320 000 Einwohner der Insel im Nordatlantik bereits 90 Prozent ihrer Wärme und über 30 Prozent des Stroms aus den Tiefen der Erde gewinnen.

Im Juli 2011 waren wir in Island. Diese Weite. Dieses Licht. Diese Farben. Die Insel der schon fast vollständigen Energieautonomie. Meine Frau und ich besuchten nach einer Grönland-Expedition in Reykjavik einen der größten Warmwasserspeicher, genannt Perlan, die Perle. Von hier aus, so ließ ich mir erklären, wird die gesamte Hauptstadt mit Warmwasser versorgt – auch die im Winter beheizten Straßen und Gehwege. Perlan befindet sich auf dem Hügel Öskjuhlid südlich des Stadtzentrums. Hier sind schon seit Jahrzehnten Warmwasserspeicher in Betrieb. 1991 wurden sechs riesige Aluminiumtanks mit einer eindrucksvollen Glaskuppel überdacht und zu einem architektonisch einzigartigen Gebäude vereint.

Lampen erzeugen die Illusion eines Sternenhimmels. Spiegel reflektieren den Himmel und auf diese Weise auch oft das Polarlicht im Innern des Gebäudes. Innen wurde ein künstlicher Geysir errichtet, der zur Freude und Überraschung der Besucher alle paar Minuten ausbricht.

Auf dem Dach eines der Tanks saßen wir im Drehrestaurant und genossen den Ausblick auf die Welthauptstadt der Geothermie. Durch seine erhöhte Lage kann Perlan alle Gebäude der Stadt ohne zusätzliche Pumpen mit Warmwasser versorgen. Das Warmwasser für Reykjavik, so erfuhren wir, wird aus 70 Bohrlöchern unter der Stadt entnommen, die meist 500 bis 2000 Meter in die Tiefe reichen. So wird ein Großteil der Wärmeenergie direkt geothermal gewonnen.

Geothermie in Rehau

Ein Beispiel aus Deutschland zeigt, wie Geothermie in Kombination mit anderen erneuerbaren Energiequellen unsere Energieprobleme intelligent, ökologisch und preiswert lösen kann:

»Effizientes Bauen ist eine sichere Bank und macht unabhängig vom Auf und Ab der Energiekosten«, sagt Nils Wagner, Leiter der Rhenium-Baugruppe Rehau im bayerischen Rehau, bei der Einweihung des neuen zweigeschossigen Firmensitzes im Sommer 2012. Die Wärmeversorgung wird über Wärmespeicher in Kombination mit einer Geothermieanlage betrieben. Warum aber gerade Geothermie?

Nils Wagner: »Neben der energieeffizienten Versorgung der Gebäude mit Wärme und Kühlung stand auch die Schaffung eines angenehmen Raumklimas im Vordergrund, und zwar im Sommer wie im Winter. Um die hierfür benötigte Energie zu erzeugen, bietet sich besonders die Nutzung der Erdwärme zum Heizen und Kühlen an.« Die eine Million Euro für das Energiesystem rechnen sich. Wagner: »Wir ersparen uns die bisherigen Energiekosten von 280 000 Euro pro Jahr. Und senken die CO_2-Emissionen um stattliche 2585 Tonnen pro Jahr.« Nach weniger als vier Jahren haben sich also die Kosten amortisiert. Danach ist die Energieversorgung kostenlos.

Die Kraft des Wassers

Die Wasserkraft ist schon lange eine wettbewerbsfähige Form der Stromerzeugung aus erneuerbaren Energieträgern. Sie steht rund um die Uhr zur Verfügung und kann auch als Energiespeicher genutzt werden – künftig in Kombination mit Wind- und Sonnenenergie.

Die Geschichte der Wasserkraft ist Jahrtausende alt. Historiker gehen davon aus, dass sie in China bereits vor 5000 Jahren genutzt wurde. Kulturen am Nil, Euphrat und Tigris sowie am Indus haben schon vor 3500 Jahren die ersten, durch Wasserkraft angetriebenen Maschinen in Form von Wasserschöpfrädern zur Bewässerung ihrer Felder eingesetzt.

Ab dem 18. Jahrhundert wurden die ersten Wasserräder aus Gusseisen hergestellt, was eine wesentliche Voraussetzung für die industrielle Revolution war, weil sie durch größere Belastbarkeit auch größere Leistungen erbrachten. Die damit verbundene Produktivitätssteigerung führte zu einem enormen wirtschaftlichen Aufschwung. 1866 erfand Werner von Siemens den elektrodynamischen Generator, was die Umwandlung von Wasserkraft in elektrischen Strom ermöglichte. 1896 entstand in den USA an den Niagara-Wasserfällen das erste Großkraftwerk der Welt.

Der Ulmer Historiker Uwe Schmidt, der sich schwerpunktmäßig mit der Geschichte der Wasserkraft im Allgäu beschäftigt, über das damalige Königreich Württemberg: »In der ersten Hälfte des 19. Jahrhunderts stand die Wasserkraft als einzige Energiequelle zur Verfügung. Sie nahm in dem an Energierohstoffen armen Württemberg eine überragende Rolle für die Industrialisierung ein und blieb bis Ende des

19. Jahrhunderts die wichtigste Antriebsquelle der Industrie. Noch 1895 schöpften Industrie und Gewerbe 47 Prozent ihrer Antriebsenergie aus der Wasserkraft.«

Viel Wasser fließt ungenutzt den Bach hinunter

In Deutschland insgesamt werden heute 3,2 Prozent des Stroms über Wasserkraft erzeugt, in Bayern sind es gut 15, in Baden-Württemberg knapp zehn Prozent. Wasserkraft bezieht ihre Energie aus dem natürlichen Kreislauf des Wassers, der durch Verdunsten, Regnen und Abfließen entsteht. Auch dieser Kreislauf wird von der Sonne aufrechterhalten.

Zu Beginn des 20. Jahrhunderts gab es in Deutschland etwa 40 000 kleine Wasserkraftwerke. Heute sind es nur noch rund 7000. Die Energiemonopolisten haben sie fast alle verdrängt. Die Großen haben eine Heidenangst vor den Kleinen. Und so fließt bis heute viel Wasser ungenutzt den Bach hinunter.

Überall, wo es Gebirge gibt, kann Wasserkraft reaktiviert werden, nicht nur in Bayern und Baden-Württemberg, sondern auch in Hessen und Rheinland-Pfalz, in Sachsen und Sachsen-Anhalt, in Thüringen und Nordrhein-Westfalen, ja sogar in Mecklenburg-Vorpommern, Brandenburg und Berlin. Allein in Mecklenburg-Vorpommern drehen sich heute noch über 300 Wasserkraftmühlen.

Kaum jemand weiß, dass selbst Berlin eine Stadt mit Mühlentradition ist. Beredtes Zeugnis dafür ist der Mühlendamm, der über Jahrhunderte das Spree-Wasser staute, um allein Mitte des 18. Jahrhunderts 29 Mühlenräder anzutreiben. Der Prenzlauer Berg war Standort vieler Bockwindmühlen. Und Friedrich II. ließ sein Mehl in der Spandauer Wassermühle mahlen.

Weltweit liefert Wasserkraft 16 Prozent des Stroms. Norwegen, Island oder Ghana produzieren ihn fast ausschließlich aus Wasserkraft, Österreich zu 72 Prozent und die Schweiz zu 50 Prozent. Da der Bau riesiger Wasserkraftanlagen in der Dritten Welt oft zu Vertreibung von Menschen und zu großen Umweltproblemen führt, zum Beispiel in China, Indien oder Brasilien, ist es sinnvoller, Wasserkraft dezentralisiert zu nutzen und viele kleinere und mittlere Anlagen zu bauen oder zu reaktivieren.

Bis 2003 war die Wasserkraft in Deutschland der größte regenerative Energieproduzent. Heute ersparen 23 Milliarden Kilowattstunden Strom pro Jahr aus Wasserkraft der Umwelt 22 Millionen Tonnen CO_2. In der Bundesrepublik könnte der Anteil des Stroms aus Wasserkraft etwa verdoppelt werden – auch wenn der *Spiegel* schon 1999 schrieb, sie sei hierzulande »weitgehend ausgeschöpft«, oder Umweltminister Jürgen Trittin 2006 behauptete, beim Ausbau der Wasserkraft seien »die Grenzen erreicht«.

Anders der renommierte Umwelt- und Klimaexperte Professor Ernst Ulrich von Weizsäcker: »In Süddeutschland ist auch die Wasserkraft eine relevante Größe, die wieder verstärkt genutzt werden kann. Sie ist ja stark zurückgegangen, weil die großen Energieversorger geradezu ein Interesse daran hatten, die dezentrale Energieversorgung kaputt zu machen.« In Baden-Württemberg werden heute pro Jahr fünf Milliarden Kilowattstunden aus Wasserkraftwerken erzeugt, genug für drei Millionen Menschen. Fachleute sehen Wasserkraftpotenzial für sechs Millionen. In Deutschland insgesamt werden 13 Millionen Menschen mit Strom aus Wasserkraft versorgt. Energie vom Himmel, Tropfen für Tropfen. Das ist Wasserkraft.

Der 47-jährige Hubert Winter betreibt an der Argen bei Wangen im Allgäu ein Wasserkraftrad. Vor drei Jahren ließ er eine neue Turbine einbauen. Gleichzeitig entstand im Stauwehr eine Rinne, damit Fische und andere Wassertiere rauf- und runterschwimmen können. Ergebnis der Optimierung: Die Anlage liefert heute doppelt so viel Elektrizität wie vorher – rund 1,8 Millionen Kilowattstunden. Genug für über 1000 Menschen.

Oberstdorf ist ein Wintersportparadies im südlichsten Bayern, fast autofrei. Bis 2011 lieferte die Wasserkraft sieben

Prozent des Stromverbrauchs – jetzt 46 Prozent. Organisiert hat das Diplomingenieur Josef Dennenmoser. »Eine Verdoppelung des Wasserkraftstroms in Deutschland ist locker möglich«, meint auch er. Denen, die daran arbeiten, wird das aber gar nicht leicht gemacht, denn trotz der von fast allen propagierten Energiewende wird das Potenzial der Wasserkraft immer noch nicht ausgeschöpft, wie man am Beispiel des Wasserbetriebswerks in Füssen im Allgäu sehen kann. Mit etwa 20 Millionen Kilowattstunden Strom pro Jahr bringt es, seit es 2007 ans Netz ging, einen doppelt so hohen Ertrag wie sein Vorgänger. Im Vergleich zu einem Kohlekraftwerk werden dabei aber 20 000 Tonnen des Treibhausgases Kohlendioxid eingespart. Die CO_2-Belastung am Wasserkraftwerk Füssen: null Gramm.

Welche bürokratischen Hürden für die Wasserkraft überwunden werden müssen, weiß auch die Familie des Wasserkraftexperten Alois Ruf. Die Politik verlangt mehr Engagement für Klimaschutz. Aber wehe, es engagiert sich dann tatsächlich jemand. 31 Jahre lang bemühte sich die Familie Ruf um einen Amtsstempel für eine Wasserkraftanlage an der Wertach bei Türkheim. Vater Ruf übergab auf dem Sterbebett das Verfahren an seinen Sohn Alois. Und der durfte schließlich 1997 am alten Wertachwehr ein neues Wasserkraftwerk bauen. Inzwischen liefert es jedes Jahr sechs Millionen Kilowattstunden umweltfreundlichen Strom – das reicht für 4000 Personen.

Aber auch viele Naturschützer äußern Bedenken. Ein Naturschutz aber, der nicht begreift, dass wir durch den Klimawandel einer nie gekannten Naturkatastrophe entgegenrasen, verdient seinen Namen nicht. Nur ein ganzheitlicher Naturschutz verdient diesen Ehrennamen wirklich.

Im Durchschnitt dauert ein Genehmigungsverfahren für ein Wasserkraftrad sieben Jahre. Ein Bekannter von mir musste 15 Jahre vor Gerichten streiten, bis er auf seinem eigenen Grundstück ein altes Wasserkraftrad wieder reaktivieren durfte. Ich dachte immer, wir leben in einem freien

Land, in dem es doch möglich sein müsste, seinen Strom selbst zu produzieren.

Wie viel Wasserkraft also könnte im bayerischen Schwaben zum Beispiel jedes Jahr gewonnen werden? Der Wasserfachmann Elmar Reitter: »Gut 100 Millionen Kilowattstunden pro Jahr. Genug für 60 000 Menschen.« In Augsburg gab es vor 100 Jahren noch 71 Wasserkraftwerke. Heute – in den Zeiten des Klimawandels – sind es nicht mehr, wie man vermuten möchte, sondern weniger – gerade mal 35!

Deutschlands größtes Projekt zur Gewinnung regenerativer Energie aus Wasserkraft ist der Neubau des Naturenergiekraftwerks in Rheinfelden. Allein damit können 165 000 Familien oder über eine halbe Million Menschen mit regenerativer Energie versorgt werden. Wir können bei jedem Wetter sauberen Strom gewinnen: durch Regen, mit der Sonne und über den Wind. Häufig ergänzen sich die regenerativen Energiequellen, je nach Wetter- und Windverhältnissen. Wir können eine Allwetter-Ökologie nutzen.

Schadet Wasserkraft den Fischen?

Eine Frage, die oft gestellt wird: Wie umwelt- und fischverträglich ist die Wasserkraft?

Wasserkraft ist ökologisch und trägt wesentlich zum Erhalt des Artenreichtums bei. Denn nahezu alle Wasserkraftwerke sind heute mit einem umfangreichen Fischschutz ausgestattet. Richtig ist, dass Artenvielfalt und Population heimischer Fische seit den 60er-Jahren abgenommen haben. Die Fischpopulation war früher artenreicher, obwohl es mehr Kraftwerke gab. Die eigentlichen Gründe für das Verschwinden vieler Fischarten sind der zunehmende Fischfang, die Versauerung der Böden und Wälder sowie der Chemieeinsatz in der konventionellen Landwirtschaft. Alle kleinen Wasserkraftwerke sind mit einem wirksamen Schutzrechen ausgestattet. Durch diese Rechen schwimmt kein Fisch. Fischauf- und abstiege garantieren die Wandermöglichkeit der Fische. Die überwiegende Mehrzahl der Wasserkraftanlagen hat Umgehungsbäche für Fische.

Im Gegensatz zu vielen New-Economy-Projekten gilt die Wasserkraft bei vielen Aktionären als krisenfest. Die zehn größten Wasserkraft-Stromproduzenten der Welt sind heute: Kanada mit etwa 340 Milliarden Kilowattstunden im Jahr, Brasilien und USA mit je 305, China mit 230, Russland mit 160, Norwegen mit 120, Japan mit 85 sowie Indien, Frankreich und Schweden mit je 80 Milliarden Kilowattstunden pro Jahr.

Deutschland hat Nachholbedarf.

Die Kraft des Meeres

Mehr als 75 Prozent der Erdoberfläche werden durch Wasserflächen bedeckt, das meiste davon ist Meer. Bei der herkömmlichen Wasserkraftnutzung sind die meisten Ressourcen – zumindest bei großen Kraftwerken – weltweit erschlossen, während Energiequellen in den Weltmeeren noch in gigantischem Ausmaß brachliegen.

Die Gesamtleistung der Brandung an den Küsten der Welt übersteigt zwei Billionen Watt und würde theoretisch ausreichen, den Energiebedarf der Menschheit 76-mal zu decken. Das heißt: Auch aus der Kraft des Meeres kann sehr viel Energie gewonnen werden.

An Weihnachten 2004 erlebte ich an Südindiens Küste die Auswirkungen des Tsunami, der rund um den gesamten Indischen Ozean 220 000 Todesopfer forderte und Milliardenschäden anrichtete. Wie wäre es, wenn es uns gelänge, die ungeheure Kraft des Meeres für die Energiegewinnung zu nutzen, fragte ich mich damals?

Viele Länder verfügen über weite Küstenlandschaften. Die Nutzung der Wellen- und Strömungsenergie der Ozeane ist sowohl ökologisch wie auch ökonomisch sinnvoll. Neben den vom Wind verursachten Schwerewellen sind für die Energiegewinnung auch Ebbe und Flut von Bedeutung. Die Gezeiten werden durch die Gravitationskräfte von Sonne, Mond und Erde hervorgerufen. In Saint-Malo an der französischen Atlantikküste erzeugt ein Gezeitenkraftwerk schon seit vielen Jahrzehnten sauberen Strom für 250 000 Menschen.

Eine Meeresfläche von der Größe Spaniens würde theoretisch ausreichen, um den gesamten Weltenergiebedarf zu decken – Wellenenergiefachleute haben ausgerechnet, dass eine Meeresfläche von zwei Quadratkilometern Größe bereits ein Atomkraftwerk ersetzen kann.

Nach Berechnungen des portugiesischen Wave Energy Centre können einzelne Länder wie Irland ihren Strombedarf zu 100 Prozent über Wellenkraft zu erzeugen. Der wissenschaftliche Dienst des Deutschen Bundestags geht davon aus, dass in der Praxis 15 Prozent des gesamten Weltstrombedarfs über Wellenkraftwerke gewonnen werden können.

Die Natur stellt uns insgesamt vieltausendfach mehr Energie zur Verfügung, als heute die gesamte Menschheit verbraucht: Allein die Wasserkraft bietet uns theoretisch die Hälfte unseres derzeitigen Verbrauchs, die Bioenergie 15-mal mehr, die Strömungs- und Wellenenergie der Ozeane 76-mal mehr, die Windenergie 308-mal mehr und die Sonne 15 000-mal mehr. Das heißt: Auch in der Praxis können wir für alle Zeiten das produzieren, was alle Menschen verbrauchen.

Das Zusammenspiel von Sonne und Mond

Die Kraft aus dem Meer kann durch das natürliche Zusammenspiel von Sonne und Mond genutzt werden.

Die Sonne bewirkt Verdunstung, Regen und Temperaturunterschiede, welche die Winde verursachen – der Mond organisiert durch Gravitation die Gezeiten im Zusammenspiel mit der Erddrehung.

Deshalb können wir die Meeresenergie nutzen über:

* Gezeitenkraftwerke, wie zum Beispiel schon lange in der Bretagne in Frankreich,
* Wellenkraftwerke, wie sie in England und USA entwickelt und erprobt werden, und
* Strömungskraftwerke.

Die portugiesische Regierung hat als erste in Europa in ihrem Erneuerbare-Energien-Gesetz die Wellenenergie bereits berücksichtigt.

An den Küsten Irlands, Islands, Norwegens, Spaniens, Portugals, bei Gibraltar und am Nordkap, aber auch an der deutschen Nordseeküste kann künftig über die Kraft der Wellen ein Teil unserer Stromversorgung organisiert werden. Nach ersten Versuchen sind die Wissenschaftler davon überzeugt, dass der Wellenstrom bald für zehn Cent pro Kilowattstunde gewonnen werden kann. Dieser Preis ist heute zwar noch nicht konkurrenzfähig gegenüber den alten Energiequellen, aber in wenigen Jahren sehr wahrscheinlich.

In England wird Strom aus Wellen bereits mit 15 Cent pro Kilowattstunde vergütet. In Deutschland, das auch in der Meeresenergieforschung zusammen mit England weltweit führend ist, ist die staatliche Förderung praktisch gleich null, beklagt der forschungspolitische Sprecher der Grünen im Bundestag, Hans-Josef Fell, zu Recht. Im Gegensatz zu Windrädern sind bei Strömungskraftwerken, die praktisch Windmühlen unter Wasser sind, auch keine Einwände von Landschaftsschützern zu erwarten. Dennoch ist »Seaflow«, eine Unterwasserwindmühle vor der britischen Westküste, das einzige Meeresenergieprojekt, das die Europäische Union zurzeit fördert. Aber immerhin will der Stromkonzern EnBW mehrere Wellenkraftwerke – beinahe unsichtbar – an der niedersächsischen Nordseeküste bauen lassen. Nicht nur Wind, Sonne, Wald und Acker, sondern auch der Meeresboden könnte künftig eine gigantische »Steckdose« für die Menschheit werden – erneuerbar, preiswert und für alle Zeiten nutzbar.

Energiereserven im Meer

In seinem Standardwerk *Rückkehr zur Sonne* beschreibt Helmut Tributsch zwei Visionen. Die erste: automatische, schwimmende Windmaschinen, die das Strömungsgefälle an der Meeresoberfläche zur Energiegewinnung ausnutzen können. Die erste schwimmende Kombination von Wind- und Wasserkraft gibt es als Prototyp vor Englands Küste. Am Kap der Guten Hoffnung in Südafrika sind ähnliche Projekte geplant.

Tributschs zweite Vision: Energie aus dem Wärmegefälle der Meere. Riesige Plattformen schwimmen auf dem Meer und senken Rohre in die Tiefe. »Sie pumpen nur Wasser und fördern dennoch gewaltige Mengen an Energie. Die hochtourig laufenden Turbinen erzeugen Elektrizität, mit der Meerwasser zersetzt wird, um die wartenden Schiffe mit wertvollem Wasserstoff in flüssiger Form zu versorgen.«

Tributsch meint, das Temperaturgefälle zwischen der Oberfläche des Meeres und tieferen Meeresschichten reiche aus, um die Turbinen zum Rotieren zu bringen.

Die Sonne speichert riesige Mengen Energie in den Meeren. Befürworter thermischer Meereskraftwerke sind der Meinung, dass wir nur das Meer anzuzapfen brauchten, um beispielsweise auch über Gezeitenkraftwerke für alle Zeiten ausreichend regenerative Energie zu bekommen. Das theoretische Energiepotenzial des Meeres ist 80-mal so groß als der heutige Energiebedarf der Menschheit.

Die Meereswärme ist eine Schwester der Sonnenenergie. Sie ist unser großes Reservepotenzial. Eventuell brauchen wir es gar nicht. Weil Wasserkraft preiswert und umweltfreundlich ist, produziert Norwegen seinen Strom zu 98 Prozent mithilfe des Wassers – trotz reicher Öl- und Gasvorkommen. In der US-Westküstenstadt Seattle zum Beispiel, in der so energieintensive Hightechunternehmen wie der Luft- und Raumfahrtkonzern Boeing arbeiten, kostet Strom aus Wasserkraft nur einen Bruchteil des Kilowattstunden-Preises des Atomstroms in New York oder Chicago.

Die alten Energiequellen haben wir nicht *ge*braucht, sondern *ver*braucht. Wenn wir Benzin verbrauchen oder Öl verfeuern, dann sind diese Rohstoffe für immer weg. Deshalb verbrennen wir mit den fossil-atomaren Rohstoffen die Zukunft unserer Kinder.

Jetzt aber haben wir mit den erneuerbaren Energien erstmals die Möglichkeit, die Energiefrage für alle Zeiten zu lösen. Jetzt kann wahr werden, was die Naturvölker schon immer wussten: »Wir haben diesen Planeten nicht von unseren Eltern geerbt – wir haben ihn von unseren Kindern geliehen.«

Nur mit erneuerbaren Energien können wir tun, was wohl der Sinn unseres Hierseins ist: mithelfen bei der Bewahrung der Schöpfung. Die Energiefrage ist die moralische Herausforderung unserer Zeit. Oder mit Hermann Scheer: »Der energethische Imperativ.«

Zwischenfazit: Die ganze
Symphonie der Erneuerbaren

Die Windkraftindustrie beschäftigt in der Europäischen Union bereits 220 000 Menschen und produziert circa sechs Prozent des Stromverbrauchs. Prognosen zufolge werden 2020 in der EU etwa 500 000 Menschen bereits 17 Prozent des Stroms aus Windkraft erzeugen. Eine Studie der Stanford University kommt zu dem Ergebnis, dass wir weltweit siebenmal mehr Strom über Windräder erzeugen könnten, als wir heute brauchen, wenn wir nur 20 Prozent der verfügbaren Windkraft nutzen würden.

Firmen in China, den USA und Europa bieten Kleinwindräder an, die etwa ein Viertel des Strombedarfs eines durchschnittlichen Haushalts liefern können. Wir werden in den nächsten Jahren einen Boom von Kleinwindrädern in städtischen, vorstädtischen und ländlichen Regionen erleben, den wir uns heute noch nicht vorstellen können. Diese Mini-Windräder, so sagen die Hersteller, werden sich nach acht bis zehn Jahren preislich amortisieren. Nach Angaben des Bundesverbandes Windenergie drehen sich in Deutschland bereits zehntausende: Sie stehen im Garten, dienen auf Jachten als Stromlieferant oder drehen sich auf Hausdächern und Garagen. In England und Dänemark gibt es für die Minis bereits einen Massenmarkt. Rein technisch unterscheiden sich große und kleine Windräder kaum: Heranströmender Wind bringt einen Rotor in Schwung, der wiederum einen Generator zur Stromerzeugung antreibt.

Wasserkraft stellt neben der Biomasse weltweit den größten Teil der heute produzierten erneuerbaren Energie. Sie ist allerdings eine begrenzte grüne Stromquelle. Aber Fachleute schätzen, dass ihr Anteil am Gesamtstrombedarf noch mal verdoppelt werden könnte. Nehmen wir Deutschland als Beispiel: Hier gab es um 1900 etwa 70 000 überwiegend kleine Wasserkraftwerke, heute sind es noch 7000. Gut drei Prozent des Stroms werden damit produziert. Wenn wir lernen, effizienter mit Strom umzugehen, und die kleine Wasserkraft wieder ausbauen, können wir bald mindestens zehn bis zwölf Prozent des Stroms daraus gewinnen. Viel unerschlossenes Potenzial liegt in der Reaktivierung der kleinen Wasserkraft.

Geothermie bietet ein beinahe unerschöpfliches Reservoir sauberer Energie. Hauptsächlich in Italien, Frankreich, Deutschland, Österreich, Ungarn und der Slowakei wird in den nächsten Jahren diese Energie erschlossen werden.

Biomasse ist ebenso wie die Wasserkraft eine begrenzte erneuerbare Energiequelle. Aber sie ist das Multitalent der Erneuerbaren. Man kann sie speichern und vielseitig einsetzen: als Strom, als Wärme und als Fahrzeugsprit. Bioenergie umfasst in erster Linie Bioabfälle, aber auch eigens angebaute Energiepflanzen. Rein theoretisch ist das weltweite Potenzial der Energie aus Biomasse so groß, dass nach einer Schätzung des Welt-Bioenergie-Verbandes bis 2050 damit der gesamte Weltenergiebedarf gedeckt werden könnte. Zugleich ist Biomasse aber auch der umstrittenste Teil der gesamten künftigen Energieversorgung. Denn je mehr Biomasse für Energieerzeugung angebaut wird, desto weniger Fläche bleibt für die Lebensmittelproduktion.

Was können die erneuerbaren Energien nicht? Zaubern.

Erstens: Wir brauchen noch neue Speichertechnologien, um fehlenden Wind und zu wenig Sonnenstrahlen auszuglei chen, und wir benötigen mehrere Tausend Kilometer Leitungen.

Zweitens stehen wir vor dem Konflikt Teller oder Tank, der aber nicht unlösbar ist, da wir fünf weitere erneuerbare Energiequellen haben. Es kommt auf die richtige Mischung an. Wird die gesamte Symphonie der Erneuerbaren genutzt, ist das Flächenproblem für die Landwirtschaft zweitrangig. Weltweit wird auf 65 Prozent der Ackerfläche Futter für die Tiere – also weitgehend für unseren Fleischkonsum – angebaut, aber auf weniger als drei Prozent Energiepflanzen.

Drittens: Eine ganz wesentliche Voraussetzung für das rasche Gelingen sind Regierungen, welche die Energiewende wirklich wollen, und Wählerinnen und Wähler, die bei ihrer Wahlentscheidung diese Überlegung zur Priorität machen, weil es um ein existenzielles Thema geht.

Viertens: Die Bevölkerung muss bereit sein, landschaftliche Veränderungen so zu akzeptieren, wie es Generationen vor uns für den Kohlebergbau, für riesige Strommasten oder für den Bau von AKWs auch getan haben.

Das neue Ordnungsprinzip

Die Sonne sendet ihre Energie ständig in jeden Winkel unserer Welt. Aber es gibt noch immer zu wenige Empfangsgeräte. Die Energiekonzerne haben bisher zumindest an vielen kleinen Empfangsgeräten kein Interesse. Denn das würde ihren eigenen Niedergang bedeuten. Es sei denn, sie wären innovativer, als sie es bis heute sind. Sie müssten eine Revolution gegen sich selbst organisieren und vom Energieerzeuger zum Energiedienstleister und zum Technologieerzeuger für die erneuerbaren Energieträger werden. Hier liegt ihre große Chance in der Zukunft.

Unsere heutigen Technologien machen es bereits möglich, dass wir – ohne bei den Konzernen um Erlaubnis fragen zu müssen – die Sonne direkt oder indirekt auf Umwegen über Wind, Wasser, Wellen, Erdwärme und Pflanzen als gigantische Energiequellen nutzen können. Künftig werden Fenster und Hausfassaden Solarwärme und Solarstrom erzeugen. Solarkonzentrator-Technologien mit mehr als doppeltem Wirkungsgrad werden – wie bisher schon im Weltraum – in sonnenreichen Ländern um das Mittelmeer gerade eingeführt. Mikro- und makrostrukturierte Solarzellen auf biologischer Basis sparen Material. Jedes Dach und jede Fassade können künftig Solarstrom erzeugen. Das technologische Potenzial für Energieautonomien wächst ständig.

Warum nicht Windräder entlang der Autobahnen und Solaranlagen darüber? Hermann Scheer hat noch ausrechnen lassen, dass entlang der A 7 zwischen Flensburg und Südbayern auf über 900 Kilometern 1250 günstige Standorte für Fünf-Megawatt-Windräder vorhanden sind. Allein an dieser

Energie-Allee könnten 2,2 Prozent des deutschen Stromverbrauchs gewonnen werden. Hier ist Gestaltungsphantasie und solare Ästhetik gefragt. Als ich diesen Plan im Juni 2011 Angela Merkel vorstellte, meinte sie: »Und als Inverstoren müssen wir dann die Menschen entlang des jeweiligen Autobahnabschnitts gewinnen. Dann werden sie auch die Anlagen akzeptieren.«

Mit der Realisierung solcher Projekte könnte sofort begonnen werden. Wir bräuchten keine 3000 Kilometer langen Stromleitungen quer durch Nordafrika und Südeuropa wie beim geplanten Desertec-Projekt. Dagegen wird es in allen betroffenen Ländern viel Bürgerwiderstand geben. Der entlang der Autobahnen erzeugte Strom könnte künftig hauptsächlich für das Aufladen von Batterien der Elektroautos an den Autobahntankstellen genutzt werden. Ähnliche Solar- und Windprojekte sind auch entlang vieler Schienenwege denkbar. Hier könnte Strom für den Energiebedarf von Lokomotiven erzeugt werden.

Es gibt schon die ersten Solarhybridanlagen. Sie werden sich so rasch durchsetzen wie schon in den letzten Jahren mehrere Millionen Hybridautos. Schwimmbäder und Gewächshäuser auf der ganzen Welt werden vielfach bereits mit solarer Wärmegewinnung betrieben. Das Potenzial für Kühlsysteme, die mit solarer Technologie versorgt werden, wächst. Windanlagen in freier Landschaft werden größer und leistungsfähiger. Kleinwindanlagen werden massenhaft installiert werden, aber auch gebäudeintegrierte Windräder in Hochbauten, wie sie zum Beispiel im Wüstenstaat Bahrein schon seit Jahren zu sehen sind.

Das noch immer unterschätzte Potenzial an Kleinwasserkraft und Wellenkraft wird ausgebaut werden – ebenso schwimmende Solarzellenplattformen und Windplattformen in Küstennähe.

Organische Abfälle in den Städten werden noch kaum genutzt. Wasserpflanzen aus Salzgewässern, besonders Algen, bergen riesige Energiepotenziale, wie in Labors erforscht wurde. In Dänemark funktionieren schon seit Jahrzehnten Strohheizkraftwerke. In Deutschland gibt es erst wenige, obwohl jedes Jahr 20 Millionen Tonnen Stroh anfallen. Der Großteil davon soll auf den Feldern bleiben. Aber 25 Prozent können problemlos zur Energieproduktion genutzt werden.

Die ersten Landwirte in Deutschland und Italien bauen sieben Meter über ihrer Ackerfläche Solaranlagen und nutzen ihre Böden weiter für den Anbau von Lebensmitteln. Eine zweistöckige Landwirtschaft wird bald keine Ausnahme mehr sein. Denken wir an die Produktion von Kerosin und Benzin aus Pflanzenabfällen.

Oberflächen-Geothermie hat nicht nur im Boden, sondern auch in der Luft und in Gewässern noch viel ungenutztes Potenzial. Mit Niedertemperaturwärme können Sterlingmotoren betrieben werden. Viele elektrische Kleingeräte – wie Uhren, Radios, PCs und Handys – können sich über integrierte Solarzellen selbst mit Strom versorgen.

Wenn wir unsere Häuser besser isolieren, unsere Fahrzeuge intelligenter bauen und mit »Smart Grids« verbinden, wie es einige Stadtwerke bereits erproben, dann können wir mindestens die Hälfte unseres Energieverbrauchs einsparen und den Rest leicht erneuerbar produzieren. Entscheidend ist, dass sich all diese Technologien frei entfalten können und nicht von den Konzernen und ihren politischen Helfern behindert werden. Dann werden sie unaufhaltsam zur bestimmenden Kraft werden. Die deutschen Stadtwerke konnten ihren selbst erzeugten Stromanteil von 2010 bis 2011 bereits um 28 Prozent steigern.

Subsidiarität und Allmende, Gemeingüter und Commons

Stadtwerke zu privatisieren war zukunftsblind. Die künftige dezentrale Energieversorgung kann nur gelingen, wenn früher veräußerte Stadtwerke wieder rekommunalisiert werden und so die Möglichkeiten allgemeiner Daseinsvorsorge in der Energieversorgung entstehen. Die Gründung neuer Stadtwerke und der Rückkauf von Netzen sind die Voraussetzung für das Gelingen der Energiewende. Stadt-, Dorf- und Gemeindewerke werden die wichtigsten Träger des Gemeinguts der Infrastrukturen. Wenn Kommunen das Genehmigungsrecht über Standorte für die erneuerbaren Energien bekommen, dann können sie auch dort für sozialen Ausgleich sorgen, wo es zu Härtefällen kommt. In der Philosophie der katholischen Soziallehre heißt dieses Ordnungsprinzip »Subsidiarität«, das heißt: Was kleinere Organisationseinheiten bewerkstelligen können, das sollen sie auch selber tun. Dazu gehört bei dezentralen Energiestrukturen die Versorgung mit Strom, Wärme und Kraftstoff.

Dieses Subsidiaritätsprinzip ist der Ordnungsentwurf, der die Nachteile der Globalisierung erträglich machen könnte. Anderswo wird dieses Ordnungsprinzip »Allmende« genannt. Elinor Ostrom hat »die Tragik der Allmende«, die Verschleuderung der Allgemeingüter in den letzten Jahrzehnten, überzeugend nachgewiesen und dafür den Nobelpreis für Wirtschaftswissenschaften bekommen. Die Energiewende kann rasch gelingen, wenn Stadtwerke dazu beitragen, dass unsere Kommunen zu einer Verfassung der Allmende und Bürgerenergiegenossenschaften zurückkehren.

Zahl und Umfang der Gemeingüter (englisch: Commons) steigen ständig. Bei Informationen sind Gemeingüter bereits ein wichtiger Teil unseres Lebens. Das bekannteste Beispiel von Informations-Gemeingütern ist die Online-Enzyklopädie Wikipedia. Sie hat sich zu einer verlässlichen und der wohl weltweit bedeutendsten Quelle enzyklopädischer Information entwickelt und umfasst im August 2012 21 Millionen Artikel in 285 Sprachen, die von bald 400 Millionen Userinnen und Usern genutzt werden können. Die Commons beruhen weder auf Lohnarbeit, noch werden sie vom Staat organisiert. Wikipedia ist das perfekte Beispiel einer sozialen Basisinnovation. Es überwindet die grundlegenden Strukturen des Kapitalismus: den Markt, die Lohnarbeit, den Profit und die staatliche Intervention. Auch Sonne und Wind sind Gemeingüter. Das macht sie für die alte Energiewirtschaft so gefährlich.

Es könnte der Beginn einer großen Transformation sein: hin zu einer Ökonomie, die nicht mehr auf ewiges Wachstum angewiesen ist, sondern menschliche Bedürfnisse nach Wohnung, Nahrung und kultureller Entwicklung befriedigt.

Die bevorstehende Massenproduktion von Elektrofahrzeugen noch in diesem Jahrzehnt wird uns eine Vorahnung davon vermitteln, was konkret und praktisch möglich ist. Mit der Steigerung der erneuerbaren Strom- und Wärmekapazitäten wird auch der Bedarf an Speicherkapazitäten gedeckt werden. So war es bisher immer in der Technikgeschichte: Der Bedarf generiert die Investoren. Und Investoren ermöglichen Innovationen.

Neue Speichertechnologien stehen auf der ganzen Welt vor der Marktreife: Großbatterien, die Sonnen- und Windkraft in Kombination aufnehmen, thermische Speicher für Hoch- und Niedertemperaturwärme, Erdspeicher, Kraft-Wärme-Kopplung oder Methangewinnung aus Windkraft. Die ersten Hybridanlagen, die Sonne, Wind und Biogas kombinieren können, wurden erfolgreich an der Universität Kassel erprobt.

Das aufblühende Potenzial der erneuerbaren Energietechnologien konterkariert natürlich die Pläne der bisherigen Energieversorger. Hier liegt das eigentliche Konfliktpotenzial – und nicht in fehlenden Technologien. Die sich vermehrenden Beispiele guter Praxis ergeben eine breite gesellschaftliche Basis und innovative Bewegung, die eine Emanzipation vom althergebrachten zentralisierten Energiesystem zur Folge haben wird.

Und wer sind die Gewinner der Energiewende? Mindestens 20 verschiedene Handwerksberufe zählen zu den Profiteuren dieses Jahrhundertprojekts: zum Beispiel alle am Bau beschäftigten Gewerke, wie Installateure, Elektriker, Fensterbauer, Schreiner, aber auch Maschinenbauer, Dämmmaterialhersteller, Solarinstallateure, Windradbauer, Wasserradbauer, Biogasanlagenhersteller, Pellet-Heizungs-Monteure und auch Kfz-Bauer, Kfz-Ingenieure, Energie-Ingenieure und Designer für die elektrische Verkehrswende.

Die Strompreislüge und ihre Profiteure

Dass die Energiewende Geld kostet, sehen die Verbraucher an ihrer Stromrechnung: 3,59 Cent zahlt jede und jeder pro verbrauchter Kilowattstunde Strom im Jahr 2012 als Ökozuschlag. 2013 wird er auf etwas über fünf Cent je Kilowattstunde steigen. Das sind dann pro Kopf etwa sechs Euro im Monat. Dieses Geld bekommen die Ökostromproduzenten als Einspeisevergütung – es wird auf alle Strombezieher umgelegt. Oder besser: auf fast alle. Ausgenommen von diesem Ökozuschlag sind die großen Stromverbraucher in der Industrie. Deren Befreiung zahlen aber die privaten Stromkunden mit.

Dieser Strompreiszuschlag ist in den letzten Jahren so gestiegen, wie der Ökostromanteil zunahm. Im Jahr 2003 mussten die Verbraucher noch 0,41 Cent je Kilowattstunde mehr bezahlen, 2013 werden es die schon erwähnten fünf Cent sein. Das werden dann 2013 insgesamt um die 20 Milliarden Euro für den Ausbau der erneuerbaren Energien sein. Ab 2014/2015 könnten diese Beträge dank niedrigerer Einspeisevergütungen für Ökostrom zurückgehen.

Allerdings verdient der Staat – ähnlich wie bei der Tabak- oder Mineralölsteuer – kräftig mit. 19 Prozent Mehrwertsteuer fallen auch für den Ökostromanteil an. Nach Auskunft des Finanzministeriums hat der Fiskus 2012 damit knapp eine Milliarde Mehrwertsteuer über den grünen Strom kassiert.

Ist also die Energiewende zu teuer? Das lässt sich mit guten Gründen bestreiten. Die Professorin Claudia Kemfert, Ökonomin am Institut der Deutschen Wirtschaft in Berlin, in einem Interview mit der *Welt:* »Die Energiewende sollte uns das Geld wert sein. Die deutsche Wirtschaft kann vom Boom der grünen Branchen profitieren. Die Energiewende birgt mit Sicherheit mehr Chancen als Risiken.«

Die Strompreislüge wird auch dadurch belegt, dass in 77 von 100 Städten echter Ökostrom von alternativen Anbietern bereits günstiger zu haben ist als von den bisherigen Grundversorgern. Das heißt: Verbraucherinnen und Verbraucher können ihre Stromkosten senken, wenn sie zu einem konzernunabhängigen Ökostromanbieter wechseln. Dies hat das Bündnis »Atomausstieg selber machen« errechnet. Es ist also eine Lüge, wenn Konzernvertreter und ihnen nahestehende Politiker wie Wirtschaftsminister Rösler und denkfaule Journalisten immer wieder behaupten, Ökostrom sei teuer.

Seit dem schwarz-gelben Atomausstieg nach Fukushima ist der beschriebene Zuschlag zum A und O der Energiewende hochstilisiert worden. Angela Merkel hatte versprochen, der Umstieg auf erneuerbare Energien werde die Verbraucher nicht mehr als 3,5 Cent pro Kilowattstunde kosten. Jetzt aber, bei über fünf Cent, rufen die Wendegegner immer heftiger: »Strompreislüge!«

Steigt der Strompreis wirklich nur wegen der Erneuerbaren? Die wahre Strompreislüge sieht ganz anders aus.

Der richtige Zusammenhang: Der zusätzliche EEG-Zuschlag kostet die Stromkunden im Jahr 2013 insgesamt 6,5 Milliarden Euro. Aber E.ON und RWE machten im Jahr 2012 einen Gewinn von 19 Milliarden Euro.

Die Energieversorger verweisen bei den steigenden Strompreisen immer zuerst auf die Ökoenergien. Doch die wirklichen Kostenerhöhungen haben in den letzten Jahren mehr mit den steigenden Öl-, Uran- und Gaspreisen zu tun als mit den erneuerbaren Energien. Der Ölpreis hat sich seit 2000 etwa vervierfacht. Die Einfuhrpreise für Erdgas und Steinkohle haben sich mehr als verdoppelt. Der Strompreis ist dagegen nur um zwei Drittel gestiegen.

Diesel, Erdgas und Heizöl haben sich also deutlich mehr verteuert als der Strom. In Wahrheit kämpft die alte Energiewirtschaft mit ihren politischen Helfershelfen bei schwarz-gelb um ihre Pfründe.

Die Energiewende ist eine Revolution. Aber jetzt melden sich die Konterrevolutionäre. Am Anfang wurden die Freunde der Erneuerbaren belächelt, jetzt werden sie bekämpft, aber am Schluss werden die Ökoenergien dennoch siegen.

Hinzu kommt, dass Birnen mit Äpfeln vergleicht, wer die Preise von atomar-fossilem Strom mit den Preisen für grünen Strom gleichsetzt. Die alten Energien haben sehr hohe Folgekosten, die erneuerbaren so gut wie keine.

Es ist eine alte Geschichte: Schon 1988 beschrieben Wissenschaftler im Auftrag der EU, dass der herkömmliche Strom viel zu billig sei und der Preis weder »die ökonomische noch die ökologische Wahrheit« (Ernst Ulrich von Weizsäcker) sage. Die Folgekosten der alten Energieträger zahlen seit Jahrzehnten nicht die Stromverbraucher, sondern die Steuerzahler und die nächsten Generationen – etwa über Umwelt-, Klima- und Gesundheitsschäden. Würden diese Schäden auf den Preis aufgeschlagen, so die Wissenschaftler, dann müsste der herkömmliche Strom mindestens um ein Drittel teurer sein. Das Prognos-Institut schrieb 1992 im Auftrag des Bundeswirtschaftministeriums: »Die Energiekonsumenten leben auf Kosten künftiger Generationen.«

Noch einmal: Realistisch und marktwirtschaftlich – also nach dem Verursacherprinzip – gerechnet müsste der fossil-atomare Strom um ein Drittel teurer sein. Das Problem ist also nicht, dass die erneuerbaren Energien zu teuer sind, sondern dass die alten Energiepreise nicht die Wahrheit sagen.

Diese Wahrheit hat die damalige Regierung Kohl den Stromkunden so wenig zumuten wollen wie anschließend die rot-grüne Bundesregierung. Dafür haben dann alle bisherigen Regierungen den Ökostrom gefördert.

Neuer Strom – alte Mächte

Die etablierten Energiekonzerne sollen geschont werden. Sie können sich über ein fettes Geschenk der schwarz-gelben Bundesregierung freuen. Dafür müssen die Haushalte und die kleineren Betriebe ran. Die eigentliche Strompreislüge besteht also darin, dass Politik und Energiewirtschaft diese Wahrheit seit Jahrzehnten verschweigen.

Geschont werden auch etwa 1000 bis 2000 große und mittlere Unternehmen – hauptsächlich aus der Stahl- und Chemiebranche. Der Wert für deren Vergünstigungen beim Strompreis beträgt pro Jahr etwa drei Milliarden Euro. Durch die Befreiung von der EEG-Umlage werden 2013 über 1000 Großunternehmen mit 4,7 Milliarden Euro subventioniert. Diese Kosten tragen die Verbraucher. Es ist unangemessen, dass private Haushalte und mittelständische Unternehmen die Stromkosten der Großindustrie bezahlen sollen. Der Preis für Ökostrom hat eine politisch gewollte soziale Schieflage. Nicht die Energiewende ist unsozial, sondern die Verteilung ihrer Kosten.

Ohne diese Preisvorteile für die Industrie wäre der Ökozuschlag für die Privaten um die Hälfte günstiger. In den vergangenen zehn Jahren ist der Strompreis für Privatverbraucher um zehn Cent pro Kilowattstunde gestiegen. Davon gehen nur 3,5 Cent auf das Konto der erneuerbaren Energien. Sie sind nicht die Haupttreiber der Strompreiserhöhungen. Der Großteil der Teuerung hat nichts mit den Erneuerbaren zu tun.

Ein Paradox: Weil um die Mittagszeit besonders viel Solarstrom ins Netz eingespeist wird, sinkt der Strompreis an der Leipziger Strombörse exakt dann, wenn der Stromverbrauch am höchsten ist, also um die berühmte Mittagsspitze. Dann decken die erneuerbaren Energien einen Teil der Spitzenlast schon heute ab. Je mehr grünen Strom es gibt, desto preiswerter ist der Strom an der Börse. Das Gleiche gilt für Zeiten starken Windes. Zu bestimmten Tageszeiten machen also die Erneuerbaren den Strom preiswerter und nicht teurer.

Rein rechnerisch müssten die privaten Verbraucher also einen weit geringeren Ökozuschlag bezahlen. Dass das in Wirklichkeit nicht so ist, ist total ungerecht, aber politisch gewollt. Nur sollte dieser politische Fehler nicht den erneuerbaren Energien angelastet werden, sondern einer falschen Politik. Es ist die Fortsetzung der alten Energiepolitik – nur ohne Atom. Die Bundesregierung will die Energiewende mit freundlicher Unterstützung von E.ON, RWE und Co. organisieren. So wird sie scheitern. Den Großkonzernen geht es primär darum, einen Verlust ihrer Marktanteile zu verhindern. Die Energiewende ist für sie allenfalls drittrangig.

Ein ähnlicher Konstruktionsfehler ist im vorgesehenen Netzausbau für Offshore-Windstrom von Nord- nach Süddeutschland angelegt: Für die Risiken dieser weitgehend unnötigen Stromtrassen – unnötig, weil auch in Bayern, Hessen und Baden-Württemberg viel Wind weht – haften wiederum die Normalverbraucher und nicht die großen Betreiber.

So sind in die Geschichte vom grünen Strom gleich mehrere Strompreislügen eingebaut. Es ist vor allem die Politik, die bislang die Energiewende unnötig teuer macht. Zumindest für die Privatkunden teurer als nötig.

Mit dieser Dreifachlüge vom teuren Ökostrom wird viel Angst und Unsicherheit verbreitet. Die Wahrheit sieht ganz anders aus. Zum Beispiel so: Dem deutschen Maschinenbauer Manz ist mit einer neuartigen Technologie im September 2012 der Durchbruch zu wesentlich preisgünstigerem Solarstrom gelungen. Mit Manz-Dünnschichtsolarmodulen, so die Firma, soll jetzt Solarstromproduktion für acht Cent pro Kilowattstunde möglich sein. Das wäre ein ähnliches Preisniveau wie heute für die Produktion von fossilem Strom und weit günstiger als für Offshore-Windstrom.

Unter Berücksichtigung von Leitungskosten, Abgaben und Steuern entscheidet damit der grüne Solarstrom beim Preis das Rennen schon mittelfristig klar für sich. Die Sonne schickt uns eben keine Rechnung, das ist der unschlagbare ökonomische Vorteil der künftigen ökologischen Energieversorgung.

Manz erreicht diese hohe Profitabilität des Solarstroms durch Fortschritte bei der Produktionstechnik und durch wesentlich leistungsfähigere Module als bisher. Mit seinem neuen Dünnschichtmodul erreicht der Hightech-Maschinenbauer einen Wirkungsgrad von 14,4 Prozent. Bisher waren die Dünnschichtmodule kaum über elf Prozent hinausgekommen. Mit diesem neuen Weltrekord und weiteren technischen Fortschritten entsteht auch eine neue Chance für die von der Politik gebeutelte deutsche Solarindustrie.

Solarstrom wird sich in mittlerer Zukunft auch ohne Förderung für Verbraucher und Hersteller auszahlen. Er braucht nur noch eine gewisse Zeit einen fairen Ausgleich dafür, dass er keine Folgekosten hat wie die herkömmliche Energieerzeugung. Der höhere gesellschaftliche Wert der Ökoenergien sollte endlich anerkannt werden.

Man kann die Geschichte der erneuerbaren Energien in Deutschland auch als Erfolgsgeschichte erzählen statt als Horrorgeschichte, wie es die Gegner der Energiewende so gerne und immer öfter tun. Durch immer mehr Ökostrom wird Deutschland unabhängiger von fossilen Brennstoffen, die ihrerseits immer teurer werden. Dänemark hat zum Beispiel höhere Strompreise als Deutschland, ist aber vom Ausland weniger energieabhängig als wir. Dafür bleibt das Geld der Dänen im eigenen Land, und die Arbeitsplätze entstehen vor Ort. Das kommt der dänischen Wirtschaft und Gesellschaft zugute.

Etwa ein Drittel der CDU/CSU-Fraktion, das sowieso gegen die Energiewende ist – wie die Kanzlerin vermutet –, und die gesamte FDP-Spitze werden die Strompreislügen noch so lange wie möglich weitererzählen. Und die alten Energiemonopolisten, die sich schon jetzt darüber beklagen, dass sie Jahr für Jahr Marktanteile verlieren, werden ihnen dabei gerne behilflich sein.

Als Angela Merkel nach Fukushima die Energiewende ausrief, galt das zu Recht als revolutionäre Tat. Die 100-prozentige Umstellung der fossil-atomaren Energiewirtschaft auf ein neues Energiezeitalter ist mutig und revolutionär. Doch wo sich eine Revolution abzeichnet, regt sich auch die Konterrevolution. Die Bedenkenträger und die Interessenvertreter der alten Energiewirtschaft sehen mit der Strompreisdiskussion ihre Stunde gekommen. In Zeiten des Zweifelns und Angstmachens wird unendlich viel energiepolitischer Unsinn geredet und geschrieben. Doch Zweifler und Zauderer haben noch nie große Geschichte geschrieben. Für den jetzt nötigen Wandel braucht es Mut, Durchhaltevermögen und Kampfeswillen mit den richtigen Argumenten. Diese sind in diesem Buch zu finden.

Von der Energiewende profitieren alle, weil Risiken und Kosten der Kernkraft entfallen, der Klimawandel gebremst wird, neue Arbeitsplätze entstehen und neue Technologien für künftige Exportgüter entwickelt werden. Das Erneuerbare-Energien-Gesetz sollte nicht abgeschafft werden, wie es führende FDP-Politiker heftig fordern, sondern ergänzt durch eine gezielte Förderung von Regelungs- und Speichertechnologien, damit sich die erneuerbaren Energien optimal in bestehende Strukturen einpassen können. Der Umstieg auf eine solare Wirtschaft ist Industriepolitik von höchster Priorität, die über die technologische Industriefähigkeit Deutschlands und der EU entscheidet.

Das Jammern und Klagen über die Kosten der Energiewende hilft nicht. Erneuerbare Energien sind keine Last, sondern die entscheidende Zukunftsinvestition für den Wohlstand von morgen. Dieser Nutzen für das Gemeinwohl überwiegt die Kosten bei Weitem. Der gesellschaftliche Nutzen der Erneuerbaren (Gesundheit, Klima, Umwelt und ersparte Importe) beträgt zurzeit pro Jahr 21 Milliarden Euro allein im Strombereich. Dem stehen 2011 circa 20 Milliarden Euro für die Förderung des Ökostroms gegenüber. Erneuerbare Energien sind ein Gewinn für Wirtschaft und Gesellschaft, ein Gewinn für alle. Ihre Förderung ist eine Investition in eine bessere Zukunft mit langfristig günstigeren Strompreisen. Beim weiteren Ausbau der erneuerbaren Energien reduzieren sich die Kosten deutlich. Sichtbares Zeichen für diese Entwicklung ist die jährliche Reduktion der Einspeisevergütung für den Ökostrom.

Selbst ohne Klimawandel müssten wir auf neue Energiequellen umsteigen, denn die alten Ressourcen gehen zu Ende. Schon 2006 war weltweit der Höhepunkt der Ölförderung, der Peak Oil, erreicht – wie das Ludwig-Bölkow-Institut eindrucksvoll errechnet hat.

Die weltweite Ölförderung geht zurück, aber die Nachfrage steigt. Das heißt: Die Öl- und Benzinpreise werden nach den Gesetzen des Marktes bald für viele unbezahlbar.

In der Nordsee war es schon 1996 zum Peak Oil gekommen. Heute wird nur noch die Hälfte des Öls gegenüber damals gefördert. Die Förderungen gehen deutlich schneller zurück, als dies der Weltenergierat jahrelang prognostiziert hat. In den USA war der Höhepunkt der Ölförderung bereits 1972 erreicht. Seither versuchen die Vereinigten Staaten, notfalls auch durch Kriege ihre Energieversorgung mit Ressourcen aus der ganzen Welt aufrechtzuerhalten. Kriege um Öl oder Frieden durch die Sonne – das wird eine der zentralen politischen Fragen des 21. Jahrhunderts sein.

Nach einer Untersuchung des Internationalen Wirtschaftsforums Regenerative Energien (IWR) wird die Menge des Nordsee-Erdöls schon in zehn Jahren bedeutungslos sein. Die geringen neuen Funde halten seinen Niedergang nicht auf.

In der Nordsee tun sich jedoch neue Energiequellen auf. So wie die Ölindustrie dort ihre Bedeutung verliert, wird in den nächsten Jahren die Offshore-Windkraft an Bedeutung gewinnen. In den Anrainerstaaten England, Dänemark, Niederlande, Norwegen und Deutschland entwickelt sich bereits eine Offshore-Windindustrie. IWR-Direktor Norbert Allnoch in einer IWR-Pressemitteilung: »Wir stehen bei der Offshore-Windindustrie heute da, wo wir 1971 zu Beginn der Nordsee-Ölförderung standen. Diese hat damals die gewaltigen Herausforderungen durch neue Fördertechnologien und Innovationen gemeistert. Und so wird es auch bei der Offshore-

Windindustrie sein.« Es wird sich rasch zeigen: Mit grünen Ideen werden künftig schwarze Zahlen geschrieben.

Herr Oettinger und Herr Rösler: Gehen Sie uns aus der Sonne!

Warum sind Millionen Fotografen unserer Welt und die meisten Künstler und Philosophen fasziniert von Sonnenuntergängen und -aufgängen? Ich erinnere mich an Sonnenuntergänge vor saftig-grünen Reisfeldern in Bangladesch, vor schneeweißen Eisbergen in der Arktis und Antarktis, vor den dunkelgrauen Galapagos-Inseln am Äquator, vor dem heiligen Berg Fuji in Japan, vor der Tempelanlage der Inkas in Machu Picchu oder auf dem uralten Olavs-Pilgerweg in Norwegen: Es war jedes Mal ein Anblick von hypnotischer Schönheit, ein Fest der strahlendsten Farben, und immer lag ein Gefühl der Ehrfurcht in der Luft. Bei jedem Sonnenaufgang oder -untergang spüre ich bewusst oder unbewusst, dass die Sonne Macht über Leben und Tod hat. Das Abendlicht der untergehenden Sonne hat etwas von einem überirdischen Leuchten. Ich habe im Lauf der Jahrzehnte eine Art Liebesaffäre mit der Sonne entwickelt. Nicht zuletzt deshalb haben wir einen sonnigen, zweistöckigen Wintergarten gebaut, der es uns erlaubt, sie von ihrem Aufgang über den Bergen des Schwarzwalds bis zu ihrem Untergang über den Bergen der Vogesen zu genießen.

Der griechische Philosoph Diogenes soll vor 2400 Jahren manchmal in einer Tonne auf dem Marktplatz von Athen gesessen haben. Er war der philosophische Bürgerschreck seiner Zeit, der frechste und vielleicht ungewöhnlichste Philosoph aller Zeiten, dessen Kerngedanken schon damals um die ewig aktuelle Frage nach dem guten Leben kreisten. Das gute Leben war für Diogenes ein Leben im Einklang mit der Natur. Die Natur, so lehrte er, hat dem Menschen alles gegeben, was er zum Leben braucht. Das gilt auch für die Energie, die wir Heutigen benötigen. Eines Tages bekam Diogenes Besuch von Alexander dem Großen. Als dieser vor ihm in der Sonne stand, sagte der Philosoph den legendären Satz: »Herrscher, geh mir aus der Sonne.«

Auch wir sollten heutigen Politikern wie Günther Oettinger und Philipp Rösler und allen, die nichts von Sonnenpolitik wissen wollen, mit großer Bestimmtheit sagen: »Geht uns aus der Sonne. Bitte! Ihr stört nur!« Der Philosoph Peter Sloterdijk meint, dass wir von Diogenes alles lernen können, was Menschsein wesentlich ausmacht: Freiheit, Bewusstheit, Freude am Leben.

Schon heute kann die Solarindustrie in vielen Sonnenländern erfolgreich mit herkömmlichen Stromerzeugern preislich konkurrieren. Das wird auch bald in Mitteleuropa der Fall sein. Bei günstigen Voraussetzungen kann Solarstrom schon für zehn bis fünfzehn Cent produziert werden. In einigen Jahren werden wir bei fünf Cent sein. Aber eine unheilige Allianz von bestimmten Vertretern der Presse, von führenden FDP-Politikern bis zum CDU-Wirtschaftsrat, von Energieprofessoren bis zu den alten Chefstromern schoss im Herbst 2012 aus allen Rohren gegen die angebliche »Unbezahlbarkeit der Energiewende« und gegen das EEG. Solche durchschaubaren Angriffe gehen vorüber. Trotz der Diffamierungen werden sich die erneuerbaren klimafreundlichen Energieträger durchsetzen. Es ist höchste Zeit, einen anderen Blick auf diese Revolution mit globaler Ausstrahlung zu richten. Die Folgen dieser Revolution sind schon heute in indischen Dörfern und afrikanischen Regionen zu spüren, welche die Solarenergie als die preiswerteste Energiequelle entdeckt haben. Millionen kleine Energieprojekte von Bangladesch bis Deutschland und von Afrika bis Brasilien machen Hoffnung inmitten der weltweiten Wirtschaftskrise, Hungerkrise, Umweltkrise und Finanzkrise. Und Millionen Menschen auf der ganzen Welt lassen sich von dieser Hoffnung anstecken und werden aktiv.

Für die Energiewende gibt es keinen Masterplan. Sie ist ein kollektiver Lernprozess. Es gibt freilich Vorreitermodelle, die Hoffnung machen und die jetzt zum Schluss noch aufzuzeigen sind.

Die Renaissance der Genossenschaften: solide, solidarisch, sexy.

In Zeiten des neoliberalen Gier-Kapitalismus wäre eine öko-soziale Marktwirtschaft in Europa, mit erneuerbaren Energien als Basis, eine Kulturleistung für die ganze Welt, so kostbar wie Beethoven, Kant und Goethe.

Das an fossilen Rohstoffen arme Deutschland und Europa sollten kein Interesse an den Schlachten um den letzten Tropfen Öl haben, wohl aber ein starkes Engagement, ihre Abhängigkeit vom fossilen Weltmarkt rasch zu lockern und schließlich zu überwinden. Wir haben eine hoch entwickelte Ingenieurskultur und viel Erfahrung mit dem Bau von Städten und ihren Infrastrukturen. Und es gibt noch immer einige Politiker in Europa, die gegenüber Zukunftsideen offen sind und ihre Bürger dafür begeistern können. Schließlich hat dieses alte Europa auch die Genossenschaftsidee hervorgebracht, die ganz in der Tradition von Friedrich Wilhelm Raiffeisen und Schulze-Delitzsch bereits seit Jahren eine Renaissance in der Energiewirtschaft erfährt. 1862 gründete Friedrich Wilhelm Raiffeisen den »Heddesdorfer Darlehensverein«. Seine Devise: »Was Einzelnen nicht möglich ist, das schaffen viele.«

Mit »Brodvereinen« und »Darlehenskassen« versuchte Raiffeisen als Bürgermeister die leidenden Bauern des Westerwaldes aus dem Würgegriff der Armut zu befreien. Die Genossenschaftsidee ist 150 Jahre später in Zeiten der Energiewende ganz schön frisch und aktuell. 2012 feiert die UNO das »Jahr der Genossenschaften«. Deren wichtigstes Kapital heute ist das Vertrauen der Bürgerinnen und Bürger: 43 Prozent vertrauen ihnen, aber nur 15 Prozent den alten Energieversorgern. Lange Zeit hießen die Genossenschaften auch »Vorschuss-Verein«. Sie wollen nicht möglichst hohe Gewinne erzielen, sondern durch gemeinschaftliches Wirtschaften ihren Mitgliedern auf Dauer einen ökonomischen Vorteil verschaffen. Das kann für Bauern günstiges Saatgut sein oder bei den Wohnungsgenossenschaften eine billige und sichere Unterkunft. Oder auch preiswerte Energie oder günstige Kredite. Heute wird auch von »solidarischer Ökonomie« gesprochen.

Selbsthilfe, Selbstverwaltung und Selbstverantwortung: Auf diesen Prinzipien beruht die Arbeit der Genossenschaften noch immer.

862 500 Mitarbeiter beschäftigen die Genossenschaften inzwischen. Sie haben – nach Angaben der Deutschen Zentralgenossenschaftsbank – 21 Millionen Mitglieder. Die Energiewende brachte einen zusätzlichen Schub. 80 000 Menschen beteiligen sich inzwischen an Bürgerkraftwerken. Seit 2008 gründeten sie mehr als 600 Energiekooperationen, die zusammen über 800 Millionen Euro in erneuerbare Energien investierten. Genossenschaften sind Netzwerke, die helfen, wenn eine Branche im Wandel und im Wachsen ist. Als Reaktion auf Wirtschaftskrise und Globalisierung suchen Investitionswillige Zuflucht in überschaubaren regionalen Strukturen und Projekten. Die Risiken, welche Mitglieder von Genossenschaften eingehen, sind gering. Jedes Mitglied haftet nur für die Summe seiner Anteile. Bei Austritt wird die Einlage zurückbezahlt. Jeder oder jede hat eine Stimme – egal ob er oder sie 1000 Euro einbezahlt hat oder 100 000.

Versammeln wir uns um ein neues Lagerfeuer

In Zeiten der Banken-, Euro- und Wirtschaftskrise erleben wir die Renaissance der Genossenschaften nach dem Motto: Geld ist nicht dazu da, um Geld zu verdienen, sondern um gute Ideen zu verwirklichen. Die Krisenzeit ist auch eine Zeit des Umdenkens. Etwa zwei Drittel der Deutschen halten Genossenschaften für stabile und vertrauenswürdige Unternehmen. Kein Wunder, dass Volks- und Raiffeisenbanken nach dem Finanzcrash 2008 einen starken Mitglieder- und Kundenzuwachs erlebten. Sie sind die Krisengewinner, weil sie vor der Krise auf dem Boden geblieben sind und nicht wie der damalige Chef der Deutschen Bank von 25 Prozent Gewinn pro Jahr faselten. Besonders gut steht die GLS-Bank da. Diese genossenschaftliche Umweltbank hat in der Krise keinen einzigen Euro verloren. Das genossenschaftliche Wirtschaften hat dem Kapitalismus die Vertrauensbasis voraus. Vom gemeinsamen Handeln angetrieben, sind sie oft Innovationsmotoren und verfolgen manchmal über die Wirtschaft auch ein politisches Ziel – wie die Energiewende. Ihre Philosophie: Einer für alle und in der Not alle für einen. Der von Raiffeisen geprägte Begriff »Hilfe zur Selbsthilfe« hat sich politisch ebenso durchgesetzt wie die von Schulze-Delitzsch erfundenen Mikrokredite an Gewerbetreibende.

»Think big« heißt die Philosophie der Finanzhaie. »Think small« ist eher das Motto der Genossenschaften. Bei den erneuerbaren Energien zeigt sich: Small is the next big thing.

Bei Genossenschaften wird Wirtschaft zur WIR-tschaft. Eine brauchbare Alternative zum vorherrschenden Raubtier-Kapitalismus. Genossenschaften sind die Wegbereiter des neuen Energiezeitalters. Mit der Kraft der Regionen kann die Energiewende gelingen. Wer heute aktiv wird, ist morgen autark.

Die Zukunft ist kein unabwendbares Schicksal. Sie wird genau so sein, wie wir sie gestalten – vor allem unsere Energiezukunft. Genossenschaften, schrieb die Berliner taz, sind »solide, solidarisch, sexy«. Die vielen Krisen lassen kollektive Selbsthilfefirmen gedeihen. »Viele Menschen wollen wichtige Dinge wieder selbst in die Hand nehmen und Einfluss zurückgewinnen«, analysiert die Volkswirtschaftsprofessorin Theresia Theurl, die das Institut für Genossenschaftswesen an der Uni Münster leitet.

Die beschriebenen Schönauer Stromrebellen, die Elektrizitätswerke Schönau (EWS), sind die prominenteste neuere Energiegenossenschaft. Sie gehören zu den vier erfolgreichsten bundesweit agierenden Ökostromanbietern. Sie unterstützen Bürger, die kleine dezentrale regenerative Energieanlagen betreiben, mit einem »Ökostrompfennig« und helfen kleinen Gemeinden bei der Rekommunalisierung, verbunden mit genossenschaftlicher Bürgerbeteiligung. Sie engagieren sich auch für Bürgerbeteiligungen an Stadtwerken.

Raiffeisens Motto hieß: Das Geld des Dorfes bleibt im Dorf. Analog dazu lernen wir heute: Die Energie für die Region kommt aus der Region. Die Idee der Allmende, die Idee gemeinsamen Reichtums, ist in den europäischen Gesellschaften noch lebendig. Klimaschutz und gute Geschäfte passen gut zusammen, durch Bürgerwindanlagen, Solarparks, Energiegenossenschaften!

Schließlich gilt: Wenn hier in Europa die solare Revolution in Gang kommt, kann sie sich überall verbreiten. Lasst die Amerikaner die Ersten auf dem Mars sein, wir sollten mit derselben Leidenschaft die Probleme auf diesem Planeten zu lösen versuchen. Das heißt: Die Wirtschaft muss sich der Natur unterordnen. Aus dem Homo oeconomicus kann ein Homo oecologicus werden. Das könnte der Weg zu unserer Rettung sein: praktizierte nachhaltige Gemeinwohl-Ökonomie. Ökosozial statt Marktradikal.

Die Menschheit wärmt sich noch immer am Lagerfeuer, vermutet der Osnabrücker Verleger Rolf Ihmels. Aber sie will nicht wahrhaben, dass ihr der Brennstoff ausgeht. Das Lagerfeuer wärmt, bringt Energie und ermöglicht Kommunikation. Von ihm lässt sich niemand folgenlos fernhalten, denn dort stehen auch die begehrten Fleischtöpfe. Gibt es ein Lagerfeuer, bei dem der Brennstoff niemals ausgeht und das ausreichend ist für die Lebensgrundlagen aller? Gibt es ein neues Lagerfeuer?

Ja, das gibt es. Und die große neue Geschichte am Lagerfeuer heißt: Die Energiewende ist in den nächsten Jahrzehnten möglich. Wir müssen nicht länger nach Kohle, Gas, Öl und Uran in dunklen Löchern buddeln, wir können endlich das neue, große Lagerfeuer am Himmel anzapfen, nur dort gibt es die ewigen »Fleischtöpfe«. Die Energieträger des alten Lagerfeuers gehen zur Neige, aber das solare Lagerfeuer – bestehend aus Sonnen-, Wind- und Wasserkraft, aus Bioenergie, Erdwärme und Wellenkraft – steht uns auch in Jahrmillionen noch zur Verfügung.

So eröffnen sich neue Spielräume. Der energetische und zugleich ethische Imperativ unserer Zeit heißt Sonnenpolitik. Das erfordert nicht nur eine neue Politik, sondern auch eine Erneuerung des Politischen. Sonnenpolitik ist ein praktizierter Friedensvertrag mit der Natur – Voraussetzung für die Bewahrung der Schöpfung und damit für unser Hiersein. Eine praktische Ethik und eine ethische Praxis bestehen heute darin, die Energieprobleme nicht nur zu analysieren, sondern mithilfe einer Sonnenstrategie zugleich Wege in eine bessere Welt aufzuzeigen, in der kein Kind mehr verhungern muss. Das vierte Gebot »Du sollst Vater und Mutter ehren...« kann heute so interpretiert werden: »Du sollst Vater Schöpfung und Mutter Erde ehren, auf dass du den Sinn deines Hierseins erfüllst.« In meiner letzten Fernsehsendung hatte ich den Dalai Lama zu Gast. Meine Frage »Was ist heute Religion?« hat er so beantwortet: »Religiös ist, wer dazu beiträgt, die Schöpfung zu bewahren.« Er sagte allerdings auch: »Ohne Menschen ginge es der Erde besser.«

Zivilcourage, Arbeitsfreude, soziales Engagement und der Einsatz für praktikable Visionen sind die Stützpfeiler erfolgreicher Zukunftspolitik. Am wichtigsten sind Realpolitiker und Bürger und Bürgerinnen mit einem ethischen und solaren Kompass.

Was wollen wir zahlen: 20 Milliarden Euro oder 90 Milliarden?

Artikel 20a des Grundgesetzes definiert »Umweltschutz« als Staatsziel. Aber weder der fortgesetzte Braunkohleabbau noch der Weiterbetrieb von AKWs sind damit vereinbar. Unsere heutige Energiepolitik ist schlicht grundgesetzwidrig.

Deutschland ist noch heute bei 71 Prozent aller Energieressourcen auf Importe angewiesen: Erdöl wird zu 98 Prozent importiert, Erdgas zu 87 Prozent und Steinkohle zu 23 Prozent. Uran muss komplett eingeführt werden. Die 29 Prozent heimische Ressourcen, die wir bis jetzt nutzen, sind erneuerbare Energien und Braunkohle. Die EU zahlte 2011 circa 400 Milliarden Euro allein für Ölimporte, 2010 waren es noch 280 Milliarden. Dieser Prozess immer teurer werdender Import-Energie wird sich fortsetzen, wenn die Politik nicht gegensteuert. Dieser Weg ist aber weder ökonomisch noch sozial, noch ethisch, noch ökologisch vertretbar.

Die fossilen und atomaren Rohstoffe sind endlich. Die Internationale Energieagentur in Paris geht von diesen Reichweiten aus: Uran ist noch 30 Jahre verfügbar, Erdöl 40 Jahre, Erdgas 63 Jahre sowie Braun- und Steinkohle circa 180 Jahre. Die Endlichkeit ist absehbar. Die genannten Zahlen gelten nur bei gleich bleibenden Verbräuchen. Aber die rasante ökonomische Entwicklung in Schwellenländern wie China, Indien, Indonesien, Mexiko, Südafrika und Brasilien lässt fast überall auf der Welt die Energieverbräuche rasch ansteigen. Deshalb werden die Zeiträume, in denen uns noch fossile Energie zur Verfügung steht, weit schneller schrumpfen als bisher angenommen. Und die Preise werden explodieren. Um davon abzulenken, werden ständig publizistische Kanonen geladen, um die Mär zu verbreiten, dass die Energiewende zu teuer werde. Teuer wird es, wenn wir die Energiewende nicht so rasch wie möglich organisieren.

In Deutschland geben wir jedes Jahr über 90 Milliarden Euro für die Einfuhr von Energieressourcen aus. Nach einem meiner Vorträge fragte mich Christoph Müller, führender

Manager von EnBW, was ich dazu sage, dass 2013 die Stromverbraucher in Deutschland wahrscheinlich 20 Milliarden Euro an EEG-Umlage aufbringen müssten. Er hielte das für »einen Wahnsinn. Ich bin für die Energiewende und die EnBW auch, aber sie muss bezahlbar sein.« Mit diesem Argument wird insinuiert, dass wir uns mit der Wende Zeit lassen sollten. »Bitte nichts überstürzen«, höre ich jeden zweiten Abend. Was aber sind die 20 Milliarden Mehrkosten für den Umstieg auf umweltfreundliche Energien im eigenen Land gegenüber 90 Milliarden für schmutzige Energie, die wir jedes Jahr zu den Ölscheichs und Gasbaronen schieben? Die 20 Milliarden für Erneuerbare bleiben überwiegend in Deutschland. Sie generieren hier Wertschöpfung und Arbeitsplätze.

Der größte Schatz, den es jetzt zu heben gilt, ist die kostenlose Solarenergie als die Energie des Volkes, als Geschenk des Himmels, als die preiswerte Energie für alle. Die Sonnenstrahlen sind die einzige kostenlose Einnahmequelle, die unser Planet hat. Alles andere ist dann Umwandlung dessen, was uns die Sonne zuvor geschenkt hat. Die Technologiekosten für die Erneuerbaren sind nicht nur kostentreibend – wie der Bundeswirtschaftsminister behauptet. Wenn kräftig Wind weht und viel Sonne scheint, wird der Ökostrom billig in den Markt gedrückt, und teure fossile Kraftwerke werden unrentabel und abgeschaltet. Zum Missfallen der klassischen Stromer wird der Strompreis günstiger.

Nach Angaben des Bundesverbandes Erneuerbare Energien haben bereits 2011 die Erneuerbaren hierzulande neun Milliarden Euro externe Kosten vermieden und Brennstoffimporte von neun Milliarden Euro ersetzt. Der Anteil der Erneuerbaren am Gesamtenergieverbrauch in Höhe von 13 Prozent steht für eine Einsparung von 127 Millionen Tonnen CO_2. Die kommunale Wertschöpfung durch den weiteren Ausbau der erneuerbaren Energie, vor allem durch Produktion, Planung, Installation und Wartung, betrug 2011 10,5 Milliarden Euro. All diese Beträge müssen realistischerweise den 20 Milliarden Euro Kosten gegenübergestellt werden, die die Energiewende zurzeit pro Jahr verursacht. Und ganz entscheidend: In den letzten Jahren sind in den Branchen der erneuerbaren Energien 400 000 zukunftsfähige Arbeitsplätze entstanden.

Eine faire Rechnung belegt: Trotz der 20 Milliarden Kosten über die EEG-Zulage sind die erneuerbaren Energien schon heute die preisgünstigsten Energieträger. Sie verursachen keine oder nur wenige Folgekosten. Würden diese Folgekosten der alten Ressourcen und ihre riesigen Subventionen über Jahrzehnte mitberechnet (»internalisiert« sagen dazu die Ökonomen) und bei den Erneuerbaren deren höherer gesellschaftlicher Stellenwert mitbedacht, dann wäre der Preisvorteil Letzterer schon heute und erst recht für morgen klar erkennbar. Wirtschaftliches Wachstum mit erneuerbaren Energien bedeutet Naturerhalt. Wachstum mit alten Energieträgern bedeutet Naturzerstörung. Mithilfe erneuerbarer Energien hebt sich der alte Gegensatz von Ökologie und Ökonomie auf. Der tatsächliche Gegensatz, um den es geht, ist der zwischen einer ökologischen, gesellschaftsgerechten und einer nicht ökologischen, gesellschaftszerstörenden Wirtschaft.

Wieso sollte man noch etwas Schädliches kaufen, wenn das Unschädliche bereits preiswerter ist?

Ein Vergleich der Kosten – 90 Milliarden für die alten Energieträger pro Jahr oder 20 Milliarden für den raschen Umstieg – zeigt ganz klar: Je rascher wir den Umstieg auf eine 100-prozentige erneuerbare Energieversorgung organisieren, desto preiswerter wird sie. Je länger wir damit warten, desto teurer kommt der Wechsel. Trotz dieser unbestreitbaren preislichen Vorteile der erneuerbaren Energien nennt sie Philipp Rösler »die Hauptkostentreiber unserer Zeit«. Ein kurzsichtiger Wirtschaftsminister, der nicht wirklich rechnen kann, ist für ein Industrieland eine Katastrophe. Die Interessen der vier alten Energieversorger bestimmen seine Politik und nicht die ökonomische Vernunft und das

Gesamtwohl der Gesellschaft. Er macht Politik nach dem billigen Motto: Wir müssen jetzt Geld sparen, koste es später, was es wolle. Diese Politik ist nicht enkeltauglich.

Zwei seiner Vorgänger im Amt – die früheren Wirtschaftsminister Werner Müller und Wolfgang Clement – sind nach ihrem Ausscheiden aus der aktiven Politik auf den Gehaltslisten der Energieversorger aufgetaucht. Müller wurde Vorstandschef der Ruhrkohle AG und Clement landete bei RWE Power. Vielleicht will auch Philipp Rösler für sich vorsorgen. Es muss sehr verlockend sein, vom Staatsdiener zum Großverdiener zu avancieren. Die Fünf-Prozent-Hürde bei der nächsten Wahl könnte ihm ja tatsächlich gefährlich werden. Sehr gut möglich, dass die nächste Bundesregierung eine FDP-freie Zone ist.

Schlimm ist, wenn Politiker gleich nach ihrem Ausscheiden aus dem Amt als Energie-Lobbyisten auftreten. Noch schlimmer ist, wenn sie das noch während ihrer Amtszeit tun.

Eine andere Rechnung: Pro Kopf werden in Deutschland jedes Jahr etwa 2500 Euro an Energiekosten ausgegeben – darin sind die direkten und indirekten Kosten enthalten, also für Strom, Wärme, Kraftstoffe sowie die Energiekosten aller Waren einschließlich Lebensmittelherstellung und Dienstleistungen. In der Summe sind das in jeder Region mit einer Million Menschen 2,5 Milliarden Euro pro Jahr. Dieses Geld bleibt künftig zum großen Teil im regionalen Wirtschaftskreislauf. Das ist ein regionales Wirtschaftsförderprogramm, wie es keine Regierung je finanzieren könnte. Ohne bürokratischen Aufwand und auf alle verteilt. Es fördert Wohlstand für alle. Auf ganz Deutschland bezogen, aufgeteilt in 82 Regionen, wären dies jedes Jahr 204 Milliarden Euro Wirtschaftsförderung. Geld, das jetzt überwiegend ins Ausland fließt. Wieso unterschlägt ausgerechnet der Wirtschaftsminister diese ökonomischen Zusammenhänge? Die Energiewende ist auch ein ökonomischer Imperativ.

Die vier Stolpersteine der Merkel'schen Energiewende

1. Offshore-Windparks sollen etwa 15 Prozent des deutschen Stromverbrauchs generieren. Das wird unnötig teuer und technisch komplex. Deshalb liegt das erste Großprojekt in der Nordsee drei Jahre hinter der Planung zurück. Offshore-Windstrom wird etwa doppelt so teuer als der an windgünstigen Standorten an Land produzierte.

2. In etwa 80 Prozent der Gebäude in Deutschland können bis zu vier Fünftel der Heizenergie eingespart werden, wenn Fassaden, Dächer, Böden, Türen und Fenster besser gedämmt werden. Doch auf einen Gesetzesentwurf, der die energetische Sanierung steuerlich begünstigt, konnten sich Bundestag und Bundesrat zwei Jahre lang nicht einigen. Dieser politische Streit verzögert die Energiewende. Die EU hat vorgeschlagen, dass jedes Jahr drei Prozent der Altbauten energetisch saniert werden. Tatsächlich liegt aber die Sanierungsquote in Deutschland bei einem Prozent. Wenn dieses Tempo beibehalten wird, dauert die energetische Gebäudesanierung bei uns 100 Jahre. Diese Zeit haben wir aber nicht.

3. Die schwarz-gelbe Bundesregierung und die Energiekonzerne setzen beim Desertec-Projekt in Nordafrika auf Sonnenstrom, der in bis zu 3000 Kilometer langen Leitungen nach Deutschland transportiert werden muss. Auch das wird teuer, verlustreich und stößt auf Widerstand der südeuropäischen Bevölkerungen. Riesige Stromleitungen müssten durch Spanien, Italien, Griechenland, Frankreich, Österreich und die Schweiz geführt werden. Wenn schon Hochspannungsleitungen in Deutschland für Deutschland heftigen Widerstand bewirken, um wie viel mehr dann, wenn es um Leitungen aus Nordafrika nach Deutschland geht? Wir haben hierzulande genug Dächer, Fassaden und freie Flächen für Solaranlagen ohne lange Leitungen. Die Alternative zu Desertec heißt Dächertec.

4. Die Kosten für die Energiewende sind ungerecht verteilt. Mittelständische Firmen und private Haushalte zahlen zu

viel, aber die Energie verbrauchenden Großbetriebe sind weitgehend von den Kosten der Energiewende ausgenommen. Merkels Energiepolitik hat eine soziale Schieflage und damit ein Akzeptanzproblem. Nach dem Motto »Die Kleinen sollen zahlen, aber die Großen schont man« wird die Energiewende nicht gelingen.

100 Prozent jetzt: Sieben Schritte zur solaren Energiewende

Mich als Journalist erschreckt weniger, wie der Wirtschaftsminister die Fakten verdreht, sondern dass Hunderte Journalisten diese Verdrehungen einfach durchgehen lassen, ohne selbst zu recherchieren oder nachzudenken. Meine eigene Erfahrung: Aus Halbwahrheiten werden mit der Zeit fette Lügen. Dafür ein Beispiel: Rösler sagt, Solarstrom sei zu teuer, aber er fördert zugleich Offshore-Windstrom, der inzwischen teurer ist als der Strom vom eigenen Dach. Und die Risiken der Technik sollen die privaten Verbraucher tragen. Der Grund ist ganz einfach: Offshore-Windstrom passt in die zentralisierten Strukturen der alten Energiewirtschaft, der von Bürgern erzeugte Solarstrom nicht. Aber diesem Widerspruch gehen die wenigsten Journalisten nach. Die Lügen über die Erneuerbaren haben lange Beine, weil viele Journalisten einem Minister noch immer blind glauben.

Die Strompreise sind in Deutschland schon gestiegen, lange bevor die Umlage für erneuerbare Energien eingeführt war – häufig sogar kräftiger als heute mit der EEG-Umlage. Die Beschleunigung der dezentralen Energiewende spart Kosten und ist der wirtschaftlich vernünftigste Weg.

Für die Beschleunigung einer preiswerten Energiewende sind jetzt sieben politische Schritte notwendig:

* ❋ Die Grundprinzipien des EEG beibehalten: immer niedrigere, aber feste Vergütungssätze, Vorrang beim Einspeisen für die Erneuerbaren sowie Planungssicherheit für alle im Inland verfügbaren erneuerbaren Energien.

- Die Bundesregierung sollte ihre Ausbauziele des erneuerbaren Stroms bis 2020 von jetzt 35 Prozent auf 50 bis 60 Prozent erhöhen.
- Beschleunigter Ausbau der preiswerten Windkraft an Land und der Solarenergie bei gleichzeitigem Abbau der viel zu teuren Offshore-Windpläne.
- Abschaffung des von der Bundesregierung geplanten Deckels beim Ausbau der Photovoltaik von 52 Gigawatt – für eine erfolgreiche Energiewende mit 30 Prozent Photovoltaikstrom sind 200 Gigawatt nötig.
- Angemessene Belastung aller Wirtschaftszweige mit der EEG-Umlage und entsprechende Entlastung der privaten Stromkunden.
- Schaffung eines finanziellen Anreizes für Stromspeicher aus erneuerbaren Energien.
- Förderung der Energieeffizienz, hauptsächlich bei Autos und für Altbauten.

Sonnenuntergang in Deutschland?

Die deutsche Photovoltaikindustrie hat es geschafft, die Preise für Solarstrom in 25 Jahren um über 80 Prozent zu senken. Eine große Leistung. 1988 kostete die Kilowattstunde Solarstrom noch etwa einen Euro (zwei Mark), heute sind wir bei etwa 16 bis 18 Cent – und das ist noch lange nicht das Ende der Preisreduktion. Dank intensiver Forschung, rascher Automatisierung und verbesserter Produktionstechnologie konnte dieses erfreuliche Ziel erreicht werden.

Deutschland nimmt in der Photovoltaikforschung noch immer weltweit eine Spitzenstellung ein. Die deutschen Anlagenhersteller und Maschinenbauer rüsten die Welt aus. Doch inzwischen gibt es eine Überkapazität an Solarfabriken in Asien und Europa, was zu Firmenpleiten und rasch sinkenden Preisen geführt hat. Namhafte Solarfirmen wie Solon oder Q-Cells gingen als Erste pleite. Und einstige Stars wie Conergy kämpfen ums Überleben. Schockstarre in der gesamten Branche. Einst reisten ihre Chefs um die ganze Welt und verkauften ihre Anlagen. Sie saßen im Flugzeug der Kanzlerin, suchten immer neue Ingenieure und verdienten viel Geld. Doch jetzt sitzen sie im Tal der Tränen: Entlassungen, Stille in den Fabriken, keine Aufträge und keine Empfänge mehr.

Nun wankt sogar der Branchenprimus Solarworld. Die Stars sind inzwischen abgestürzt. Fünf Pleiten in vier Monaten 2012: Solon, Solarhybrid, Solar Millennium, Scheuten und Ralos. Die Einspeisevergütung wurde 2012 um bis zu 50 Prozent gesenkt. Das war zu viel. Das verkraftet keine Branche. Die Solarier kennen auch den Hauptschuldigen: Sein Name ist Rösler.

Da die meisten Solarfabriken in Ostdeutschland hochgezogen wurden, erlebt der deutsche Osten jetzt zum zweiten Mal nach der Wiedervereinigung eine Deindustrialisierung. Wer heute durch eine Solarfabrik geht und sie von früher kennt, traut seinen Augen nicht: leere Gänge, verlassene Maschinen, wenige, aber traurige Gesichter. Das EEG war als Anschub wichtig. Aber viele wussten, dass die hohen Vergütungen nicht ewig bezahlt werden können. Die Branche erlebt jetzt einen Schrumpfungsprozess wie die deutsche Autoindustrie am Beginn des 20. Jahrhunderts. Damals gab es über 50 Autofirmen in ganz Deutschland, die alle in das beginnende große Geschäft einsteigen wollten. Fünf davon sind übrig geblieben.

Der Solarforscher und Chef des Freiburger Fraunhofer-Instituts für solare Energieforschung, Professor Eicke Weber, hat einen Trost für die deutsche Branche: 2020 erwarten die Experten einen Weltmarkt von 100 Gigawatt – dreimal so viel wie heute. Und 2030 sollen es sogar 300 Gigawatt sein. Weber: »Die Zukunft der Solarindustrie wird aufregend. Wir müssen hochmoderne Großproduktionsanlagen im Gigawatt-Maßstab (1000 Megawatt) entwickeln. Diese können auch in Deutschland gebaut werden.« Also Innovation statt Depression.

Zunächst aber werden sie in China gebaut. Dort hat die Solarindustrie zwar auch Probleme, aber durch die Politik weitaus günstigere Bedingungen als hier. Chinas Regierung sieht in der Solarindustrie und Windindustrie die Zukunftstechnologien schlechthin.

Es mag für deutsche Politiker noch mutig scheinen, die solare Energiewende bis 2030/2040 zu fordern, verwegen ist es nicht. Sie kostet uns – nach den Berechnungen des neuen Chefs des Fraunhofer-Instituts für Windenergie und Energiesystemtechnik IWES in Kassel, Professor Clemens Hoffmann – etwa 30 Jahre lang ein Prozent unseres Bruttosozialprodukts.

Ein Rückblick, März 2000 im Deutschen Bundestag: Die Abgeordneten Hermann Scheer, Michaele Hustedt und Hans-Josef Fell haben im Wesentlichen das EEG formuliert. 328 Abgeordnete der SPD, Grünen und Linken stimmen zu, 217 von Union und FDP lehnen ab. Nur ein Unionsabgeordneter stimmt für das revolutionäre Gesetz: Der CSU-Umweltpolitiker Josef Göppel, wertkonservativer und mutiger Förster aus dem Landkreis Ansbach. Hermann Scheer hat ihm dafür den Europäischen Solarpreis überreicht.

Die in die Solarenergie gesetzten Hoffnungen überschlagen sich. Bei späteren Novellierungen während der Großen Koalition stimmt auch die CDU/CSU mehrheitlich mit. Die solare Begeisterung hat jetzt fast alle erfasst. Viele jubeln über die »Initialzündung für das Solarzeitalter«. Nur die Liberalen rufen: »Planwirtschaft!« Und das ausgerechnet bei einem Gesetz, das den deutschen Mittelstand jubilieren lässt. Vor Urzeiten war die FDP mal eine Mittelstandspartei – das ist aber eine gefühlte Ewigkeit her. Über eine Million Hausbesitzer haben inzwischen Solarzellen auf ihre Dächer montieren lassen. Mehr als sonst wo auf der ganzen Welt. Es scheint kein Halt mehr zu geben.

Aber mit der Zahl der Anlagen steigt natürlich auch die Höhe der Einspeisevergütung. 2011 sind es schon über 14 Milliarden Euro. Die schwarz-gelbe Bundesregierung kürzt 2012 brutal anstatt mit Augenmaß. Politische Vollbremsungen werfen jede neue Branche aus der Bahn. Die Folgen: erstmals Massenentlassungen in der Zukunftsbranche.

Anderswo – vor allem in Ostasien – bremst die Politik auch, aber weniger drastisch. Japan übernimmt 2012 das EEG nach deutschem Vorbild. Polen auch. Beide mit höheren Einspeisevergütungen als jetzt in Deutschland. Die koreanische Firma Hanwha hat Q-Cells zum Schnäppchenpreis übernommen. Immerhin: 1250 von 1550 Stellen bleiben erhalten.

Ich stimme Eicke Weber zu: Die Zukunft der Solarindustrie wird aufregend. So oder so. Aber die Zukunft der deutschen Solarindustrie steht in den Sternen. Sicher ist: Dank des deutschen EEG werden bald alle Menschen dieser Welt Zugang zu preiswertem Solarstrom haben, den es weltweit im Überfluss gibt. Darauf dürfen wir stolz sein. Und Hermann Scheer darf sich im Solarhimmel mitfreuen.

Einmal im Jahr trifft sich die Solarbranche der Welt zur Intersolar-Messe in München. 2011 sah ich dort zum ersten Mal beinahe so viele chinesische Aussteller wie deutsche. Doch nirgendwo waren mehr Besucher anzutreffen als an den chinesischen Ständen. Inzwischen gibt es auf der Welt doppelt so viele Solarfabriken, als gebraucht werden. Die meisten davon stehen in China, und auch dort gibt es Pleiten.

Frank Asbeck, Chef von Solarworld, vor Jahren noch befreundet mit chinesischen Solarbossen, bekämpft sie inzwischen juristisch: »Wir können nicht zulassen, dass die Chinesen die Sonne monopolisieren.« Der in jeder Hinsicht gewichtige und lebensfrohe Solarworld-Chef will, dass die Chinesen Strafzölle bezahlen müssen, weil sie auf der ganzen Welt Solarmodule unter Produktionskosten verkaufen. So etwas geht natürlich nur mithilfe der heimischen Politik.

Noch ist Deutschland Technologieführer – doch wie lange noch? Die deutsche Solarbranche hat vielleicht den Fehler gemacht, die reichlichen Gewinne der Vorjahre nicht ausreichend und nicht rechtzeitig in neue Großtechnologien zu investieren. Aber für Solarfabriken im Gigawatt-Bereich, wie

Eicke Weber sie fordert, geben die deutschen Banken – im Gegensatz zu den chinesischen – kein Geld. China hat seiner Solarindustrie 40 Milliarden Dollar als zinslose Darlehen oder zu billigen Konditionen zur Verfügung gestellt. Damit konnten die Chinesen Großanlagen bauen und 20 bis 30 Prozent billiger als die Deutschen produzieren.

Doch die schwarz-gelbe Bundesregierung ist nicht bereit, die deutsche Solarindustrie ähnlich strategisch zu fördern. Deutschland ist zwar gut in der Forschung und Entwicklung, muss aber dabei zusehen, wie in Ostasien – neben China auch in Korea, Taiwan, Malaysia und wahrscheinlich bald auch in Japan – die Arbeitsplätze entstehen. Ostasien macht nicht zum ersten Mal die effizientere Industriepolitik bei den wichtigsten Zukunftstechnologien. Die deutsche und auch die europäische Solarbranche arbeiten unter unfairen Wettbewerbsbedingungen. So besteht die Gefahr, dass nach der Produktion auch die Forschung und die Anlagenhersteller weggehen.

Wir haben die paradoxe Situation: Der Anteil des Solarstroms steigt erfreulich. Aber die Politik will die Energiewende verzögern und verschleppen. Sie bremst, anstatt anzutreiben. So kann die deutsche Politik ihre selbst gesteckten Klimaschutzziele – 2050 bis zu 95 Prozent weniger CO_2-Emissionen – nicht erreichen. Stromkonzerne haben bei der Bundesregierung offensichtlich noch immer eine stärkere Lobby als die Befürworter der Energiewende.

Doch der Einzelne kann die Energiewende schon mal selbst in die Hand nehmen: Solaranlagen mit Speicherkapazitäten installieren, Windräder und Biogasanlagen mitfinanzieren. Wir können theoretisch und bald auch praktisch den Draht zu den alten Stromern kappen und uns selbst versorgen. Jede und jeder kann auf die Sonnenseite wechseln. Es wird sich weltweit an immer mehr Orten lohnen, sich der Sonne zuzuwenden.

Wer gewinnt durch die Energiewende?

Auf einer »Weltkarte der Chancen« hat die Unternehmensberatung Roland Berger errechnet, dass in den globalen Krisen wie Klimawandel, Demografie und Ressourcenverknappung zugleich riesige Chancen für kluge Unternehmen und ganze Volkswirtschaften stecken. Wer die bevorstehenden Knappheiten am besten managt, wird von diesen Megatrends profitieren. Schließlich geht es um die Frage, ob und wie die Menschheit den Übergang von der Hemmungslosigkeit zur Nachhaltigkeit gewaltfrei und mit demokratischen Mitteln schaffen kann.

Dafür ist zunächst einmal ein neuer Blick auf die Bedrohungsszenarien nötig, für den wir uns in diesem Buch entschieden haben. Weitverbreitet ist die Annahme, dass Überalterung, Klimawandel und Rohstoffknappheit nur Katastrophen bedeuten. Übersehen wird meist, dass in jedem Ende ein Neuanfang steckt oder, wie es ganz poetisch Hermann Hesse sagt: »Jedem Anfang wohnt ein Zauber inne.«

Also: Wo entstehen neue Nachfragen durch den Klimawandel? Wo gibt es neue Arbeitsplätze durch die Energiewende? Wie funktioniert die regionale Rohstoffbasis, wenn demnächst die alten, nur global zu beschaffenden Energierohstoffe zu Ende gehen? In Regionen mit knappen Ressourcen werden diese künftig effizienter eingesetzt werden. Je rascher die klimaschädlichen Rohstoffe zu Ende gehen, desto schneller werden ganze Volkswirtschaften auf erneuerbare Energien umsteigen.

Zu den Gewinnern von morgen, so die Roland-Berger-Studie, gehören Unternehmen und Gesellschaften, die heute schon auf den großen grünen Leitmärkten aktiv sind: Energie-, Rohstoff- und Materialeffizienz lohnen sich immer besser, aber auch ein intelligentes Wasser- und Bodenmanagement, ökologische Mobilität, solare Chemie und Recycling.

Wer heute mit »Faktor Fünf« oder »Faktor Zehn« effizienter wirtschaftet, wird morgen zu den Gewinnern gehören.

Das Gleiche gilt für altersgerechte Produktionsstrukturen und kostenlose solare Rohstoffe.

Gewinnen werden auch Unternehmen, die attraktive Gesundheits- und Pflegeleistungen oder passende Konsumgüter für die wachsende Gruppe der »Best Ager« anbieten.

Unter den Volkswirtschaften werden nicht diejenigen siegen, die tun, was sie schon immer getan haben, sondern die innovativsten.

Forschungspolitik muss gezielt auf die großen Megatrends ausgerichtet sein: Energie, Umwelt, Nanotechnik, solare Elektronik und solare Chemie.

Zu den Gewinner-Gesellschaften gehört Deutschland, hat aber starke Konkurrenz in Japan, Korea, China, Indien und den USA, so die Studie von Roland Berger, und wahrscheinlich schon mittelfristig alle Sonnenländer in der sogenannten Dritten Welt. Erneuerbare Energien können das Medium werden, mit dessen Hilfe auf diesem Planeten bald kein Kind mehr verhungern muss.

Zu den Gewinnern von morgen zählt, wer ganz rasch seine Beziehung zu den sich erschöpfenden, destruktiven fossilen und nuklearen Rohstoffen beendet. Gewinnen wird, wer sich stattdessen mit der Fast-Unendlichkeit der solaren Energieträger verbündet. Es muss auf die Sonnenseite treten, wer seinen Kindern und Enkeln und deren Kindern und Enkeln etwas Gutes tun will. Die Gewinner wissen, dass die Zukunft diesen Namen trägt: solare Weltwirtschaft, von der Hermann Scheer sprach, schrieb und träumte. Er wusste auch: »Der unverzügliche Wechsel zu erneuerbaren Energien ist keine Last, sondern die größte greifbare soziale und wirtschaftliche Zukunftschance« – das Motto, das diesem Buch vorangestellt ist.

Unsere Lebenszeit ist eine solare Bewusstwerdungszeit. Doch dafür steht uns nicht unendlich viel Zeit zur Verfügung. Wenn wir das Richtige zu spät tun, haben wir auch verloren. Peter Sloterdijk in einem Nachruf auf Hermann Scheer in der *Zeit:* »Es ist die grausame Ironie dieser Übergangszeit, dass es lange weniger schlimm kommt als angekündigt, bis es schlimmer kommt als befürchtet.« Genau so könnte das Drehbuch des Klimawandels aussehen. Es ist die Tragik der schwarz-gelben Energiewende, diesen Zusammenhang nicht zu erkennen. Hermann Scheers »100 Prozent jetzt«-These heißt: die Energiewende bis 2030, spätestens 2040, organisieren. Und das bedeutet: Jetzt nicht nachlassen. Sonst, Herr Altmaier und Frau Merkel, ist es nicht wirklich ernst gemeint. Nach über 40 Jahren journalistischer Erfahrung habe ich viele Politiker kennengelernt, aber keinen zweiten praktischen Visionär wie Hermann Scheer. Er hatte die Energiewende bis zum letzten Solardach skizziert. Und niemand hat wie er die Energiewende in ihrer globalhumanistischen und ethischen Dimension in der ganzen Welt und für die ganze Welt erklären können. Das ist keine posthume freundschaftliche Schwärmerei, das ist Tatsache. Zum Anlass seines Todes nannte ihn die *Süddeutsche Zeitung* einen solaren Mystiker, die *taz* »größer als die Beatles, schneller als der Rest« und die *Frankfurter Rundschau* »Solarpapst«. Er war ein Glücksfall intellektueller, witziger, ethischer, politischer und solarer Kreativität. Scheers Lebensmotto: Die Zukunft wird erneuerbar, oder wir haben keine.

Eine Industrienation wie Deutschland kann, inspiriert von diesem Visionär, die Energiewende bewältigen. Wir können weit mehr erneuerbare Energie produzieren, als wir je brauchen. Verteil- und Übertragungsnetze müssen für die neuen Herausforderungen umgerüstet und Verbraucher, Netze und Erzeuger intelligent miteinander verknüpft werden.

Um die Energiewende zu organisieren, müssen wir uns gar nicht permanent ändern, es reicht, wenn wir uns entfalten und die Erkenntnisse Hermann Scheers umsetzen. Gott hat uns so viel Liebe, Weisheit und Hoffnung gegeben, dass wir einander ertragen und die Energiewende organisieren können. Die indischen Upanischaden wissen: »Gott schläft in den Steinen, träumt in den Tieren, atmet in den Pflanzen und erwacht in den Menschen.«

Das Büro für Technikfolgenabschätzung des Deutschen Bundestags arbeitet unabhängig und mit wissenschaftlicher Kompetenz. Es kam im Sommer 2012 zu dem Schluss, dass die Netzintegration des Ökostroms in den kommenden Jahren mit einer Vielzahl von Flexibilisierungsmaßnahmen ohne größere Probleme erreicht werden kann. Die Zeiten, in denen die Stromversorgung in Grund-, Mittel- und Spitzenlast eingeteilt wurde, sind mit dem schnellen Ausbau der erneuerbaren Energien vorbei. Zur Flexibilisierung der Stromerzeugung gehört vor allem eine Optimierung der zu Sonne und Wind additiven erneuerbaren Energien aus Biomasse, Wasserkraft, Geothermie und schnell zuzuschaltenden Kraft-Wärme-Kopplungsanlagen. Virtuelle Kombikraftwerke auf der Basis erneuerbarer Energien können zusammen mit einer intelligenten Steuerung der Stromnachfrage bereits viel Ausgleich bei der Solar- und Windsstromerzeugung leisten. So lassen sich Engpässe sogar oft ohne Leitungsneubau beseitigen.

Sonnenaufgang über dem Schwarzwald

Heute ist Herbstanfang. Diese Jahreszeit zieht ins Gemüt. Die letzten kräftigen Sonnenstrahlen lassen die bunten Blätter draußen an den Ästen farbenfroh leuchten. Im Wald hinterm Haus beginnt schon der Rausch der Farben. Im Garten färben sich die weißen Sommerblumen braun-dunkelrot und die gelben fangen bereits an zu welken. Der Herbst ist eine Jahreszeit beseelten Glücks. Es ist morgens, sieben Uhr. Sonnenaufgang – ein magischer Augenblick. Ich sitze an meinem Schreibtisch und sehe, wie sich die Sonne im Osten hinter dickleibigen Wolken über die Schwarzwaldberge des Murgtals schiebt. Sie wirft ihre ersten schmalen gelben Streifen über das Gebirge.

Ich schließe die Augen. Die Sonne geht wieder einmal über der Erde auf – wie seit viereinhalb Milliarden Jahren jeden Morgen. Seit Jahrmilliarden lässt sie ihre Strahlen und ihre

Wärme auf unsere Erde fallen. Die Entstehung der Sonne hatte ein langes Vorspiel. In einem kurzen Augenblick vor 13 Milliarden Jahren war mit dem Urknall das Universum geboren, und seither dehnt es sich mit Lichtgeschwindigkeit aus. Das ist schwer zu verstehen. Doch die Sonne sollten wir besser verstehen lernen. In ihr liegt unsere Hoffnung auf Zukunft begründet.

Dazu hat uns die Natur eine gute Voraussetzung mitgegeben: Die emotionale Erinnerung an Sonnenwärme, Sonnenlicht, Sonnenstrahlen, Sonnenaufgänge und Sonnenuntergänge begleitet uns ein Leben lang.

Das heißt, wir können die Kräfte begreifen, denen wir unser Hiersein verdanken und die das Universum antreiben. Wenn es uns gelingt, diese Kräfte nur ein wenig zu nutzen, dann ist unser Energieproblem für alle Zeiten gelöst. Im Universum gibt es vielleicht 100 Milliarden Galaxien. Unsere ist nur eine davon. Doch allein in ihr gibt es 100 Milliarden Sterne. Und am äußeren Rand unserer Galaxie gibt es einen fast unscheinbaren Punkt – einen mittelgroßen, nicht sehr hellen Stern, unsere Erde, unseren Heimatplaneten, auf dem Sie jetzt dieses Buch lesen. Wir hier beginnen gerade, die Kraft und die Macht der Sonne und ihre Chancen für uns zu verstehen – auch Sie tun das. Sonst hätten Sie sich nicht mit diesem Buch beschäftigt. Die äußeren Planeten sind zu Eis erstarrt. Die Planeten, die näher an der Sonne sind als wir, erglühen in für uns unerträglicher Hitze. Aber irgendwo in der Mitte, nicht zu weit weg und nicht zu nah dran an der Sonne – da sind wir. Hier ist es nicht zu heiß und nicht zu kalt für das Leben. Nur hier konnte deshalb der Garten des Universums mit vielfältigstem Leben entstehen. Je intensiver wir Menschen die Sonne betrachten, desto mehr überrascht sie uns. So geht es auch mir und uns, seit wir Solaranlagen auf unserem Dach haben.

Den solaren Reichtum entdecken und nutzen

Die Photovoltaikanlage auf dem Dach unseres Holzhauses hat wie seit 20 Jahren auch 2012 zwischen Januar und September mithilfe der Sonne wieder mehr Strom produziert, als ein Vierpersonenhaushalt im Schnitt in einem ganzen Jahr verbraucht. Seit 1992 erhalten wir Strom und Wärme von der Sonne. Ich kann meinen geschätzten Leserinnen und Lesern versichern, dass sie in diesen 20 Jahren noch nie eine Rechnung für Strom oder Wärme geschickt hat. Die Sonne schenkt uns unvorstellbaren Reichtum. Wir können sie nie verbrauchen. Aber den solaren Reichtum gilt es endlich zu gebrauchen – für alle.

Der real existierende Kapitalismus ist in der Krise. Die Gier lähmt ihn. Die schreckliche Folge: Einige wenige haben zu viel und viel zu viele haben viel zu wenig. Die Frage ist: Wie werden die wenigen Reichen ärmer und die vielen Armen reicher? Eine intelligent organisierte Energiewende kann zu einer gerechteren Gesellschaft führen, weil Sonne und Wind das große kostenlose Geschenk für alle sind.

Genauso wichtig wie eine günstige Kostenrechnung ist uns, dass wir dabei ein gutes Gefühl haben. Es ist einfach angenehmer, mit der Sonne zu duschen als mit Erdöl. Die Energiemenge der Sonne ist nach menschlichen Maßstäben unfassbar groß. Sie setzt in wenigen Sekunden die Energie einer Milliarde Atombomben frei. Wie lachhaft sind Politikeraussagen wie die des EU-Energiekommissars Günther Oettinger, Deutschland habe nicht genug Sonneneinstrahlung. Diese Gedanken gehen mir an diesem schönen Herbstmorgen durch den Kopf.

Könnten wir den gesamten Energieausstoß der Sonne für nur eine Sekunde nutzen, dann wären unsere Energieprobleme für eine Million Jahre gelöst. In der Sonne liegt unsere Hoffnung auf Zukunft begründet. Zum Reformationstag 2012 lese ich den Gedanken, dass die Energiewende die Reformation des 21. Jahrhunderts sei.

Vor über 30 Jahren hat mir ein Hopi-Indianer erzählt,

warum sein Volk die Sonne anbetet: »Die Sonne ist unser Vater und zugleich unsere Mutter.« Damals wusste ich nicht, was diese Erkenntnis mit unserer Energieversorgung zu tun haben könnte. Doch heute können wir es wissen. Es gibt keine Ausreden mehr. Schon Johann Wolfgang von Goethe wusste: »Es ist nicht genug zu wissen, man muss es auch anwenden; es ist nicht genug zu wollen, man muss es auch tun.«

Draußen strahlt inzwischen die Sonne über den Schwarzwaldbergen. Worauf warten wir noch? Ich lade Sie nochmals ein auf die Sonnenseite des Lebens. Die Sonne ist und bleibt das Maß aller Dinge. Vor 20 Jahren waren die erneuerbaren Energien ein Traum von wenigen. Heute sind sie eine Hoffnung für viele. Und morgen werden sie eine Notwendigkeit für alle sein. Die Energiewende ist der moralische Imperativ unserer Zeit. Bürger zur Sonne, zur Freiheit! Unser Platz ist auf der Sonnenseite.

Täglich neue Infos zum Thema finden Sie auf www.sonnenseite.com. Lassen Sie uns in Verbindung bleiben!

Dank

Ich danke Hermann Scheer für mehr als 20 Jahre inspirierende Zusammenarbeit und freundschaftlich-politischen Austausch. Ich danke der Lektorin des Piper-Verlags, Angela Gsell, für kompetente und professionelle Hilfe und meiner Frau für Jahrzente lange partnerschaftliche und liebevolle Unterstützung. Sie ist Redakteurin der Sonnenseite, wurde dafür mit dem Deutschen und Europäischen Solarpreis ausgezeichnet und hat ihre fundierte Recherchearbeit in dieses Buch eingebracht. Danke Bigi!

Literatur

Alt, Franz: *Die Sonne schickt uns keine Rechnung – Neue Energie, Neue Arbeit, Neue Mobilität*, Piper 2009.

Alt, Franz: *Zukunft Erde – Wie wir morgen leben und arbeiten wollen*, Aufbau 2006.

Alt, Franz: *Krieg um Öl oder Frieden durch die Sonne*, Riemann 2002.

Alt, Franz: *Der ökologische Jesus – Vertrauen in die Schöpfung*, Goldmann 2003.

Alt, Franz/Scheer, Hermann: *Wind des Wandels*, Ponte 2007.

Alt, Franz/Spiegel, Peter: *Gute Geschäfte – Humane Marktwirtschaft als Ausweg aus der Krise*, Aufbau 2009.

Cohen, Richard: *Die Sonne – Der Stern, um den sich alles dreht*, Arche 2012.

Diamond, Jared: *Kollaps – warum Gesellschaften überleben oder untergehen*, Fischer 2011.

Dyer, Gwynne: *Schlachtfeld Erde, Klimakriege im 21. Jahrhundert*, Klett-Cotta 2010.

Felber, Christian: *Gemeinwohl-Ökonomie*, Deuticke 2012.

Fischer, Hermann: *Stoffwechsel – Von der fossilen zur solaren Chemie*, Kunstmann 2012.

Gerhard, Markus/Rüschen, Thomas/Sandhövel, Armin: *Finanzierung Erneuerbarer Energien*, Frankfurt School 2011.

Hildebrandt, Dieter: *Die Sonne, Biografie unseres Sterns*, Hanser 2008.

Janzing, Bernward: *Solare Zeiten*, Picea 2011.

Kemfert, Claudia: *Jetzt die Krise nutzen*, Murmann 2009.

Koch, Hannes/Pötter, Bernhard/Unfried, Peter: *Stromwechsel*, Westend 2012.

Kronberger, Hans: *Geht uns aus der Sonne*, Uranus 2011.

Leggewie, Claus/Welzer, Harald: *Das Ende der Welt, wie wir sie kannten*, Fischer 2009.

Nestle, Uwe: *Das Energie- und Klimaquiz*, VAS 2011.

Pinker, Steven: *Gewalt. Eine neue Geschichte der Menschheit*, Fischer 2011.

Rammler, Stephan/Welzer, Harald (Hrsg.): *Der FUTURZWEI Zukunftsalmanach*, Fischer 2012.

Rechsteiner, Rudolf: *100 Prozent erneuerbar*, Orell Füssli 2012.

Rifkin, Jeremy: *Die dritte industrielle Revolution*, Campus 2011.

Scheer, Hermann: *Der energethische Imperativ – 100 Prozent jetzt*, Kunstmann 2010.

Scheer, Hermann: *Energie-Autonomie*, Kunstmann 2006.

Scheer, Hermann: *Solare Weltwirtschaft*, Kunstmann 2002.

Scheer, Nina: *Energiewende fortsetzen*, Vorwärts 2012.

Weizsäcker, Ernst Ulrich von: *Faktor Fünf. Die Formel für nachhaltiges Wachstum*, Droemer 2009.

Welzer, Harald: *Klimakriege – wofür im 21. Jahrhundert getötet wird*, Fischer 2008.

Robert B. Laughlin
Der Letzte macht das Licht aus

Die Zukunft der Engergie.
Aus dem Amerikanischen von Helmut Reuter.
400 Seiten. Gebunden

»Die Energiekrise wird kommen. Und sie wird schrecklich sein.«

Wenn es dunkel wird, machen wir das Licht an. Wenn es kalt wird, heizen wir. Wenn wir Energie brauchen für weltweite Industrie und Technik, bedienen wir uns. Jederzeit. Doch schon bald sind die Brennstoffe der Erde wie Kohle, Gas, Öl und Uran unwiderruflich aufgebraucht.

Und dann?

Der Physiknobelpreisträger Robert B. Laughlin über die Zukunft unserer Energieversorgung.

01/2006/01/R